"一带一路"轨道交通系列规划教材

动车组工程

丁莉芬 主编

吴国栋 主审

中国铁道出版社有限公司

2020年·北 京

内 容 简 介

本书为"一带一路"轨道交通系列规划教材之一，主要概括介绍动车组基础知识。全书分为五章。第一章介绍高速铁路动车组基础知识；第二章以 CRH 系列动车组为例，介绍了动车组转向架的组成和结构原理；第三章介绍了动车组的车体结构及车内设备；第四章以 CRH 系列动车组为例，介绍了动车组司机室；第五章介绍了动车组车端连接装置基本特性及作用原理。

本书是高等学校车辆工程和铁道机车车辆专业教材，也可供铁路高职和中职学校师生及从事机车车辆、动车组、城市轨道车辆相关专业的工程技术人员学习参考。

图书在版编目(CIP)数据

动车组工程/丁莉芬主编.—北京：中国铁道出版社，2018.8（2020.8重印）

"一带一路"轨道交通系列规划教材

ISBN 978-7-113-24896-3

Ⅰ.①动… Ⅱ.①丁… Ⅲ.①高速动车-教材 Ⅳ.①U266

中国版本图书馆 CIP 数据核字(2018)第 196808 号

书　　名：**动车组工程**

作　　者：丁莉芬

责任编辑：金　锋　　**编辑部电话**：(010)51873125　　**电子信箱**：jinfeng88428@163.com

封面设计：崔丽芳

责任校对：王　杰

责任印制：樊启鹏

出版发行：中国铁道出版社有限公司（100054，北京市西城区右安门西街 8 号）

网　　址：http://www.tdpress.com

印　　刷：三河市兴博印务有限公司

版　　次：2018 年 8 月第 1 版　2020 年 8 月第 2 次印刷

开　　本：787 mm×1 092 mm　1/16　印张：12.75　字数：313 千

书　　号：ISBN 978-7-113-24896-3

定　　价：35.00 元

前　言
PREFACE

铁路运输客运的高速化、货运的重载化已经成为现代交通运输领域的趋势。高速铁路是庞大复杂的系统工程，被称作“大国技术”，集成了多学科、多领域的高新技术，集中展示综合国力、经济社会发展水平和自主创新能力。高速动车组是高速铁路的核心技术之一，融合了高速转向架技术、高强轻型车体结构技术、交流传动技术、复合制动技术、减阻降噪与密封技术、现代控制与诊断技术等一系列当代最新技术成果。

“一带一路”倡议是作为世界经济增长火车头的中国，将自身的产能优势、技术与资金优势、经验与模式优势转化为市场与合作优势，实行全方位开放的一大创新，旨在通过加强国际合作，对接彼此发展战略，实现优势互补，促进共同发展。“一带一路”倡议已有60多个国家参与，在欧亚大陆上已经有超过一半的国家明确表示愿意参与。作为经济运行的大动脉，铁路将成为推动“一带一路”相关国家和地区贸易与人员往来便利化、实现经济融合的重要工具。

北京交通大学建校120年以来，秉承“知行”校训，保持着鲜明的交通特色，学校以立学储才、救国兴邦、交通强国为已任，对接国家“一带一路”“高铁走出去”和“制造2025”，确定了“基础宽厚、知识复合、能力卓越、品质优异、思维创新”卓越工程人才培养目标。学生的培养和知识的传播，教材建设是必不可少的重要环节，尤其是在现代技术与知识日新月异、不断更新的状况下，编写共性基础理论与新技术结合的教材尤为迫切。北京交通大学车辆工程专业是国家级特色专业、首批教育部“卓越工程师教育培养计划”和“专业综合改革试点项目”专业，一直将教材建设作为保持轨道交通特色、引领专业发展的重要工作。本系列规划教材就是在轨道交通行业对车辆人才旺盛的需求和技术不断发展的背景下，在以往教材编写的基础上进行策划的。

本书为“一带一路”轨道交通系列规划教材之一，主要概括介绍动车组基础知识。全书分为5章。第1章介绍高速铁路动车组基础知识；第2章以CRH系列动车组为例，介绍了动车组转向架的组成和结构原理；第3章介绍了动车组的车体结构及车内设备；第4章以CRH系列动车组为例，介绍了动车组司机室；第5章介绍了动车组车端连接装置基本特性及作用原理。

本书由北京交通大学丁莉芬主编，中国铁路总公司运输局装备部吴国栋主审。编写分工如下：北京交通大学宋永增编写了第1章；丁莉芬编写了第2、3、5章；北京交通大学方卫宁编写了第 4 章第 1 节，宋志坤编写了第 4 章第 2 节、第 3 节。

中车青岛四方机车车辆股份有限公司、长春轨道客车股份有限公司、青岛庞巴迪车辆股份有限公司、唐山轨道客车股份有限公司、中国铁道科学研究院机车车辆研究所等单位为本书的编写提供了资料和帮助，在此表示衷心感谢！

由于水平有限，时间仓促，疏漏之处在所难免，恳请读者批评指正。

编　者

2017 年 12 月

目　录
CONTENTS

第1章

高速铁路动车组基本知识

1.1 动车组组成及其技术特点

1.1.1 铁道车辆的特点及主要技术参数

铁路运输的运载工具是铁道车辆。本书中提到的铁道车辆，不论其本身是否具有牵引动力，均能运送旅客或货物。仅提供牵引动力的机车不属于铁道车辆。在铁路干线上运行的铁道车辆，在不会混淆的情况下把它简称为车辆。

1. 铁道车辆的特点

铁道车辆与其他车辆的最大不同点，在于这种车辆的车轮必须在专门为它铺设的钢轨上运行。这种特殊的轮轨关系成了铁道车辆结构上最大的特征，并由此产生出许多其他的特点：

(1)自行导向。除铁道机车车辆之外的各种运输工具几乎全有操纵运行方向的机构，唯有铁道车辆是通过其特殊的轮轨结构使车轮沿轨道运行而无须专人掌握运行方向。

(2)低运行阻力。除坡道、弯道及空气对车辆的阻力之外，运行阻力主要来自走行机构中的轴与轴承以及车轮与轨面间的摩擦阻力。铁道车辆的车轮及钢轨都是含碳量偏高的钢材，轮轨接触处的变形较小，而且铁道线路的结构状态也尽量使其运行阻力减小，故铁道车辆运行中的摩擦阻力较小。

(3)成列运行。铁道车辆可以编组、连挂组成列车。为了适应成列运行的特点，车与车之间需设连接、缓冲装置；且由于列车的惯性很大，每辆车均需设制动装置。

(4)严格的外形尺寸限制。铁道车辆只能在规定的线路上行驶，无法像其他车辆那样主动避让靠近它的物体，为此要制定限界，严格限制车辆的外形尺寸以确保运行安全。

2. 铁道车辆主要技术参数

车辆技术参数是指车辆技术规格的某些指标，是从总体上表征车辆性能及结构的一些数字，车辆主要技术参数如下：

(1)自重，指车辆本身的全部质量。

(2)载重，指车辆允许的正常最大运载质量。

(3)最高运行速度,指车辆设计时,按安全、结构强度与刚度以及车辆动力学性能等条件所允许的车辆最高行驶速度。

(4)轴重,指按车轴型式及在某个运行速度范围内该轴允许负担的并包括轮对自身在内的最大总质量。轴重的选择与线路、桥梁及车辆走行部的设计标准有关。

(5)每延米轨道载重,是车辆设计中与桥梁、线路强度密切相关的一个指标,同时又是能否充分利用站线长度、提高运输能力的一个指标,其数值是车辆总质量与车辆全长之比。按目前桥梁设计规范,允许车辆每延米轨道载重取到 8t。在车辆设计中希望尽量接近这个指标。

直接载客的客车通常还使用"每个定员所占自重"、"车辆每米长所能容纳的定员"及"车辆每米长所占自重"等指标。

(6)通过最小曲线半径,指配用某种形式转向架的车辆在站场或厂、段内调车时所能安全通过的最小曲线半径。当车辆在此曲线区段上行驶时不得出现脱轨、倾覆等危及行车安全的事故,也不允许转向架与车体底架或与车下其他悬挂物相碰。

(7)车辆定距,指车体支承在前、后两走行部之间的距离,若为带转向架的车辆,车辆定距又可称为转向架中心间距。

(8)转向架固定轴距,指同一转向架最前位轮轴中心线与最后位轮轴中心线之间的距离。

(9)车辆最大宽度、最大高度,指车体最宽部分的尺寸和车辆顶部最高点离钢轨水平面之间的距离。这两个尺寸均需符合机车车辆限界的要求。

(10)车钩中心线距轨面高度(简称车钩高),指车钩的中心线至轨面的高度。

1.1.2　动车组的组成及动力配置

作为铁路运输装备的动车组是铁路客运列车的种类之一。铁路客运列车通常由一台机车和若干节铁路客车组成。机车的用途是提供牵引功率,牵引整个列车沿轨道运行。铁路客车的用途主要是承载旅客,在运送途中为旅客提供安全舒适的乘坐环境,并安全正点地将旅客送往目的地。

所谓动车组就是由动力车和拖车或全部由动力车长期固定地连挂在一起组成的车组。按动力配置方式可分为动力集中和动力分散两种方式,动力集中配置方式与上述铁路客运列车的动力配置相同,可以在两端配置动力车,而中间全部为拖车。如法国 TGV 和德国 ICE-1均采用动力集中配置方式。

动力分散配置方式动车组的动力配置有两种模式:一种是完全分散模式,即动车组中的车辆全部为动力车,如日本的 0 系动车组,16 辆编组中全部是动力车;另一种是相对分散模式,即动车组编组中大部分是动力车,小部分为无动力的拖车,如日本的 100 系、700 系动车组,16 辆编组中有 12 辆动力车,4 辆是拖车,所谓 12 动+4 拖。

动车组通常由以下 8 个部分组成:

1. 车　　体

动车组车体分为带司机室车体和不带司机室车体两种。它是容纳乘客和司机驾驶的地方,同时,又是安装与连接其他设备和部件的基础。为使车体轻量化,高速动车组车体通常采用铝合金和不锈钢材料制造。

2. 转 向 架

动车组转向架分为动力转向架和非动力转向架。动力转向架的车轴可以是全动轴，也可以是部分动轴。转向架置于车体和轨道之间，用来牵引和引导车辆沿轨道行驶与承受和传递来自车体及线路的各种载荷，并缓和其动作用力。转向架是保证列车运行品质和安全的关键部件。转向架一般由轮对轴箱装置、构架、弹簧悬挂装置、车体支承装置和制动装置所组成。对于动力转向架还包括牵引电动机及传动装置。

3. 车辆连接装置

车辆编组成列车运行必须借助于连接装置，其中，机械连接包括车钩缓冲装置和风挡等；同时还有车辆之间的电气和空气管路的连接、高压电器连接、辅助系统和列车供电连接以及控制系统连接等。

4. 制动装置

制动装置是保证列车安全运行所必需的装置。动车组常采用动力制动与空气制动的复合制动模式，制动控制系统包括动力制动控制系统（再生制动）和空气制动控制系统。此外还有电子防滑器及基础制动装置等。

5. 车辆内部设备

车辆内部设备是指服务于乘客的车内固定附属装置，如车内电气、供水、通风、取暖、空调、座席、车窗、车门、行李架、旅客信息服务系统及卫生系统等。

6. 牵引传动系统

牵引传动系统包括主电路、高压设备、受电弓、主断路器、其他高压设备、主变压器、牵引变流器、牵引电机及电传动系统的保护等。

7. 辅助供电系统

辅助供电系统供电的设备包括空气压缩机、冷却通风机、油泵/水泵电机、空气调节系统、采暖设备、照明设备、旅客服务设备、应急通风装置、维修用电设备等。另外，辅助供电系统还具备应急供电功能。应急用电设备包括：客室应急通风、应急照明、应急显示、维修用电、通讯及其控制设备等。

8. 网络及监控系统

网络及监控系统是基于计算机技术和通信技术的分布式计算机控制系统，提供整列车的控制、监测、诊断等功能。该系统可实现各动力车的重联控制、全列车（动车和拖车）所有由计算机控制的部件联网通信和资源共享，实现全列车的制动控制、自动门控制、轴温监测及空调控制等功能，完成全列车的自检及故障诊断决策。

1.1.3 动车组对牵引功率的需求

无论是动力集中配置方式还是动力分散配置方式，动车组对牵引功率的需求是根据列车的总质量Q、最高运行速度$v_{\max}$和在该速度下的列车单位阻力w来确定的，动车组需要的牵引功率N为：

$$N=\frac{Q \cdot w \cdot v_{\max} \cdot k}{3\ 600} \quad (\text{kW})$$

式中 Q——列车总质量，t；

w——列车的单位阻力，N/t；

$v_{\max}$——列车的最高运行速度，km/h；

k——裕量系数。

列车运行时的阻力由列车运行基本阻力和各种附加阻力组成。列车运行基本阻力是由列车的空气阻力和机械阻力所组成。列车的基本阻力随运行速度的不同而异。低速运行时，以机械摩擦阻力为主；运行速度达到 200 km/h 左右时，空气阻力占运行基本阻力的 70%；如果运行速度进一步提高，空气阻力所占的比例还将增大。空气阻力与列车运行速度的平方值成正比。列车之所以需要很大的牵引功率，就是因为列车运行速度越高，空气阻力越大。而这一随运行速度提高而迅速增大的空气阻力就成为高速列车运行时的主要阻力。

1.1.4 动车组的主要技术特点

由于速度的提高，动车组的设计与开发需要解决一系列关键技术。如果说高速铁路是现代化高新技术的综合集成，那么动车组则是包括材料、机械、电子、计算机和控制等现代技术的集中体现。动车组的主要技术特点有：

1. 优良的空气动力学外形

随着列车运行速度的提高，空气的动力作用一方面对列车和列车运行性能产生影响，同时列车高速运行引起的气动现象对周围环境也产生影响。对于高速动车组来说，列车头形设计非常重要，好的头形设计可以有效地减少列车表面压力、列车空气阻力、会车压力波和隧道内列车表面压力和列车风等问题。图 1.1 所示为经过空气动力学性能优化的流线型头形。

图 1.1 流线型头形

2. 车体结构轻量化

为了节省牵引功率，降低高速所引起的动力作用对线路结构、机车车辆结构产生的损伤以及提高旅客乘坐舒适度，需要最大限度地降低高速动车组的轴重。因此，各国高速列车车体的主要材料是铝合金和不锈钢，从发展趋势看，铝合金将成为动车组车体的主导材料。

3. 高性能转向架技术

提高列车运行速度首先遇到的问题是转向架运行的稳定性和安全性，所以，提高列车运行速度应具备高性能的转向架，以满足高速运行的稳定性和安全性、良好的曲线通过性能、旅客乘坐的舒适性等方面的要求。

4. 复合制动技术

高速列车对制动技术提出了严峻的挑战，因为列车的动能与速度的平方成正比，而在一定的制动距离条件下，列车的制动功率是速度的三次函数。因此，传统的空气制动能力远远不能满足需要。

动车组制动系统具备的条件是:①尽可能缩短制动距离以保障列车安全;②保证高速制动时车轮不滑行;③司机操纵制动系统灵活可靠,能适应列车自动控制的要求。因此需要采用大功率盘形制动机;采用复合制动方式,即"空气盘形制动+电气动力制动(再生制动)+非黏着制动(涡流制动和磁轨制动)";按速度控制制动力的大小以充分利用黏着;采用高性能的防滑装置以及采用微机控制等。

5. 密接式车钩缓冲装置

车辆间的牵引缓冲装置是关系到缓和列车冲击、提高旅客舒适性和列车安全的重要部件,高速列车对牵引缓冲装置提出了更高的要求。

目前世界各国高速列车普遍采用密接式车钩连接装置,该装置使两车钩连接面的纵向间隙一般都小于 2 mm,上下、左右偏移也很小,对提高列车的运行平稳性和电气线路、风管的自动对接提供了保证。

6. 交流传动技术

早期的电力牵引传动系统均采用交—直传动,用直流电动机驱动。由于直流电动机的单位功率重量较大,使高速列车既要大功率驱动又要求减轻轴重,特别是减轻簧下部分的质量形成难以克服的矛盾。在交流传动系统中,交流牵引电动机较传统的直流牵引电动机具有额定输出功率大、结构简单、体积小、重量轻、易维修、速度控制方便、效率高等一系列优点。

7. 列车自动控制及故障诊断技术

列车自动控制系统对保证高速列车安全运行有十分重要的作用,世界各国在发展高速铁路时都十分重视列车自动控制系统的研究和开发,研制了多种基础技术设备,例如列车超速防护系统、卫星定位系统、车载智能控制系统、车载微机自动监测和诊断系统等。目前在世界高速铁路上的自动控制方式主要分为两类:一类是以设备为主、人控为辅的控制方式,以日本新干线高速列车采用的 ATC(列车自动控制)方式为代表;另一类是人机共用、人控为主的方式,以法国 TGV 高速列车为代表,主要采用 TVM300 型安全防护系统及改进的 TVM430 型安全防护系统,还有德国 ICE 高速列车采用的 FRS 速差式机车信号和 LZB 型双轨条交叉电缆传输式列车控制设备等。

8. 车厢密封隔声与集便处理技术

车体具有良好的密封性能也是高速列车必须要解决好的一项关键技术。动车组高速运行时,特别是两列动车组在隧道交会时,头、尾车外面的气流压力变化很大,车外压力的波动会反映到车厢内,使旅客感到不舒服,轻者压迫耳膜,重则头晕恶心,甚至造成耳膜破裂。许多国家先后在压力波对旅客舒适性的影响方面进行了研究。

随着动车组运行速度的提高,所产生的噪声也将增大。噪声传到车内,也将影响旅客的舒适度,同时造成铁路沿线的环境噪声污染。因此,削弱噪声源、提高车体的隔声性能也是高速动车组必须解决的关键技术。

采用密闭式集便装置,实行污物集中处理势在必行。随着动车组运行速度的提高,车厢气压密封性问题非常突出。因此,高速动车组必须采用密封性能良好的给排水系统及集便处理系统。

9. 高速受流技术

接触网—受电弓受流系统的受流过程是受电弓在接触网下，以列车速度运动中完成的，是一个动态过程，这一动态过程包括了多种机械运动形式和电气状态变化。因此，高速铁路中接触网—受电弓受流具有新的特点。受流系统的电流容量、适用速度、安全性能有了相当大的提高，高速铁路的受流系统必须符合以下基本条件。首先，高速列车的电流负荷特性较之常速列车有较大的区别，其特征是脉冲负荷占的比例大，整个牵引供电系统要适应高速列车对电压水平和电流负荷的要求，要保证功率传输的可靠性、保证动车组所需要的最低电压和可靠运行；二是受流系统的运行安全性；三是良好的受流质量；四是保证受流系统的使用寿命。

10. 倾摆式车体技术

为了提高列车通过曲线的速度，国外发展了各种形式的摆式列车，也即通过各种措施，使列车车体在通过曲线时，可以向曲线内侧倾摆，使车体相对轨道平面转动一个角度，车体转动角和轨道超高角的转动方向一致。在车内的旅客感受到的超高角是线路实设超高和车体倾角之和，因此，旅客感受到的重力加速度的横向分量显著增加，可以大幅度抵消列车的离心加速度，使旅客感受到的未被平衡的离心加速度保持在容许范围之内。因此，采用摆式列车可提高曲线限速 30%～40%，提高旅行速度 15%～20%。

1.2 高速铁路限界及线路构造特点

1.2.1 铁路限界基本知识

铁路限界由机车车辆限界（简称“车限”）和建筑限界（简称“建限”）组成，两者间相互制约与依存。铁路限界是铁路安全行车的基本保证之一，为了使机车车辆能在一定范围的路网内通行无阻，不会因机车、车辆外形尺寸设计不当、货物装载位置不当或建筑物、地面设备的位置不当而引起不安全的行车事故，必须用限界分别对机车、车辆和建筑物等地面设备加以制约。因此，铁路限界是铁路各业务部门都必须遵循的基础技术规程。铁路限界制定得是否合理、先进，也关系到铁路运输总的经济效果。

建筑限界和机车车辆限界均指在平直线路上两者中心线重合时的一组尺寸约束所构成的极限轮廓，如图 1.2 所示。

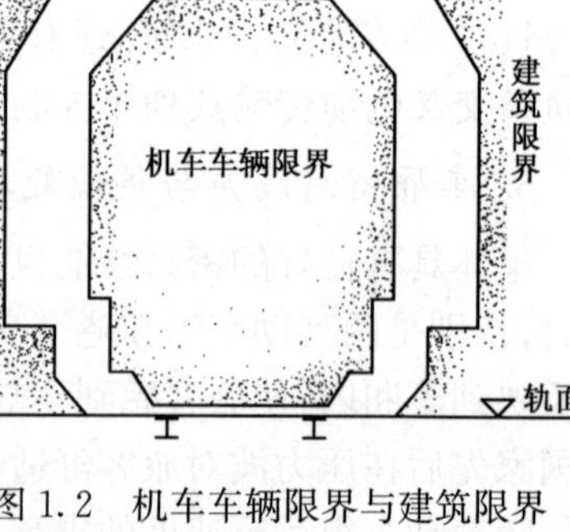

图 1.2　机车车辆限界与建筑限界

实际的机车车辆与靠近线路中心线的建筑物之间必须留有一定的、为保证行车安全所需的空间。这部分空间应该包括：

（1）车辆制造公差引起的上下、左右方向的偏移或倾斜。

（2）车辆在名义载荷作用下弹簧受压缩引起的下沉，以及弹簧由于性能上的误差可能引起的超量偏移或倾斜。

(3)由于各部分磨耗或永久变形而造成的车辆下沉,特别是左右侧不均匀磨耗或变形而引起的车辆倾斜与偏转。

(4)由于轮轨之间以及车辆自身各部分存在的横向间隙而造成车辆与线路间可能形成的偏移。

(5)车辆在走行过程中因运动中力的作用而造成车辆相对线路的偏移。它包括曲线区段运行时实际速度与线路超高所要求的运行速度并不一致而引起的车体倾斜和车辆在振动中也会产生上下、左右各个方向的位移。

(6)线路在列车反复作用下可能产生的变形,如轨道一般会产生随机不平顺现象。

(7)运输某些特殊货物时可能会超限。

(8)为应付可能出现的特殊情况,还应该有足够的裕留空间。

以上最后两点指的是由铁路承运的某些不宜分解的大型、重型机器设备以及某些特大型的机器设备,如大型发电设备及化工设备等。

理论上,由于机车车辆限界包括以上提到的八种空间的多少而可以分成三种不同的限界。

(1)无偏移限界:当机车车辆限界仅考虑上述第(1)点内容时的限界称为无偏移限界,又可称为制造限界。此时,车限与建限之间所留的空间应该很大。

(2)静偏移限界:当机车车辆限界考虑了上述第(1)至第(3)点内容时称静偏移限界或静态限界。此时,车限与建限之间的空间可以压缩一些,只包括第(4)至第(8)点内容。

(3)动偏移限界:当机车车辆限界考虑了第(1)至第(5)点内容时,则车限与建限之间的空间可以留得很少,这种限界称为动偏移限界或动态限界。

三种限界虽然都得考虑以上八项内容,但以无偏移限界空间利用率最低,这是因为各种不同的机车、车辆可能发生的最大偏移量都各不相同。要把除了制造公差以外的全部内容都包含在机车车辆限界与建筑限界之间的空间内,所以这个空间只能留得尽可能大些,以免发生意外。而以动偏移限界的空间利用率最高,因为可以在车限内考虑各种机车、车辆发生不同的偏移状况,而把车限与建限之间的不定因素减到最小限度,因此车限与建限间所留的空间可以最小。我国准轨铁路的机车车辆限界在横向基本属于无偏移限界,如图 1.3 所示;而在垂向除需考虑钩高的变化外尚需考虑弹簧的平均静挠度及垂向均匀磨耗,故基本属于静偏移限界。在欧洲的国际铁路联盟分别对动车、无动力的客车及货车制定了 UIC 动态限界,而沿线固定建筑物的限界由各成员国根据情况自行确定必要的安全裕量。

除上述三种限界外,根据制定限界的这些原则,在某些特殊的路网上还可以使用特殊的限界。如地下铁道所涉及的路网仅在一个城市范围内,而所使用的车辆型式又比较单一,故可以通过较精确的计算把第(1)至第(6)点的内容均包括在车辆限界内,这样的限界可称为“动态包络线限界”。如此,便能大量节省开挖地下隧道的土方工作量,我国香港的地铁基本采用此类限界。又如,高速客运专线上在考虑行车安全时必须考虑空气动力学问题。因此复线的线间距及隧道截面积等都比普通线路大。

我国准轨机车车辆限界(GB 146.1—1983)及其使用方法如下:

机车车辆限界是一个和线路中心线垂直的极限横断面轮廓。机车、车辆无论是空车或重车,无论是具有最大标准公差的新车或是具有最大标准公差和磨耗限度的旧车,当其停放在水平直线上且在无侧向倾斜及偏移时,除电力机车升起的受电弓外,其他任何部分均应容

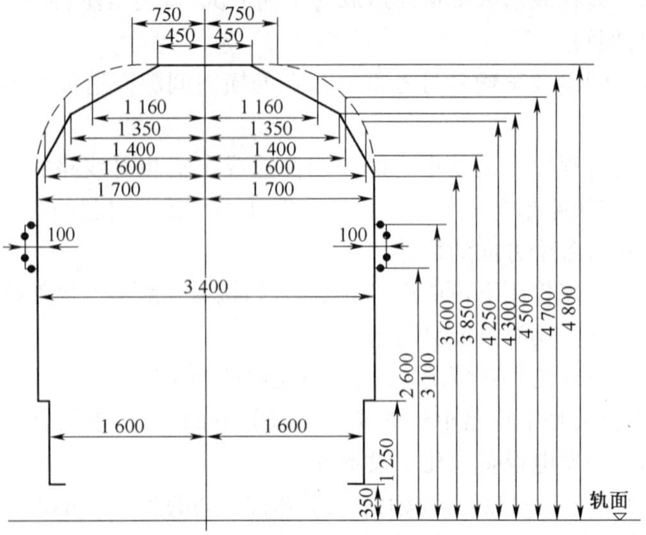

图 1.3　机车车辆上部限界(GB 146.1—1983 车限-1A)(单位:mm)

纳在限界轮廓之内,不得超越。

在使用中犹如把一个直角坐标系固定在极限图中,所有竖直高度均从轨面算起;所有横向宽度均从中垂线向两侧计算。若一辆车在某横截面处的总宽虽不超限,但只要某侧半宽超限即为超限。

利用给定的机车车辆限界可以具体校核车辆的尺寸:新造车需在空载状态下按机车车辆上部限界(车限-1A,图 1.3)校核其垂直面内的最大尺寸,且在考虑顶部尺寸时应以车钩距轨面高的上偏差为准,即以名义高度加 10 mm 不得超出顶部限界。在考虑下部限界时可分两种情况:对不通过自动化、机械化驼峰的一般车辆,按车限-1B 校核,如图 1.4 所示。在校核车辆下部限界时应以车体或转向架处于最低可能位置来考虑,即车辆不仅在名义载重作用下具有静挠度,而且应该按厂、段修规程检修限度表中允许的心盘、销套、轮辋等的最大磨耗及弹簧、车体各梁允许的最大永久变形等来校核。

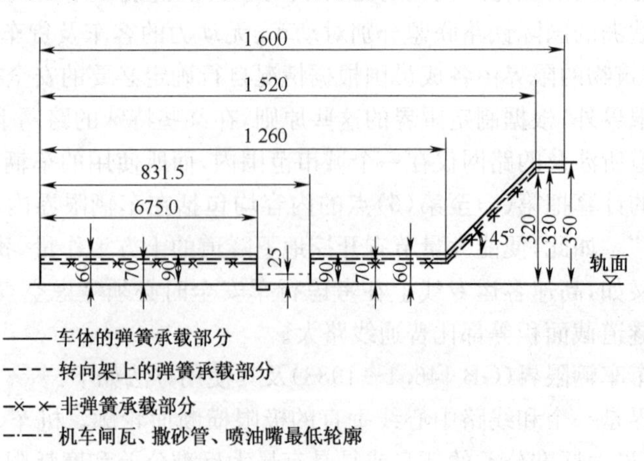

图 1.4　机车车辆下部限界(车限-1B)(单位:mm)

我国机车车辆下部限界(车限-1B)与 CRH2(E2-1000)外形下部的比较如图 1.5 所示。我国《客运专线铁路机车车辆限界》中上部限界高车限-1A 如图 1.6 所示,下部限界高车限-1B 如图 1.7 所示。

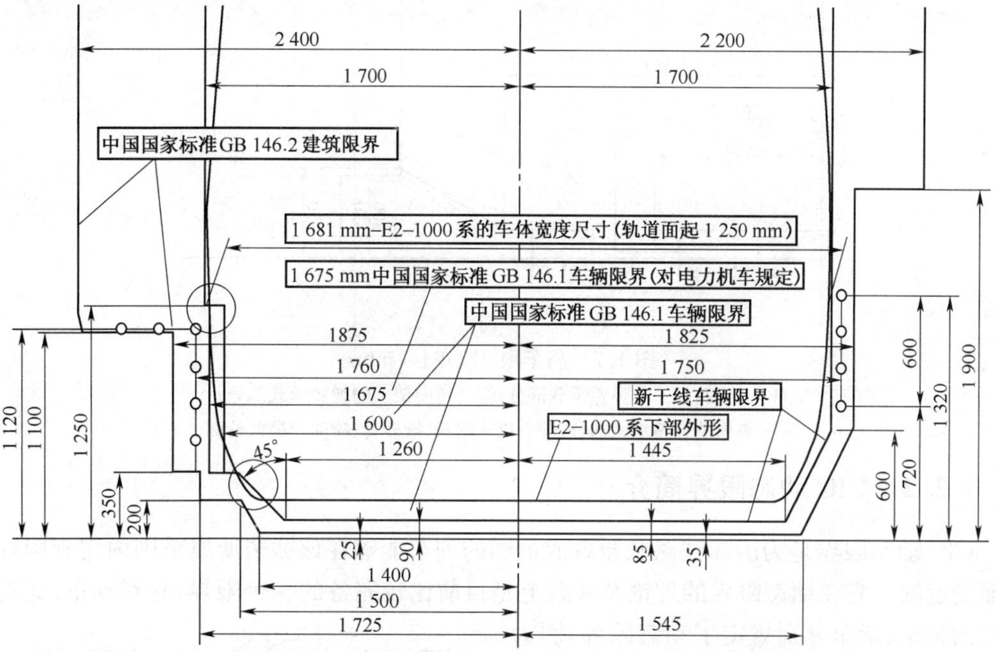

图 1.5　我国车限-1B 与 CRH2(E2-1000)外形下部的比较(单位:mm)

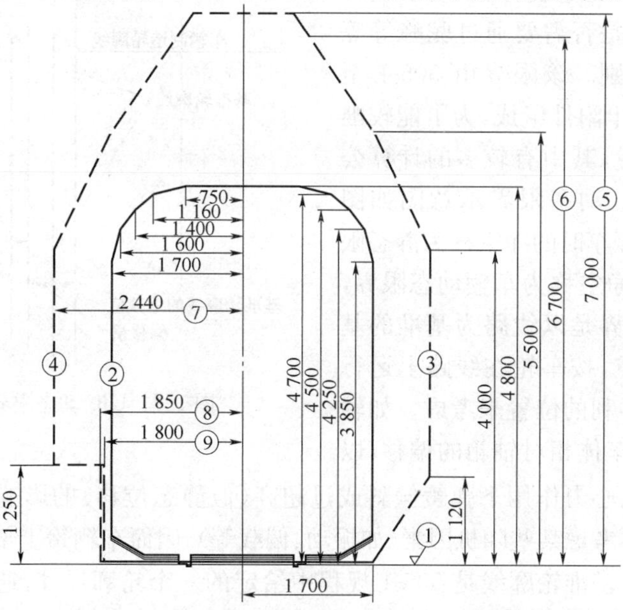

图 1.6　高车限-1A(单位:mm)

①—轨面;②—高速铁路机车车辆限界;③—区间及站内正线(无站台)建筑限界;
④—区间及站内正线(有站台)建筑限界;⑤—轨面以上最大高度;
⑥—接触网立柱跨中利用承力索弛度时轨面以上高度;⑦—股道中心至建筑限界的最大宽度;
⑧—站内正线股道中心至站台边缘的宽度;⑨—站内侧线股道中心至站台边缘的宽度

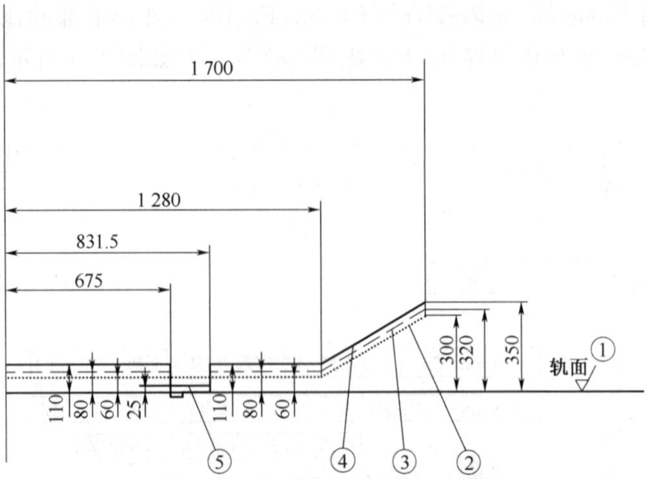

图 1.7　高车限-1B(单位:mm)

①—轨面;②—非弹簧承载部分;③—转向架上的弹簧承载部分;
④—车体的弹簧承载部分;⑤—机车闸瓦、撒砂管、喷油管最低轮廓

1.2.2　UIC 动态限界简介

UIC 动态限界是为国际铁路联盟各成员国的列车能够在该联盟所属范围内实现国际联运而制定的。它在动态限界的理论及实践上是目前比较完备的一个限界,它对动车、无动力装置的客车、货车分别规定了动态限界,因为这三类车分别因有无受电装置、驱动装置以及悬挂装置的不同、是否需要通过驼峰等等而使其限界有所区别。该限界由 505-1 至 505-5 五个规程及若干附件组成,为了能较准确地确定各种偏移量,其中有较多的计算公式及应用实例。UIC 动态限界示意图如图 1.8 所示,它把车辆停车时的净空称为静态限界,把车辆运行时的净空称为车辆动态限界,并定义如下:动态限界是以线路为基准的基准轮廓线的最外各点,按车轮在线路上运行时机车车辆各部最不利的位置来考虑。如轴承在轴箱内的偏移,车体相对轴箱的偏移,以及由于受未被平衡离心力作用下弹簧倾斜或过超高(似静态位移)的影响而产生的水平移动。车辆动态限界不考虑某些随机因素(如振动、偏载等),因而车辆簧上部件在振动过程中可能超过动态限界。基准轮廓线是 505-1 规程中给定的一个轮廓尺寸,通过基准轮廓线可以求出某种车辆制造轮廓线。

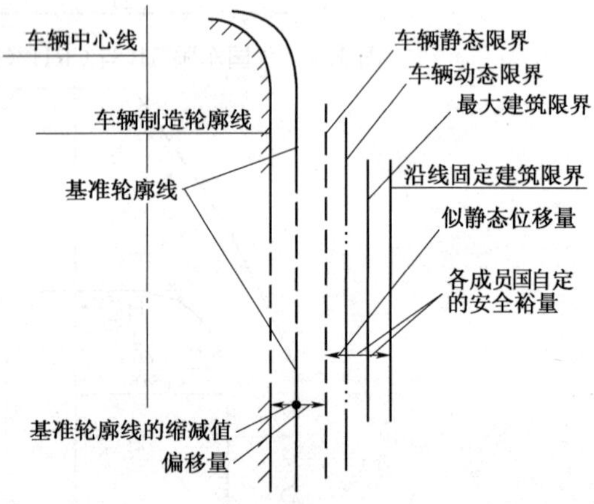

图 1.8　UIC 动态限界示意图

1.2.3　高速铁路线路特点

高速铁路的线路平面和纵断面的设计必须满足行车安全平顺、保证旅客舒适性和便于

线路维修等要求，而且必须力求在工程和运营两方面经济上最为合理。线路的平面是由直线和曲线组成的，曲线包括圆曲线和缓和曲线。

1. 超高与曲线半径

列车在曲线上运行时，车辆和旅客都要经受离心力。离心力 F 大小为：

$$F=\frac{mv^2}{R}=\frac{Gv^2}{gR}\quad(\mathrm{N})$$

式中 m——车辆的质量，kg；

G——车辆的重量，N；

v——列车通过曲线时的速度，m/s；

R——曲线半径，m；

g——重力加速度，取 $9.81\mathrm{m/s^2}$。

离心力不但增加了列车与线路之间的轮轨相互作用力，而且影响旅客的乘车舒适度。为了减少列车通过曲线线路时旅客经受的离心力和轮轨之间的相互作用力，国内外铁路都采用在曲线线路上设置超高的办法，即把曲线线路外轨抬高，而内轨保持原来的高度不变。外轨超高 h 的理论计算公式为：

$$h=11.8\frac{v_{平}^2}{R}\quad(\mathrm{mm})$$

式中 $v_{平}$——通过曲线的各次列车的平均速度，km/h；

R——曲线半径，m。

从式中可知，超高 h 与曲线半径 R 有关，超高设置得是否合适，在很大程度上取决于平均速度 $v_{平}$ 选用得是否恰当。

最大超高的选择应保证在曲线上停车而又遇到大风时，不致使列车倾覆，并考虑不同速度的列车所产生的未平衡离心加速度不致过大。目前，除日本东海道新干线规定最大超高为 200 mm 外，其余各线及法国高速铁路干线最大超高均为 180 mm。

2. 缓和曲线线型及长度

在直线与圆曲线之间设置的缓和曲线，当列车由直线(或圆曲线)驶向圆曲线(或直线)时，可使离心力逐渐产生(或逐渐消失)，并减缓轮对对外轨的冲击。列车从直线经由缓和曲线进入圆曲线，在缓和曲线范围内，将曲率、超高由零过渡到圆曲线地段的规定值，这种过渡是逐渐递变的。它应满足行车安全和旅客舒适度的要求。随着列车运行速度的提高，过去使用的三次抛物线缓和曲线难以完全满足旅客对舒适度的要求，轨道稳定条件也受到一定影响。为了改善这种状况，有些国家研究采用了曲线型超高顺坡缓和曲线(即目前选用的半波正弦曲线)。在这种缓和曲线范围内，与曲率相适应的超高也按曲线变化，并规定适当的变化率。

缓和曲线的长度对行车的安全平顺性有直接影响。缓和曲线太短将不利于行车的安全平顺，缓和曲线太长又将给设置和养护带来困难。一般缓和曲线的长度应考虑以下因素：

(1)外轨超高递增坡度不致使轮对内侧车轮轮缘脱轨。

(2)轮对外侧车轮升高速度不致影响旅客的舒适度。

(3)未平衡离心加速度的增长率不致影响旅客的舒适度。

3. 夹 直 线

列车通过同向或反向曲线时,受力情况极为复杂,除因外轨超高使车辆绕线路纵轴转动外,还有缓和曲线起点和终点处的冲击以及未平衡离心加速度变化的影响等。因此,必须在同向曲线或反向曲线之间加入一段夹直线段。夹直线应尽量长些,特别是反向曲线时的夹直线更应长些,这对运营是有利的。因为列车通过反向曲线时,其曲线单位附加阻力比单个曲线增大,影响运行中列车的稳定与安全。

4. 正线线间距及交会列车净距

在高速复线铁路上,两列车交会时将产生巨大的会车压力波,引起列车横向摇晃。乘客在车内可明显感受到列车交会时车辆的横向冲击摇晃。由于会车时,最初的风压力使列车相互排斥,当接近列车尾部时变为相互吸引。该风压力近似地与双方向列车相对速度的平方成正比。因此,需要根据具体情况选择适当的线路间距。

日本铁路曾对此做过研究与试验。在区间线路上,当两列时速 250 km 的列车交会时,作业人员站在两车距离为 0.8 m 的中间还是安全的,从而规定线路中心距至少为 4.2 m。在站内线路上,除考虑安全距离 0.8 m 外,还要计入人体宽度 0.4 m,则站内线路间距定为 4.6 m。

法国以 TGV 动车组进行空气动力试验后,认为在 300 km/h 情况下,4 m 线路间距是可行的。但考虑未来发展和便于设置渡线,此值规定为 4.2 m。德国则规定为 4.5 m。

对于高速铁路而言,正线线间距主要由列车交会时产生的会车压力波及其梯度所决定。采用较大的线间距,无疑会使工程投资增大,但列车的气密性、门窗结构强度等可适当降低,节约部分投资;而维持较小线间距将增加列车的成本,但可降低少部分工程造价。

5. 最大坡度

限制坡度的大小对运营和工程两方面均有影响。在运营方面,限制坡度增大,牵引重量减少,列车速度降低;而工程方面,可以适应地形,减少建设线路的工程量。

高速线路的最大坡度除与地形条件有关外,还与高速列车的牵引功率、牵引特性和制动性能有直接关系。东海道新干线的正线最大坡度为 15‰,在 2.5 km 以内允许到 18‰,列车回送线延长 250 m 以内最大坡度可不大于 30‰,列车停车及解编的线路最大坡度不大于 3‰。

6. 竖曲线半径

在铁路线路的纵断面上,由于列车在经过相邻两坡段的变坡点时会产生附加应力和附加加速度,其值与坡度代数差成正比。坡度代数差用绝对值 $\Delta i=|i_1-i_2|$ 来表示,其中,i_1 和 i_2 分别为坡段 1 和坡段 2 的坡度。因此,在设计纵断面时,相邻坡段的坡度代数差应尽量小些,不得超过允许的最大值。为保证行车的安全平顺,超过时应由竖曲线来连接两个相邻的坡段。

竖曲线半径一般采用圆曲线形。竖曲线半径的大小,除应保证列车经过变坡点时车钩不脱钩、车轮不脱轨外,还应考虑在竖曲线上产生竖向离心加速度和离心力对旅客舒适度的影响。通过理论分析认为,在一定机车车辆构造等条件下,竖曲线半径与行车速度有关,行车速度越高,竖曲线半径应越大。

法国 TGV 东南线的竖曲线半径采用 25 000 m，TGV 大西洋线采用 16 000 m；日本除东海道新干线采用 10 000 m 外，其余各线均采用 15 000 m。

1.3 部分国家高速动车组简介

1.3.1 日本高速动车组

日本高速列车全部采用动力分散方式。从 1964 年 10 月 1 日起至今，日本的高速列车已走过了 40 多年的发展历史，从 0 系高速列车开始，相继研制开发了 100 系、200 系、300 系、400 系、500 系、700 系、800 系等高速列车，还有在东北等新干线上运营的 E1 系、E2 系、E3 系、E4 系和 E5 系高速列车。日本部分高速列车主要技术特征见表 1.1。E2-1000 动车组如图 1.9 所示。

图 1.9 日本 E2-1000 高速动车组

1.3.2 法国高速动车组

从法国第一条高速铁路 TGV 东南线全线通车至今已有 20 多年了，这一期间，法国高速铁路获得了前所未有的飞跃发展，1999 年已拥有高速铁路新线 1 280 km，2001 年地中海高速线开通。法国高速列车 TGV 可以提供服务的路网范围达 5 900 km，高速路网主要包括巴黎东南线、大西洋线、北方线和东部线四大干线。

法国的高速列车运行始于 1981 年，TGV-PSE(东南线)列车为第一代高速列车，运行在巴黎—里昂之间，最高运行速度为 270 km/h，经改造后最高运行速度达 300 km/h。TGV-A(大西洋线)列车属第二代高速列车，于 1989 年研制成功，在巴黎—勒芒线和巴黎—库尔塔兰—图尔线上使用。在此之后，法国又相继研制出了 TGV-R(连接北方线、东南线及大西洋线)和 TGV-PBKA(巴黎—布鲁塞尔—科隆—阿姆斯特丹)等高速列车。AGV 是法国第四代动力分散型、高速列车，最高运行速度 350 km/h，AGV 可以组成 6、7、9、10、12 辆车为一列的编组方案，例如 AGV9 代表 9 辆车编组。TGV-2N 双层列车属第三代高速列车，最高运行速度300 km/h。部分高速列车主要技术特征参见表 1.2。法国 TGV-2N 高速动车组如图 1.10 所示。

图 1.10 法国 TGV-2N 高速动车组

表 1.1　日本高速动车组

型　　号	0 系 *	100 系	200 系	300 系	400 系	500 系	700 系	800 系	E1 系	E2 系	E3 系	E4 系	E5 系
投入运营时间	1964 年	1985 年	1980 年	1990 年	1991 年	1996 年	1997 年	2004 年	1994 年	1995 年	1995 年	1997 年	2011 年
运营线路	东海道、山阳新干线	东海道、山阳新干线	东北、上越新干线	东海道、山阳新干线	东北、山形新干线	东海道、山阳新干线	东海道、山阳新干线	九州新干线	东北、上越新干线	东北、上越、北陆新干线	东北、秋田新干线	东北新干线	东北新干线
动力配置方式	动力分散	动力分散	动力分散	动力分散	动力分散	动力分散	动力分散	动力分散	动力分散	动力分散	动力分散	动力分散	动力分散
编组	16M	12M+4T	12M	10M+6T	6M+1T	16M	12M+4T	6M	6M+6T	6M+2T	4M+1T	4M+4T	8M+2T
列车长度(m)	400.3	402.1	300.3	402.1	148.65	404	404.7	154.47	302.1	201.4	107.65	201.4	254
头车长(m)	25.15	26.05	25.15	26.05	23.075	27	27.35	27.35	26.05	25.7	23.075	25.7	27.0
中间车长(m)	25	25	25	25	20.5	25	25	25	25	25	20.5	25	25.0
总牵引功率(MW)	11.84	11.04	11.04	12.0	5.04	18.24	13.2	6.6	9.84	7.2	4.8	6.72	9.6
牵引传动方式	直流	直流	直流	交流	直流	交流	交流	交流	交流	交流	交流	交流	交流
最高运行速度(km/h)	220	230	275	270	240	300	270	260	240	275	275	240	320
定员(人)	1 285	1 321	885	1 323	399	1 324	1 323	392	1 235	630	270	817	731

注:M—动车,T—拖车;

*1999 年 2 月,0 系高速列车开始逐步退役淘汰。

表 1.2　法国高速列车

型号	TGV-PSE	TGV-A	TGV-R	TGV-TMST	TGV-2N	TGV-PBKA	AGV9
投入运营时间	1981 年	1989 年	1993 年	1994 年	1996 年	1997 年	2007 年
运营线路	东南线	大西洋线	联络线（连接北方线、东南线、大西洋线）	巴黎—布鲁塞尔—布鲁塞尔	北方线、东南线	巴黎—伦敦—布鲁塞尔—科隆—阿姆斯特丹	东部线
动力配置方式	动力集中	动力集中	动力集中	动力集中	动力集中	动力集中	动力分散
编组	2L+8T	2L+10T	2L+8T	2L+18T	2L+8T	2L+8T	*
列车长度(m)	200.19	237.59	200.19	393.48	200.19	200.19	175.2
头车长(m)	22.15	22.15	22.15	22.15	22.15	22.15	22.15
中间车长：中部/端部(m)	18.7/21.845	18.7/21.845	18.7/21.845	18.7/21.845	18.7/21.845	18.7/21.845	18.7
最大输出功率(MW)	6.8	8.8	8.8	12.2	8.8	8.8	7.6
牵引传动方式	直流	交流	交流	交流	交流	交流	交流
最高运行速度(km/h)	270	300	300	300	300	300	350
定员(人)	368	485	377	794	545	377	359

注：L—机车；T—拖车。

*6 台动力转向架(12 根动轴)+4 台拖车转向架。

目前，法铁公司已拥有的高速动车组超过 455 列，其中，双层动车组 108 列，欧洲之星 31 列，东南线动车组 107 列，大西洋线动车组 105 列，东部线动车组 19 列，路网法铁公司动车组 68 列，其他国际线动车组17 列。

1.3.3　德国高速动车组

德国铁路自 20 世纪 80 年代起开始发展 250 km/h 以上的高速客运列车。1985 年，SIEMENS 公司与 Adtranz 公司联合开发的高速动车组 ICE/V 开始投入运行，设计最高速度为 350 km/h，并在试运行阶段创下了 406.9 km/h 的德国最高试验速度纪录。德国部分高速动车组主要技术特征见表 1.3。德国 ICE-3 高速动车组如图 1.11 所示。

表 1.3　德国高速动车组

型号	ICE/V	ICE1	ICE2	ICE3	ICT*	ICETD**
投入运营时间	1985 年	1991 年	1998 年	2002 年	1999 年	2001 年
运营线路	汉诺威—威尔茨堡 曼海姆—斯图加特	汉诺威—威尔茨堡 曼海姆—斯图加特	柏林—汉诺威—不来梅/科隆	科隆—法兰克福	多弯道既有线区段	德累斯顿—慕尼黑 慕尼黑—苏黎世 汉堡—哥本哈根 汉堡—奥尔胡斯

续上表

型号	ICE/V	ICE1	ICE2	ICE3	ICT*	ICETD**
动力配置方式	动力集中	动力集中	动力集中	动力分散	动力分散	动力分散
编组	2L+3T	2L+12T	1L+6T+1Tc	4M+4T	2M+5T	4M
列车全长(m)	114.64	357.92	205.36	200	184.4	106.7
头车长(m)	20.81	20.56	20.56	25.675	27.45	—
中间车长(m)	24.34	26.4	26.4***	24.775	25.9	—
总牵引功率(MW)	8.4 7.28(持续)	9.6	4.8	8.0	4.0	2.24
牵引传动方式	交流	交流	交流	交流	交流	交流
最高运行速度(km/h)	300	280	280	330	230	200
定员(人)	87	669	391	441	381	195

注:L—机车,T—拖车,Tc—控制车,M—动车;
* 高速摆式电动车组;
** 高速摆式内燃动车组;
*** 端部的控制车长同中间车。

图 1.11 德国 ICE-3 高速动车组

1.3.4 中国高速动车组

1. CRH 系列动车组

中国自 2007 年 4 月实施全国铁路第六次大面积提速起,首次在铁路既有线开行速度为 200 km/h 的国产动车组。国产动车组以“CRH”命名。CRH(China Railway High-speed)即列车领域“中国铁路高速”的品牌标志。通过引进国外技术、联合设计生产的 CRH 动车组均命名为“和谐号”。首批投入运营的国产动车组有 CRH1、CRH2、CRH3 和 CRH5 型,动车组采用 8 节编组,全部采用动力分散方式。其中 CRH1、CRH2 和 CRH5 型动车组最高运行速度达到 200 km/h,CRH3 型动车组最高运行速度达到 350 km/h。通常将 CRH1、CRH2、CRH3 和 CRH5 四种型号的动车组统称为“CRH 系列动车组”,其主要技术特征见表 1.4,其外形如图 1.12 所示。

表 1.4　CRH 系列动车组主要技术特征

型 号	CRH1	CRH2	CRH3	CRH5
原型车生产公司/型号	庞巴迪/Regina	川崎重工/E2-1000	西门子/Velaro-E	阿尔斯通/SM3
投入运营时间	2007 年	2007 年	2008 年	2007 年
动力配置方式	动力分散	动力分散	动力分散	动力分散
编 组	4M+4T	4M+4T	4M+4T	5M+3T
列车长度(m)	213.5	201.4	200.67	211.5
头车长(m)	26.95	25.7	25.86	27.6
中间车长(m)	26.6	25.0	24.825	25.0
总牵引功率(MW)	5.5	4.8	8.8	5.5
牵引传动方式	交流	交流	交流	交流
最高运行速度(km/h)	200	200	350	200
定 员(人)	668	610	556	622

注:M—动车;T—拖车,后同。

(a) CRH1型动车组

(b) CRH2型动车组

(c) CRH3型动车组

(d) CRH5型动车组

图 1.12　CRH 系列动车组

2. CRH380 系列动车组

CRH380 系列动车组包括 CRH380A、CRH380B、CRH380C 和 CRH380D 等型动车组。CRH380A 是由青岛四方机车车辆股份有限公司(简称“四方股份”)在 CRH2C 型动车组基础上自主研发的高速动车组,最高营运速度 380 km/h。CRH380A 型动车组采用 8 节编组,CRH380AL 型动车组采用 16 节编组。CRH380B 型动车组是由唐山轨道客车有限责任公司(简称“唐车公司”)和长春轨道客车股份有限公司(简称“长客股份”)在 CRH3C 型动车组基础上，自主研发的高速动车组，最高营运速度 380 km/h。CRH380B 型动车组采用 8 节编组，CRH380BL 型动车组采用 16 节编组。CRH380CL 型动车组由长春轨道客车股份有限公司生产，采用 16 节编组，最高营运速度 380 km/h。CRH380D 型动车组是由庞巴迪-鲍尔运输装备公司（简称“BST”）研发的高速动车组，最高营运速度 380 km/h，采用 8 节编组。CRH380 系列动车组主要技术特征见表 1.5，其外形如图 1.13 所示。

表 1.5 CRH380 系列动车组主要技术特征

型号	CRH380A	CRH380B	CRH380CL	CRH380D
生产公司	四方股份	唐车/长客股份	长客股份	BST
投入运营时间	2011 年	2011 年	2013 年	2015 年
动力配置方式	动力分散	动力分散	动力分散	动力分散
编 组	6M+2T	4M+4T	8M+8T	4M+4T
列车长度(m)	203	200	400	215
头车长(m)	26.25	24.175	26.2	27.85
中间车长(m)	24.5	25.0	24.175	26.6
总牵引功率(MW)	9.6	9.2	19.2	9.6
牵引传动方式	交流	交流	交流	交流
最高运行速度(km/h)	380	380	380	380
定 员(人)	494	490	1004	494

(a) CRH380A型动车组

(b) CRH380B型动车组

(c) CRH380CL型动车组

(d) CRH380D型动车组

图 1.13 CRH380 系列动车组

3. 中国标准动车组

2015 年 6 月 30 日，由中国铁路总公司牵头组织研制的中国标准动车组正式下线。该动车组不但具有完全自主知识产权，而且设计制造达到了世界先进水平。

中国标准动车组以“CR”命名。CR(China Railway)即“中国铁路”。目前的两个型号分别是蓝海豚 CR400AF 和金凤凰 CR400BF，如图 1.14 所示。数字代表最高时速，意为最高速度可达 400 km/h 及以上，持续运行速度为 350 km/h。“A”和“B”为企业标识代码，代表生产厂家，“F”代表技术类型代码，表示动力分散式。

(a) 蓝海豚CR400AF型动车组

(b) 金凤凰CR400BF型动车组

图 1.14　中国标准动车组

中国标准动车组主要特点包括以下五个方面：

(1)大量采用中国技术标准，在 254 项重要标准中，中国标准占 84%，具有完全自主知识产权。

(2)安全保障技术更加完善，智能化感知系统能够全面监测列车运行状况，对走行部、轴温、冷却系统、制动系统、客室环境等进行全方位实时监测。

(3)乘坐舒适性更加提高，座位之间距离增大，车内灯光柔和，车内噪声也明显下降，座位设有插座和 USB 接口，车内设有 WiFi。

(4)低阻力流线型设计，列车阻力比既有 CRH380 系列降低 7.5%～12.3%。

(5)互联互通，86 个部件采用标准化设计，通用性更好，有利于降低备用成本和维修成本。

中国标准动车组(CR400)主要技术特征如下：

生产公司	四方股份/长客股份
投入运营时间	2017 年
动力配置	4M+4T
列车长度	209 m
头车长度	29.5 m
中间车长度	25 m
总牵引功率	9.6 MW
牵引传动方式	交流传动
最高运行速度	350 km/h
定 员	556 人

2017 年 6 月 25 日，中国标准动车组被正式命名为“复兴号”，并于次日在京沪高铁上投入运营，最高运营速度达到 350 km/h，成为世界上高速铁路运营速度最高的动车组列车之一。

“复兴号”中国标准动车组有三个级别，分别为 CR400/300/200，数字表示最高时速，而持续时速分别对应 350 km、250 km 和 160 km，分别适应于高速铁路、快速铁路和城际铁路。

目前，时速 250 km 的“复兴号”中国标准动车组(CR300)正在研制。与既有时速 250 km“和谐号”动车组相比，时速 250 km“复兴号”中国标准动车组实现了以下突破：

(1)实现全面自主化。其软件、硬件全部实现自主设计、制造或选型，拥有完全自主知识产权。

(2)性能提升。其运行阻力、能耗、噪声等指标更优，安全监测更全面，车辆使用寿命更长，列车整体和关键系统性达到世界先进水平。

(3)更加智能。实现动车组智能化状态监控、维修、服务。

(4)系统采用中国标准。结合中国铁路运用环境、运用需求，实现列车操纵、运用及检修维修的统一，不同厂家动车组可以重联运营，有利于降低运用维修成本。

1.4 中国高速铁路发展简况

按照“引进先进技术、联合设计生产、打造中国品牌，以及先进、成熟、经济、适用、可靠”的总体要求，通过自主创新，中国在高速铁路及动车组列车技术方面取得了举世瞩目的成绩。

2007 年 4 月 18 日起，中国实施了全国铁路第六次大面积提速。提速范围包括京哈、京广、浙赣、沪杭、京沪、陇海、胶济等干线，覆盖全国 17 个省、直辖市。提速干线旅客列车最高运行速度达 200 km/h 以上。京哈、京沪、京广、胶济等提速干线部分区段的速度可达到 250 km/h。这次提速的特点是速度为 200 km/h 及以上的国产化动车组投入使用。提速后，开行 250 km/h 的线路长达 846 km，开行 200 km/h 及以上的线路长达 6 003 km，开行 120 km/h 及以上速度的线路长达 2.2 万 km，其中，包括 160 km/h 及以上速度的线路长达 1.4 万 km。全国铁路客运能力增长 18%以上，货运能力增长 12%以上。

2008 年 8 月 1 日，京津城际铁路开通运营，最高运行速度达到 350 km/h，创造了世界商业运行最高速度纪录，标志着中国已掌握 350 km/h 速度级高速列车核心技术。

2009 年 12 月 26 日，世界上一次建成里程最长、工程类型最复杂的武广高速铁路正式开通运营，创造了 350 km/h 速度的隧道内会车、两列重联条件下双弓受流等一系列世界新纪录，标志着中国能够建设工程类型齐全、大规模、长距离世界一流的高速铁路。

2010 年 9 月 28 日，在沪杭高速铁路运行试验中，中国拥有自主知识产权的“和谐号”CRH380A 高速动车组列车，最高速度达 416.6 km/h，创造了世界运营铁路运行试验最高速度。

2010 年 12 月 3 日，在京沪高速铁路徐州—蚌埠区间，“和谐号”CRH380A 高速动车组列车，最高速度达 486.1 km/h，再次刷新了世界运营铁路运行试验最高速度。

通过自主创新，形成了中国高速动车组列车设计技术、制造技术、试验技术以及评估技术平台，掌握了高速动车组列车系列核心关键技术，形成自主知识产权的技术体系和标准体系，构建了由20多所重点大学、50多个重点实验室、500多位教授、上万科技人员组成的高速列车创新联盟。建成了CRH1、CRH2、CRH3、CRH5型以及CRH380的产品系列，涵盖座车、卧车、长编组、短编组、250 km/h、350 km/h、380 km/h速度的产品系列，形成了完整的产业链。截至2010年，国内已有220多家企业直接参与高速列车产业链生产，促进了中国经济社会快速发展。

2015年6月30日，由中国铁路总公司牵头组织研制的中国标准动车组正式下线。该动车组不但具有完全自主知识产权，而且设计制造达到了世界先进水平。2015年11月18日，中国标准动车组在大西客运专线试验速度达到385 km/h。截至2017年8月，我国动车组保有量达2600多列，是计划数量的2.4倍以上。

2016年7月，国家发展改革委、交通运输部、中国铁路总公司联合发布了《中长期铁路网规划》(2016—2030年)，勾画了新时期"八纵八横"高速铁路网的宏大蓝图。预计到2020年，全国高速铁路里程将达到3万km，覆盖80%以上的大城市，到2025年，全国高速铁路里程将达到3.8万km。"八纵八横"可实现相邻大中城市间1～4 h交通圈、城市群内0.5～2 h交通圈。完善普速铁路网，扩大中西部路网覆盖，优化东部网络布局，形成区际快捷大能力通道，加快建设脱贫攻坚和国土开发铁路。按照"零距离"换乘要求，同站规划建设以铁路客站为中心、衔接其他交通方式的综合交通体，形成配套便捷、站城融合的现代化交通枢纽。此外，还包括培育壮大高速铁路经济新业态、深化投融资和价格改革等措施。

"八纵"通道包括：沿海通道、京沪通道、京港(台)通道、京哈—京港澳通道、呼南通道、京昆通道、包(银)海通道、兰(西)广通道。"八纵"通道途经城市见表1.6。

表1.6 "八纵"通道

线路名称	开建日期	全线开通日期	途经城市
沿海通道	1999年(秦皇岛—沈阳段)	待定	大连(丹东)—秦皇岛—天津—东营—潍坊—青岛(烟台)—连云港—盐城—南通—上海—宁波—福州—厦门—深圳—湛江—北海(防城港)高速铁路(其中，青岛至盐城段利用青连、连盐铁路，南通至上海段利用沪通铁路，上海至宁波段新建跨杭州湾铁路大桥)，连接东部沿海地区，贯通京津冀、辽中南、山东半岛、东陇海、长三角、海峡西岸、珠三角、北部湾等城市群
京沪通道	2008年	主线2011年已通车 复线(经扬州)待定	北京—天津—济南—南京—上海(杭州)高速铁路，包括南京—杭州、蚌埠—合肥—杭州高速铁路，同时通过北京—天津—东营—潍坊—临沂—淮安—扬州—南通—上海高速铁路，连接华北、华东地区，贯通京津冀、长三角等城市群

续上表

线路名称	开建日期	全线开通日期	途经城市
京港(台)通道	待定	待定	北京—衡水—菏泽—商丘—阜阳—合肥(黄冈)—九江—南昌—赣州—深圳—香港(九龙)高速铁路;另一支线为合肥—福州—台北高速铁路,包括南昌—福州(莆田)铁路,连接华北、华中、华东、华南地区,贯通京津冀、长江中游、海峡西岸、珠三角等城市群
京哈—京港澳通道	2005 年(武汉—广州段)	主线 2019 年(北京—沈阳段) 支线(至澳门)待定	哈尔滨—长春—沈阳—北京—石家庄—郑州—武汉—长沙—广州—深圳—香港高速铁路,包括广州—珠海—澳门高速铁路,连接东北、华北、华中、华南、港澳地区,贯通哈长、辽中南、京津冀、中原、长江中游、珠三角等城市群
呼南通道	2009 年	待定	呼和浩特—大同—太原—长治—晋城—焦作—郑州—襄阳—常德—益阳—娄底—邵阳—永州—桂林—南宁高速铁路,连接华北、中原、华中、华南地区,贯通呼包鄂榆、山西中部、中原、长江中游、北部湾等城市群
京昆通道	待定	待定	北京—石家庄—太原—西安—成都(重庆)—昆明高速铁路,包括北京—张家口—大同—太原高速铁路,连接华北、西北、西南地区,贯通京津冀、太原、关中平原、成渝、滇中等城市群
包(银)海通道	待定	待定	包头—延安—西安—重庆—贵阳—南宁—湛江—海口(三亚)高速铁路,包括银川—西安以及海南环岛高速铁路,连接西北、西南、华南地区,贯通呼包鄂、宁夏沿黄、关中平原、成渝、黔中、北部湾等城市群
兰(西)广通道	待定	待定	兰州(西宁)—临夏市—合作市—绵阳市(安州区)—广汉市—成都市—眉山市—乐山市—宜宾市—毕节市—贵阳市—都匀市—桂林市—贺州市—佛山市—广州市高速铁路,连接西北、西南、华南地区,贯通兰西、成渝、黔中、珠三角等城市群

“八横”通道包括:绥满通道、京兰通道、青银通道、陆桥通道、沿江通道、沪昆通道、厦渝通道、广昆通道。“八横”通道途经城市见表 1.7。

表 1.7 “八横”通道

名称	开建日期	全线开通日期	途经城市
绥满通道	待定	待定	绥芬河—牡丹江—哈尔滨—齐齐哈尔—海拉尔—满洲里高速铁路,连接黑龙江及蒙东地区
京兰通道	待定	待定	北京—呼和浩特—银川—兰州高速铁路,连接华北、西北地区,贯通京津冀、呼包鄂、宁夏沿黄、兰西等城市群
青银通道	2005 年	约 2017 年 12 月(济南—石家庄段)	青岛—济南—石家庄—太原—银川高速铁路(其中绥德至银川段利用太中银铁路),连接华东、华北、西北地区,贯通山东半岛、京津冀、太原、宁夏沿黄等城市群
陆桥通道	2005 年	(徐州—兰州段已于 2017 年完工),其余待定	连云港—徐州—郑州—西安—兰州—西宁—乌鲁木齐高速铁路,连接华东、华中、西北地区,贯通东陇海、中原、关中平原、兰西、天山北坡等城市群
沿江通道	待定	待定	上海—南京—合肥—武汉—重庆—成都高速铁路,包括南京—安庆—九江—武汉—宜昌—重庆、万州—达州—遂宁—成都高速铁路(其中成都至遂宁段利用达成铁路),连接华东、华中、西南地区,贯通长三角、长江中游、成渝等城市群
沪昆通道	2009 年	2016 年 12 月 28 日	上海—杭州—南昌—长沙—贵阳—昆明高速铁路,连接华东、华中、西南地区,贯通长三角、长江中游、黔中、滇中等城市群
厦渝通道	待定	待定	厦门—龙岩—赣州—长沙—常德—张家界—黔江—重庆高速铁路(其中厦门至赣州段利用龙厦铁路、赣龙铁路,常德至黔江段利用黔张常铁路),连接海峡西岸、中南、西南地区,贯通海峡西岸、长江中游、成渝等城市群
广昆通道	2008 年	2016 年 12 月 28 日	广州—南宁—昆明高速铁路,连接华南、西南地区,贯通珠三角、北部湾、滇中等城市群

复习思考题

1. 何谓动车组？它由哪几部分组成？
2. 何谓动力集中？何谓动力分散？
3. 高速动车组有哪些关键技术？
4. 确定车辆垂向尺寸是否超过限界时，上部和下部各如何校核？
5. 与我国准轨铁路的机车车辆限界相比，客运专线铁路机车车辆限界有何不同？
6. 试举例说明一国外高速动车组的特点。
7. 与国内其他类型的动车组相比，“复兴号”动车组具有哪些特点？

第2章

动车组转向架结构原理

转向架是机车车辆最重要的组成部件之一，其结构是否合理将直接影响机车车辆的运行品质、动力性能和行车安全。

20 世纪 50～80 年代，一些国家开始陆续大幅提高列车速度，从 140 km/h 提高到了 200 km/h。我国从 2007 年 4 月 18 日开通运行动车组以来，目前最高运行速度已经达到 350 km/h。各种形式高速列车在世界各地的疾速奔驰，以及现代城轨车辆的飞速发展，无一不与转向架技术的进步发展息息相关。可以毫不夸张地说，转向架技术是“靠轮轨接触驱动运行的现代机车车辆”得以生存发展的核心技术之一。

由于各国铁路发展历史和背景的不同，以及技术条件上的差异，致使各国研制的高速转向架结构类型也相差较多，由此出现了许多适应高速运行的转向架新结构。例如，日本 1964 年 10 月 1 日东海道新干线开通时，其所用的 DT200 型转向架的最高运营速度为 210 km/h；法国于 1973 年正式生产 Y32 型转向架，其最高运营速度为 200 km/h；德国于 1974 年开始生产 MD52 型转向架，最高运营速度也是 200 km/h。这些不同型号的转向架在运行中所显示的优缺点，为研制更高速度、性能更优秀的转向架奠定了实践基础。通过这些国家长期不懈的努力，目前已出现了一批比较成熟、优秀的高速转向架，引领着整个高速铁路的发展方向。

2.1　动车组转向架的组成及分类

支承车体并使之在轨道上运行的装置称为转向架，亦称走行部，它是动车组的关键部件。可以说，提高旅客列车速度的过程也是高速转向架技术发展的过程。

转向架的基本作用及要求如下：

(1)车辆上采用转向架是为增加车辆的载重、长度与容积，提高列车运行速度，以满足铁路运输发展的需要。

(2)保证在正常运行条件下，车体都能可靠地坐落在转向架上，通过轴承装置使车轮沿钢轨的滚动转化为车体沿线路运行的平动。

(3)支承车体，承受并传递从车体至轮轨之间或从轮轨至车体之间的各种载荷及作用力，并使轴重均匀分配。

(4)保证车辆安全运行，能灵活地沿直线线路运行及顺利地通过曲线。

(5)转向架的结构要便于弹簧减振装置的安装,使之具有良好的减振特性,以缓和车辆和线路之间的相互作用,减小振动和冲击,减小动应力,提高车辆运行平稳性和安全性。

(6)充分利用轮轨之间的黏着,传递牵引力和制动力,放大制动缸所产生的制动力,使车辆具有良好的制动效果,以保证在规定的距离之内停车。

(7)转向架是车辆的一个独立部件,在转向架与车体之间应尽可能减少联结件,并要求结构简单,装拆方便,以便于转向架可单独制造和检修。

2.1.1 动车组转向架的组成

由于车辆的用途不同、运行速度的差异、制造水平和能力以及历史传统等因素的不同,转向架的类型比较多、结构各异。但它们又都具有转向架的共同特点,其基本作用和基本组成是相同的。一般动车组转向架可由以下几个部分组成:

1. 轮对轴箱装置

轮对沿着钢轨滚动,除传递车辆重量外,还传递轮轨之间的各种作用力,其中包括牵引力和制动力。轴箱与轴承装置是联系构架和轮对的活动关节,使轮对的滚动转化为车体沿钢轨的平动。通常情况下,轮对采用空心车轴,整体轧制车轮、磨耗型车轮踏面。

2. 弹性悬挂装置

为减少线路不平顺和轮对运动对车体的各种动态影响(如垂向振动,横向振动等),转向架在轮对与构架之间和构架与车体之间,设有弹性悬挂装置。前者称为轴箱悬挂装置(又称第一系悬挂),后者称为中央悬挂装置(又称第二系悬挂)。弹性悬挂装置包括弹簧装置、减振装置和定位装置等。通常情况下,轴箱悬挂采用钢弹簧+液压式减振器+轴箱定位装置;中央悬挂主要采用空气弹簧装置。

3. 构　架

构架是转向架的基础,它把转向架各零、部件组成一个整体。所以它不仅承受和传递各作用力及载荷,而且它的结构、形状和尺寸大小都应满足各零、部件的结构、形状及组装的要求(如应满足制动装置、弹簧悬挂装置、轴箱定位装置等安装的要求)。

4. 轴箱定位装置

约束轮对与构架之间的相对运动的机构,称为轴箱定位装置。它是联系构架和轮对的活动"关节",能在纵向和横向具有适宜的弹性定位刚度值,并起弹性定位作用。它除了保证轮对能自由回转外,还能在构架与轴箱之间产生相对运动时传递纵向力和横向力。目前,动车组转向架的轴箱定位装置有单(双)拉板式、拉杆式、转臂式以及采用橡胶弹簧等多种结构形式。

5. 牵引装置

它是车体与转向架间的连接装置,用以传递车体与转向架之间的水平力,同时保证车体与转向架之间的回转运动。为了减轻自重和简化结构,通常动车组转向架采用无摇枕结构,空气弹簧直接放置于车体和转向架构架的侧梁之间,因此,在车体和转向架之间增设牵引装置。目前动车组转向架牵引装置主要采用拉杆方式。

6. 回转阻尼装置

回转阻尼是抑制高速转向架蛇行运动的一个有效措施,一般采用以下两种装置:旁承支重结构和抗蛇行减振器。全旁承支重结构由摇枕上的旁承装置承受全部载荷，当转向架相对车体转动时，上下旁承之间由摩擦力形成的摩擦力矩阻止转向架相对车体转动，以提供足够的回转阻尼。旁承支重具有结构简单，可减轻车体枕梁和摇枕重量等优点，但需选择适当的摩擦副材质。

车体与构架之间（或摇枕与构架之间）安装抗蛇行减振器，也可提供足够的回转阻尼，有效地抑制转向架的蛇行运动。例如，MD52 型转向架在采用磨耗形踏面的情况下，速度只能达到 160 km/h，而装用抗蛇行减振器后，速度可提高到 250 km/h。

7. 抗侧滚装置

为了使高速客车具有良好的垂向振动性能，车体悬挂装置的总静挠度至少需要 200 mm 以上，其中 80%左右分配在中央弹簧上。而在垂向悬挂比较柔软的情况下，为防止通过曲线时车体的侧滚角过大，一般在高速转向架上设置抗侧滚扭杆。

8. 制动装置

为使运行中的车辆能在规定的距离范围内停车，必须安装制动装置，从而使车辆承受前进方向的阻力，产生制动效果。目前动车组采用的均为复合制动，即电制动＋空气制动。一般，动力车采用电阻制动（或再生制动）＋盘形制动，而拖车采用涡流盘制动（或磁轨制动）＋盘形制动。

动力转向架一般还包括：

(1)牵引电机

牵引电机为动车组提供牵引动力，其安装方式基本上有三种：架悬式、体悬式和半架半体式。其中体悬式和半架半体式可降低簧下质量，从而减小轮轨之间的动力作用。

(2)驱动装置

驱动装置一般包括齿轮减速装置和联轴节，用于将牵引电机的输出扭矩放大并最终有效地传递给车轮。齿轮减速装置通过轴承安装在车轴上，牵引电机与齿轮减速装置通过联轴节传递驱动力。

2.1.2 动车组转向架的分类

由于车辆的用途不同，运行条件的差异，制造维修方法的制约和经济效益等具体因素的影响，对转向架的性能、结构、参数和采用的材料及工艺等要求就有差别，因而出现了多种形式的转向架。各种转向架的主要区别在于：弹簧悬挂系统的结构与参数，轴箱定位方式，制动装置的类型与安装以及构架结构等诸方面。其中，大多数动车组转向架结构形式的不同主要体现在轴箱定位方式的差异上，因此，可依据轴箱定位方式的不同区分不同类型的转向架。

动车组转向架轴箱定位装置主要有三种形式：

1. 拉板式定位

用特种弹簧钢材制成的薄形定位拉板，一端与轴箱连接，另一端通过橡胶节点与构架连接。利用拉板在纵、横方向的不同刚度来约束构架与轴箱的相对运动，以实现弹性定位作用。最常见的定位是 IS 方式，它是利用弹簧拉板和橡胶衬套的组合，如图 2.1 所示。

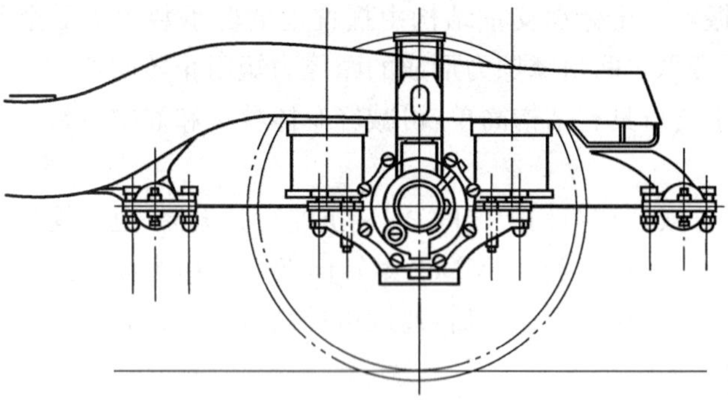

图 2.1　日本动车组转向架拉板式轴箱定位装置

2. 转臂式定位

转臂式定位，又称弹性铰定位，定位转臂一端与圆筒形的轴箱体固接，另一端以橡胶弹性节点与焊在构架上的安装座相连接，如图 2.2 所示。橡胶弹性节点容许轴箱相对构架有较大的上下方向位移，但它里边的橡胶件使轴箱纵向和横向位移的定位刚度有所不同，以适应纵向和横向两方向的不同弹性定位刚度的要求。

3. 橡胶弹簧定位

在构架与轴箱之间设有橡胶弹簧，这种橡胶弹簧上下方向的刚度比较小，轴箱相对构架在上下方向有比较大的位移，垂直载荷主要由轴箱顶部的钢弹簧承受，这种橡胶弹簧可设计成所需的纵向和横向定位刚度，以实现良好的弹性定位，如图 2.3 所示。

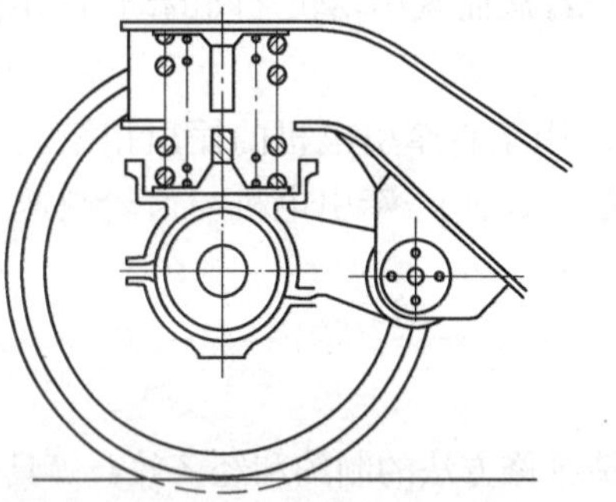

图 2.2　法国 TGV 动车组转向架转臂式轴箱定位装置

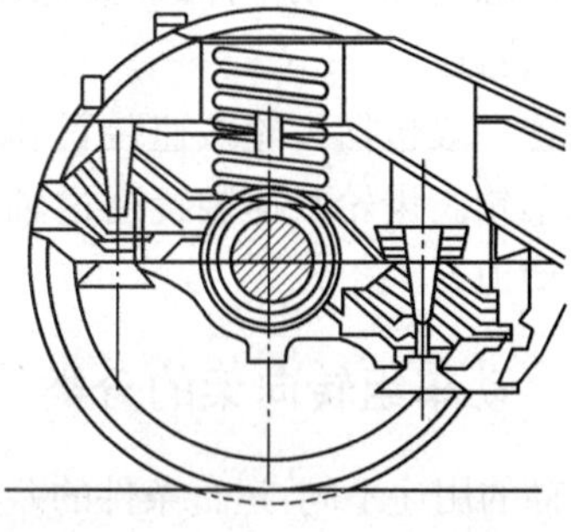

图 2.3　法国 TGV 动车组转向架橡胶弹簧轴箱定位装置

适宜的轴箱弹性定位，不仅可以避免车辆在运行速度范围内发生激烈的振动，还能保证车辆在曲线上运行时具有良好的导向性能，从而减小轮对与钢轨之间的冲击和侧压力，减轻车轮轮缘与钢轨的磨耗，确保车辆运行的安全性和平稳性。

以上这些定位方式均具有以下特点：

(1)便于轴箱定位刚度的选择(可以在上下、前后、左右方向独立选择)，能够同时兼顾高速运行的稳定性、乘坐舒适度以及曲线通过性能。

(2)实现轻量化。

(3)部件数量较少。

(4)便于轴箱定位装置的分解和组装。

(5)无滑动部分,免维护。

此外,按有无动力装置,可将动车组转向架分为动力转向架和非动力转向架。按一台转向架动轴数不同,还可分为全动轴转向架和部分动轴转向架。例如,CRH2 型动车组动力转向架采用的就是全动轴转向架,而 CRH5 型动车组动力转向架采用的就是部分动轴转向架。

2.1.3 动车组转向架的结构特点

如前所述,动车组转向架分为动力转向架和非动力转向架两类,动力转向架又有部分动轴转向架和全动轴转向架之分。无论是动力转向架还是非动力转向架,其主要部分采用的结构型式基本一致。其结构特点如下:

(1)均采用无摇枕转向架,进一步简化转向架结构和降低自重,以降低轮轨间动力作用。

(2)轮对为空心车轴,整体轧制车轮、磨耗型车轮踏面,尽量减小簧下质量。

(3)采用高柔性的弹簧悬挂系统,以获得良好的振动性能。第一系悬挂采用钢弹簧+液压式减振器+轴箱定位装置或采用橡胶弹簧形式的轴箱定位。第二系悬挂主要采用空气弹簧装置。

(4)牵引装置主要采用拉杆方式。

(5)牵引电机,安装方式采用架悬或体悬或半架半体。其中体悬式可降低簧下质量。

(6)驱动装置(齿轮减速装置和联轴节)采用简单、实用、可靠、成熟的结构,尽量减小簧下质量和簧间质量,以改善轮轨间的动作用力,提高高速运行稳定性。一般将齿轮减速装置通过轴承安装在车轴上,牵引电机与齿轮减速装置通过联轴节传递驱动力。

(7)动力车和拖车均采用复合制动方式。其中,动力车采用电阻制动(或再生制动)+盘形制动,而拖车采用涡流盘制动(或磁轨制动)+盘形制动。由于动力转向架有牵引电机和驱动装置,空间位置比较紧张,因此需采用轮盘式(每轴 2 个),而非动力转向架采用轴盘式(每轴 2~3 个)。

(8)采用能有效抑制转向架蛇行运动、提高转向架蛇行运动临界速度的各种措施,例如优化转向架弹性悬挂参数、安装抗蛇行油压减振器等。

2.1.4 高速转向架应具备的性能

在设计制造高速转向架时,必须解决其高速运行时的稳定性、平稳性和良好的曲线通过性能等关键技术问题,以保证高速列车安全行驶、乘坐舒适、减少维修。

1. 高速运行的稳定性

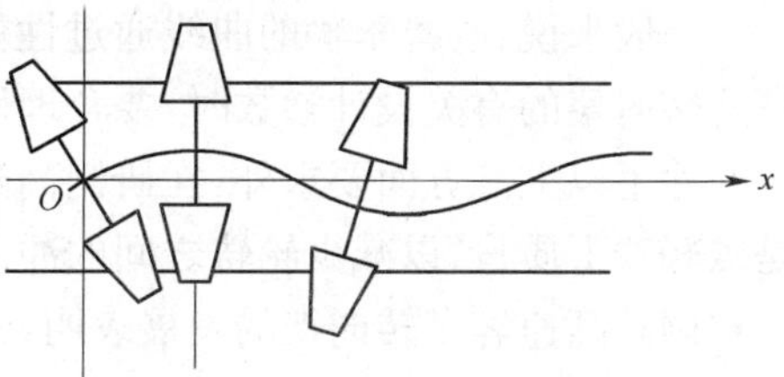

图 2.4 轮对的蛇行运动轨迹

铁道车辆运行的特点是,带有锥形踏面的轮对在顶面为圆弧的两根钢轨上滚动。车辆运行中,只要轮对中心偏离轨道中心,轮对的左右两个车轮就会以不同的滚动直径与轨面接触。于是轮对在前进的同时还做周期性左右摆动,轮对中心的运动轨迹如图 2.4 所示。轮对如此周而复始的运动称之为蛇行运动。这种振动属于自激振动，只要车辆沿轨道运行、轮对中心与轨道中心线之间存在横向偏移时，就会引起轮对蛇行运动，车辆停止运动，蛇行运动也就自然停止。

当铁道车辆在某一速度以下运行时，即使有一定的线路扰动使车辆在横向偏离线路中心位置，当扰动消失后，车辆在横向的振动会逐渐衰弱，最后回到线路中间位置，因此车辆运动是稳定的；而当车辆在某一速度以上运行时，线路任何的微小干扰都会使车辆在横向产生上述蛇行运动，而且振幅越来越大，直至车轮轮缘碰撞钢轨，损伤车辆及线路，甚至造成车辆脱轨、倾覆等行车安全事故。这时车辆运动是不稳定的，这一速度称为蛇行稳定性临界速度，简称临界速度。国外高速转向架的试验研究证明，当车辆的运行速度超过 200 km/h 时，有可能出现这种不稳定的蛇行运动。

高速列车必须保证在其临界速度以下运行，以使其运行稳定、安全。当转向架运动不稳定时，不仅车辆运行性能恶化，使旅客舒适度也下降，而且直接影响行车安全。因此，通过改变转向架结构、优化参数使其具有较高的临界速度，是研制高速转向架需要解决的关键技术问题，也是高速转向架有别于一般转向架的主要特点。

2. 高速运行的平稳性

理论分析和实践经验表明，车辆的垂向和横向运行平稳性随速度提高而下降。在一般速度下平稳性满足要求的车辆，在高速运行时就不能满足要求。为此，除对线路构造、养护标准等有严格要求外，也应合理设计转向架的悬挂装置（弹簧减振系统）和选择其参数。

乘客舒适度是反映乘客在旅途中疲劳程度的综合性生理指标。影响舒适度的因素很多，如车内设备、通风、照明、温度、湿度、噪声、瞭望和振动等等。其中，振动是车辆整个运行中始终存在的、一直起作用的主要因素。通常用平稳性指数 W（Sperling 方法的评价计算值）来表示，它反映车辆振动对舒适度的影响程度。对于高速动车组，其平稳性指数 W 必须达到优级。

3. 高速通过曲线的性能

单独一个轮对在曲线上运行时，由于左右轮轨接触点的半径可能不同，因此不需要司机操纵，轮对就能够沿曲线自动转向。可是，一旦构成转向架，轮对就难以实现理想的转向。这时，在车轮和钢轨间将产生侧向压力，并造成车轮、钢轨的磨损。一般车速运行时，轮、轨的磨损问题尚不突出，但高速列车通过曲线时，产生过大的侧压力会造成轮、轨的剧烈磨损，还易引起脱轨、倾覆等安全事故。

一般来说，改善车辆的曲线通过性能与抗蛇行运动稳定性往往是矛盾的。因此在选择高速转向架的有关设计参数时，要合理地兼顾两方面的性能要求。

除了以上三方面要求外，在研制高速转向架时还需要控制噪声，尽可能减少自重，尤其是减轻簧下质量，以减少轮轨之间的冲击作用及磨耗甚至损伤等。

国外高速客车转向架的发展表明，只要通过合理的设计和采取必要的技术措施，上述要求是可以达到的。

2.2 构　　架

2.2.1 构架组成及作用

1. 作　　用

转向架构架是转向架的骨架，用来联系（安装）转向架各组成部分和传递各方向的力，并用来保持车轴在转向架内的位置。

2. 组　　成

转向架构架一般由左、右两根侧梁和一个或几个横梁（或端梁）等组成。

侧梁的作用：不仅是向轮对传递垂向力、横向力和纵向力的主要构件，还用来保证轮对的相对位置。

横梁的作用：保证构架在水平面内的刚度，保持各轴的平行及承托牵引电机等部件。根据组成构架的横梁、端梁和侧梁的数量不同，转向架构架的基本结构类型大致可分为 H 型、目型和口型。

图 2.5 所示通常称为“H”形构架，由两根侧梁和中间一根横梁组成。

图 2.6 所示构架，由两根侧梁和两根横梁组成。图 2.7 所示构架在两横梁中间还布置了两根纵向辅助梁来提高构架水平刚度。

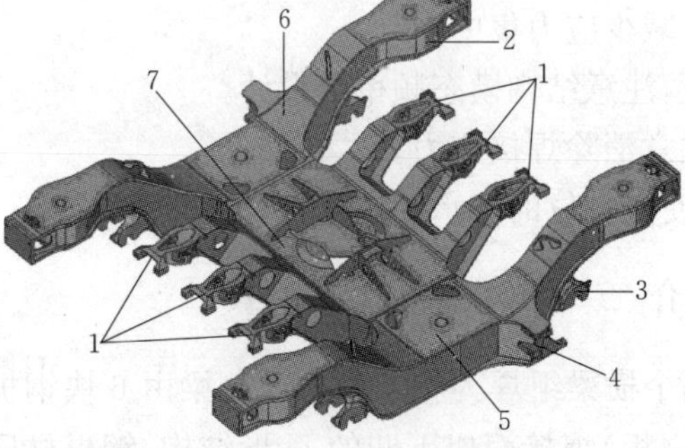

图 2.5　CRH380D 型转向架构架

1—制动单元吊座；2—一系弹簧座；3—定位臂座；
4—抗蛇行减振器座；5—空簧支座；6—侧梁；7—横梁

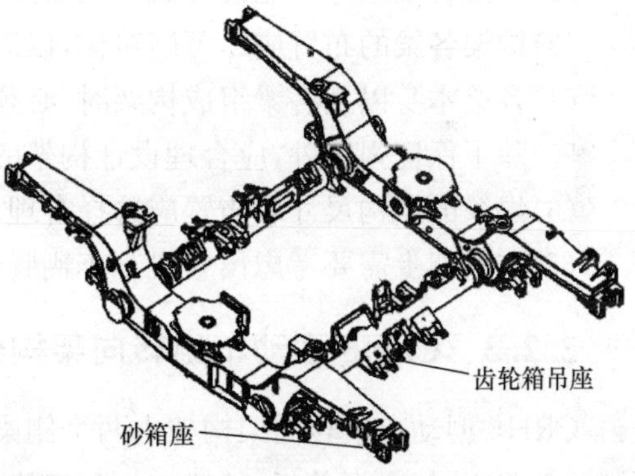

图 2.6　CRH5 型动车组转向架动车构架

图 2.8 所示 CRH1 型转向架动车构架通常称为“目”字形构架，由两根侧梁和中间两根横梁再加两根端梁组成。

还有构架由两根侧梁和两根端梁形成“口”字形结构，典型代表为德国 ICE1 型高速动力车转向架构架。

构架横梁、侧梁以及端梁的数量和形状主要是根据构架强度、刚度以及转向架上需要布置的具体部件的安装悬挂需要来确定的。仅从构架强度和刚度方面来考虑的话，最理想的结构应该是无端梁的开口形状构架，原因是开口构架属于“柔性”结构，当有集中载荷作用在构架上时，“柔性”结构构架能够通过自身的变形将集中载荷部分地传递到其他部分，使整个构架共同承载。而两端都带有强大封闭端梁的“目”字形构架最为“强壮”，在各种载荷作用下几乎不可能柔性变形，主要用于机车转向架。CRH1 型转向架动车构架结构虽然也是封闭结构，但由于端梁强度相对较低，该构架仍然属于“柔性”结构。“目”字形构架的典型代表为我国 DF_4 型内燃机车和 SS_3 型电力机车转向架构架。

图 2.7　CRH1 型转向架拖车构架

图 2.8　CRH1 型转向架动车构架

2.2.2　转向架构架的设计原则

铁路机车车辆转向架构架设计必须遵循如下原则，动车组也不例外：

(1)必须全面考虑构架与各有关零部件的相互位置关系，合理布置结构。

(2)构架各梁应尽可能设计成等强度梁，以保证能获得最大强度和最小自重。

(3)构架各梁的布置应尽可能对称，以简化设计和制造。

(4)各梁本身以及各梁组成构架时，必须注意减少应力集中。

(5)除了保证强度外，应合理设计构架的刚度，注意结构模态频率的设计。

(6)焊缝的结构尺寸和布置应选择合理，并注意消除焊接应力。

(7)在构架上需要考虑设置机车车辆脱轨后使其复位的支承部位。

2.2.3　CRH5 型动车组转向架构架简介

CRH5 型动车组转向架构架由两个侧梁和两个横梁组焊为箱形结构。侧梁由 6 块钢板(侧梁上盖板、侧梁下盖板、外侧立板和三块内侧立板)焊接而成下凹的 U 形结构，钢板材质为 S355J2G3。侧梁上焊有拉杆定位座、一系垂向减振器座、二系横向减振器座、一系弹簧定位座、二系空气弹簧定位座、横向缓冲器座、轴箱起吊吊座、制动横梁座等；横梁为无缝钢管，外径为 ø168.3 mm，壁厚 14.2 mm，材质为 S355J2H，横梁上焊有制动横梁座、牵引拉杆座、抗侧滚扭杆座、防过充钢丝绳安装座、齿轮箱拉杆座等。

对于构架组成中重要部件的钢板，阿尔斯通公司制订了比 EN 10025 标准还要严格的内部标准 K20409 和 K20580，纵向冲击性能在－20℃时为 60J。构架上的重要座(如定位座、弹簧座等)均采用质量可靠的锻件加工而成，材质均为 S355J2G3。侧梁和构架焊接后，加工之前，进行热处理以消除焊接内应力。

CRH5 动力转向架和非动力转向架构架的主体结构尽可能通用。动力转向架构架比非动力转向架构架仅多出了齿轮箱吊座、砂箱座等驱动和辅助设备安装座,如图 2.6 和图 2.9 所示。

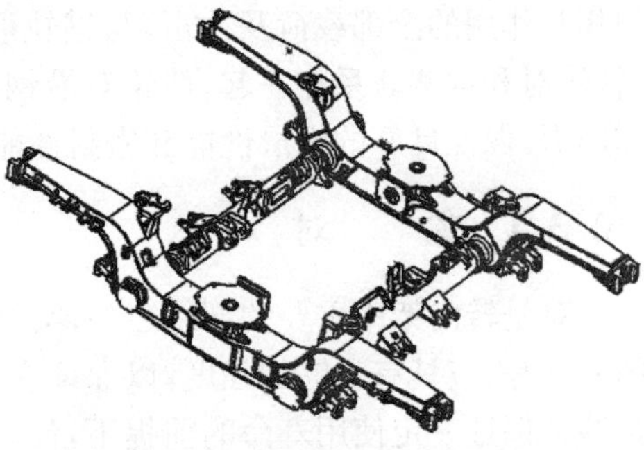

图 2.9　CRH5 非动力转向架构架

侧梁承载主体结构采用钢板焊接成封闭箱体,上下盖板和外侧立板采用 12 mm 厚的钢板整体压型,内侧立板采用一块 12 mm 和两块 10 mm厚的钢板与横侧梁连接座拼接而成。由于横、侧梁连接处存在刚度突变,结构应力较高,为了提高该部位的承载能力,该部位采用整体模锻技术,设计了锻造横侧梁连接座。侧梁主体承载结构上焊接有定位座、空气弹簧定位座、横向挡座、横向减振器座和制动横梁座等,如图 2.10 所示。

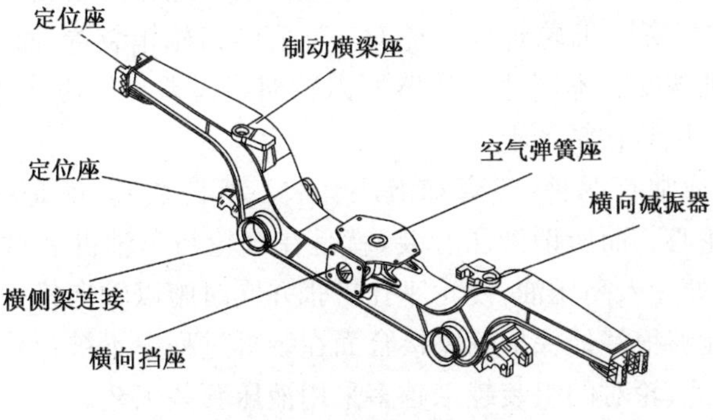

图 2.10　侧梁组成

横梁组成分前端横梁组成和后端横梁组成两种,均采用无缝钢管型材,两横梁分别与两侧的横侧梁连接座圆管焊接。

动力转向架与非动力转向架的横梁上均焊接有制动吊座、牵引拉杆座和扭杆座,不同之处仅在于动力转向架构架的后端横梁组成上还焊接有一个齿轮箱吊座,如图 2.11 所示。

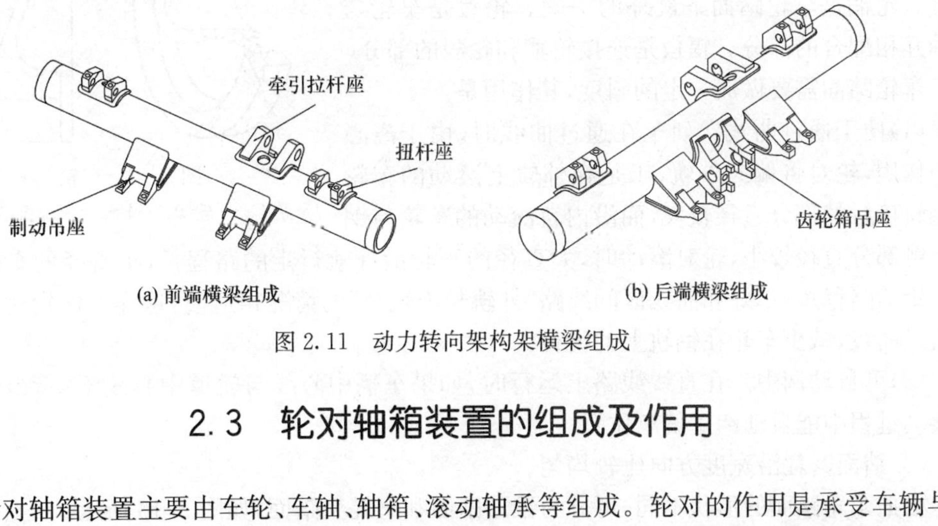

图 2.11　动力转向架构架横梁组成

2.3　轮对轴箱装置的组成及作用

轮对轴箱装置主要由车轮、车轴、轴箱、滚动轴承等组成。轮对的作用是承受车辆与线路间相互作用的全部载荷及冲击，与钢轨形成黏着产生牵引力或制动力。轴箱装置的作用是，将轮对和构架联系在一起，使轮对沿钢轨的滚动转化为车体沿线路的平动，传递各方向的作用力，保证良好的润滑性能和密封性能。下面以 CRH2 型动车组转向架为例进行叙述。

2.3.1 轮　对

轮对是转向架中重要的部件之一，又是影响车辆运行安全的关键部件之一。因此，对轮对的要求是：应具有足够的强度，以保证在容许的最高速度和最大载荷下安全运行；应在强度足够和保证一定使用寿命的前提下，使其重量最小，并具有一定弹性，以减小轮轨之间的相互作用力；应具有阻力小和耐磨性好的优点，这样可以只需要较少的牵引动力并能提高使用寿命；应能适应列车直线运行，同时又能顺利通过曲线，还应具备必要的抵抗脱轨的安全性。

轮对主要由车轮、车轴、制动盘、齿轮箱等组成。动车组转向架轮对分为动力轮对（简称 M 轮对）和非动力轮对（简称 T 轮对），M 轮对一侧安装齿轮箱装置，而 T 轮对则代之以制动盘。此外，T 轮对因轴端安装不同速度传感器齿轮而略显差异。由于采用了带自密封的轴承组，因此轴承可预先压装在轴颈上。

轮对的组装工艺通常有两种：热套和液压套装。所谓热套，就是将轮心加热后套到车轴，轮箍加热后套到轮心。而所谓液压套装，就是在车轮与车轴拆装过程中，通过专门的液压设备向轮座接触面处注入高压油，使轮座孔扩张并同时施以轴向推力将车轮压入或退出。当然，采用液压套装能够很好地保护轮座接合面在装拆过程中不被拉伤，保证车轮和车轴能够多次重复使用。因此，轮对的组装越来越多采用液压套装工艺。

1. 车轮各部分的名称及作用

动车组车轮通常采用整体车轮，它包括踏面、轮缘、轮辋、辐板和轮毂等部分，如图 2.12 所示。

车轮与钢轨的接触面称为踏面。突出的圆弧部分称为轮缘，它是保持车辆沿钢轨运行，防止脱轨的重要部分。轮辋是车轮踏面下最外的一圈。轮毂是车轮与车轴互相配合的部分。辐板是连接轮辋和轮毂的部分。

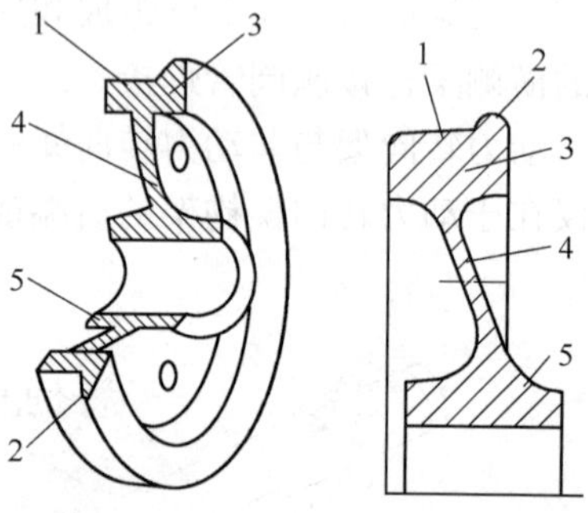

图 2.12　车轮
1—踏面；2—轮缘；3—轮辋；4—辐板；5—轮毂

车轮踏面需要做成一定的斜度，其作用是：

（1）便于通过曲线。列车在通过曲线时，由于离心力的作用，轮对将偏向外轨，于是在外轨上滚动的车轮与钢轨接触的部分直径较大，而沿内轨滚动的车轮与钢轨接触部分直径较小，轮对滚动时，大直径的车轮沿外轨行走的路程长，小直径的车轮沿内轨行走的路程短，正好和曲线区间线路“外轨长内轨短”的情况相适应，这样可使轮对较顺利地通过曲线，减少车轮在钢轨上的滑行。

（2）可自动调中。在直线线路上运行时，如果车辆中心线与轨道中心线不一致，则轮对在滚动过程中能自动纠正偏离位置。

（3）踏面磨耗沿宽度方向比较均匀。

根据车轮踏面的形状不同，可分为锥形踏面和磨耗型踏面，如图 2.13 所示。

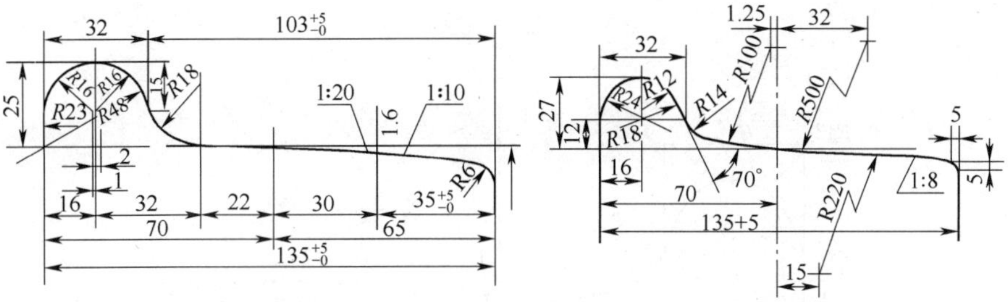

(a) 锥形踏面　　　　　　　　(b) 磨耗型踏面

图 2.13　车轮踏面形状(单位:mm)

锥形踏面有两个斜度,即 1 : 20 和 1 : 10,前者位于轮缘内侧 48～100 mm 范围内,是轮轨的主要接触部分,在直线上实现自动对中,在曲线上可以使外轮滑动量小。后者为离内侧 100 mm 以外部分,通过小曲线时,接触于该斜面上,可进一步减小外轮滑动量。踏面的最外侧做成半径为 6 mm 的圆弧,以便通过小半径曲线和便于通过辙叉。正是由于该踏面主要是由 1 : 20 和 1 : 10 两段斜线绕车轮中心线旋转一周而形成的锥形面所组成,因此通常被称为锥形踏面(也是我国铁路标准所规定的踏面,简称 TB 踏面),如图 2.13(a)所示。

实践中发现,采用标准锥形踏面的车轮在使用过程中,其踏面和轮缘磨耗速度很快,磨损比较严重。尤其是在新踏面投入运用的前期,踏面磨耗率(单位走行公里的磨耗值)非常高,但当运行一定公里以后,踏面磨耗率就会基本稳定下来,主要原因是新的锥形踏面与钢轨的接触区域,明显地仅为狭小面积接触,因此产生局部磨耗,迅速使踏面呈凹形,但当踏面达到某种凹形程度后,外形便保持相对稳定。

解决方法是采用磨耗型(凹形、曲形、弧形)踏面。

研究表明:当锥形踏面磨耗到一定的凹形程度后,外形便相对稳定,此时轮轨匹配关系趋好,接触区域变宽,磨耗速度明显降低。如果把车轮踏面从一开始就做成类似于磨耗后的稳定形状,即为磨耗型踏面,如图 2.13(b)所示。磨耗型踏面因轮轨接触点变化范围较大可明显减小轮与轨的磨耗,使轮轨磨耗较均匀,减少旋轮时的车削量;因磨耗形踏面的轮轨接触面积较大可减小轮轨接触应力,既能保证列车直线运行的横向稳定,又有利于曲线通过。

例如,CRH2 型动车组转向架车轮按 JIS E5402(铁道车辆—碳素钢整体辗压车轮)设计和生产,车轮采用整体轧制车轮,轮辋厚度 135 mm,踏面形状采用了与我国线路条件相匹配的 LMA 型磨耗型踏面,如图 2.14 所示。新造车轮滚动圆直径为 ϕ860 mm,最大磨耗时的直径为 ϕ790 mm。在靠轮辋轮缘侧面 ϕ790 mm 圆周上,设有磨耗到限标记。

因采用轮盘制动,需要在车轮辐板两侧安装制动盘,所以为直辐板车轮。随着轴重的增加,与轮毂连接的直辐板根部厚度有所增加。动力轮对和非动力轮对除了轮座尺寸及轮毂厚度尺寸不同外,其他部位相同。

M 轮对由车轴、车轮(带有制动盘,简称轮盘)、齿轮装置及轴承构成,如图 2.15 所示。

T 轮对由车轴、车轮(也带有制动盘,简称轮盘)、轴制动盘(简称轴盘)及轴承构成,如图 2.16所示。为确保安全性和可靠性,车轮、大齿轮、轴盘等采用冷压法压装到车轴上。

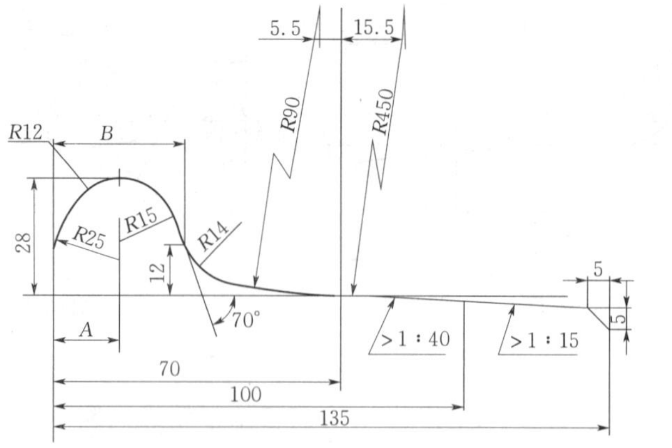

B	32	31.5	31	30.5	30	29.5	29	28.5	28
A	16	15.5	15	14.5	14	13.5	13	12.5	12

图 2.14 LMA 型踏面外形(单位:mm)

图 2.15 CRH2 型动车组动力轮对

图 2.16 CRH2 型动车组非动力轮对

车轮与车轴的装配采用注油压装和拆卸。为保证轮轴在装配后形成规定的压装力,装配后进行反向压力检验。

轮对组成后,需逐个进行动平衡试验,超出限度时,需对两侧车轮及制动盘的组装相位角进行调整。

2. 车 轴

车轴是转向架轮对中重要的部件之一,直接影响列车运行的安全性,又是转向架簧下质量的主要组成部分,特别是对于高速列车,降低列车簧下部分的质量对改善列车运行平稳性和减小轮轨之间动力作用有重要影响。因此,高速列车车轴可采用空心车轴,如图 2.17 所示。和实心车轴相比,空心车轴可减轻 20%~40%的质量,一般可以减轻重量 60~100 kg 左右。

车轴各部分的名称如下:

(1)轴颈,用以安装滚动轴承,承担着车辆重量,并传递各方向的静、动载荷。

(2)轮座,是车轴与车轮配合的部位。为了保证轮轴之间有足够的压紧力,轮座直径比轮毂孔直径要大 0.10~0.35 mm,同时为了便于轮轴压装,减少应力集中,轮座外侧直径向

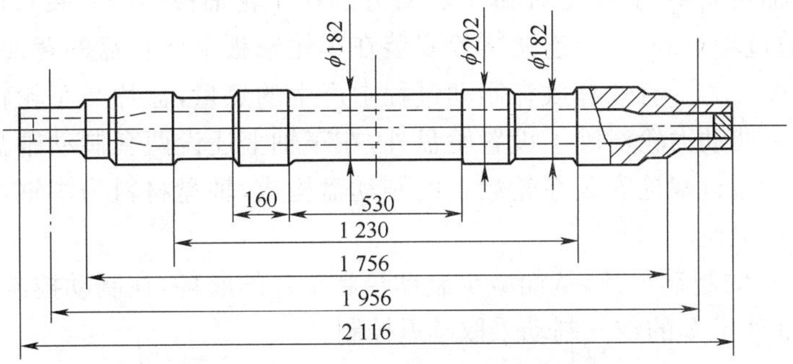

图 2.17　空心车轴(单位:mm)

外逐渐减小,成为锥形,其小端直径比大端直径要小 1 mm,锥体长 12～16 mm。轮座是车轴受力最大的部位。

(3)防尘板座,是车轴与防尘板配合的部位,其直径比轴颈直径大,比轮座直径小,介于两者之间,是轴颈与轮座的中间过渡部分,以减小应力集中。

(4)制动盘座,是车轴与制动盘配合的部位,其直径比轮座直径大,以便安装。

(5)轴身,是车轴中央部分,该部分受力较小。

CRH2 型动轴转向架车轴按照 JIS E4501(铁道车辆—车轴强度设计)进行设计,按 JIS E4502 标准进行生产。为提高车轴的疲劳安全性,采用高频淬火热处理和滚压工艺。

为了在保证强度的同时减轻质量,采用空心车轴使超声波探头可以直接穿过该通孔,使探伤容易,M 车轴与 T 车轴如图 2.18 所示。两种车轴的各部尺寸见表 2.1。

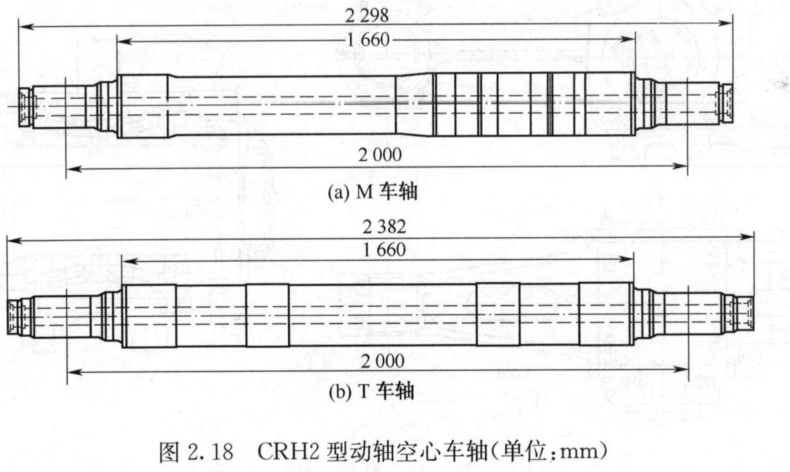

图 2.18　CRH2 型动轴空心车轴(单位:mm)

表 2.1　CRH2 型动轴车轴尺寸　　单位:mm

顺号	名称	CRH2 型动轴动车车轮	CRH2 型动轴拖车车轮
1	车轴总长	2 298	2 382
2	轴径直径	ϕ130	
3	轴径中心距	2 000	
4	轴身直径	ϕ182	ϕ192

CRH2型动轴转向架的M轮对和T轮对分别在车轮辐板两侧安装整体式锻钢制动轮盘，内外侧轮盘通过均布的12个连接螺栓安装在车轮辐板上。轮盘的背面设散热筋，可提高盘片的承载刚度。为了有效释放在制动过程中产生的热量，盘片与车轮辐板安装侧预先设置了反向翘曲。非动力轮对除了设置轮盘外，在车轴上还设两套制动轴盘。轴盘由压装在车轴上的轮毂和通过螺栓安装在轮毂上的制动盘构成，轴盘材料为锻钢，盘体为分半式，无须退轮即可进行更换。

为了减少T车的制动负荷，从而减少制动盘和闸片的磨耗，在制动控制中，尽量使用M车的再生制动，而对T车的空气制动采取延迟控制。

齿轮装置是传递驱动扭矩或制动扭矩的关键部件，仅动力转向架才有。它既属于动力轮对，又是驱动装置的重要组成部分。有关齿轮装置的详细内容将在驱动装置一节叙述。

2.3.2 轴箱装置

轴箱装置是连接轮对与构架的活动关节，除了传递各个方向的力和振动外，轴箱必须保证轮对能够适应线路状况而相对于构架上下跳动和左右横动。

轴箱装置包括轴箱体、轴箱压盖、轴箱前盖、轴箱后盖、轴承组、橡胶弹性定位节点、轴温检测器及橡胶盖等部件。轴箱组成如图2.19所示。

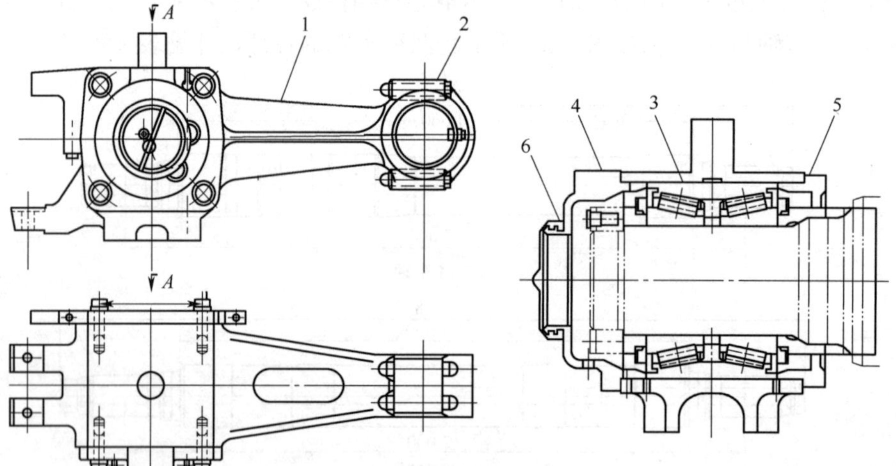

图2.19 轴箱组成

1—轴箱体；2—定位节点压盖；3—轴承组件；4—前盖；5—后盖；6—橡胶盖

轴箱作为连接轮对与构架的重要零部件，转臂式轴箱定位装置可采用轴箱与转臂一体式结构，也可以采用轴箱与转臂分体式结构。一体式结构使结构简化，降低自重和便于维护检修，同时有利于提高车辆的运行稳定性及便于组装。

轴箱体材料为铸钢，箱体内安装轴承，其顶部用于安装轴箱弹簧，轴箱转臂的另一端通过压盖与橡胶弹性定位节点连接，构成轮对的定位装置。轴箱内的轴承外圈通过轴箱前后端盖来定位。

为降低转向架簧下重量，前盖采用了高纯度铝合金铸件材料。为防止铝制材料与钢铁零件接触面产生电化学腐蚀，需要在接合面进行特殊涂装。

前盖底部有一孔，用于排出车轴超声波探伤时使用的润滑油。通常情况下前盖的孔用螺栓塞住，以防运行时灰尘进入转速计和接地装置。

轴箱后盖采用上下分体结构，为锻钢材料，先上下形成完整的挡圈后，再与轴箱通过螺栓连接。轴箱后盖设有防尘结构的双重迷宫槽。

轴箱与构架连接的一端为橡胶弹性定位节点，用以传递轮对与构架之间的牵引力和制动力。橡胶弹性定位节点作为一系悬挂装置的主要部件之一，将在一系悬挂部分详细叙述。

动车组对轴承提出了更高的要求，轴承的使用条件更加严酷，轴承的工作环境（如振动力、位移、速度和温度等）对轴承的性能有很大影响，因此，全面限定轴承的工作环境对于高速动车组轴承的设计、研究和试验是很重要的。

影响轴承性能的主要因素有轴承结构（如形式、保持架、内部形式等）、轴承质量（包括材质、热处理、精度等）、润滑油（如质量、数量、种类等）、密封（形式、质量等）以及工作环境。

按类型不同，轴承有滑动轴承和滚动轴承之分。因为滚动轴承具有能显著地改善车辆走行部分的工作条件、减少燃轴的惯性事故、减轻维护和检修工作、减低运营成本等优点。因此，现代机车车辆均采用滚动轴承轴箱。

滚动轴承类型包括，圆柱滚子轴承、圆锥滚子轴承和球面滚子轴承（调心轴承）等。目前高速动车组车辆的轴箱轴承主要是圆柱滚子轴承和圆锥滚子轴承（如图 2.19 所示）两种结构。在时速 200～230 km 情况下，这两种结构形式的轴承都有较成功的实际使用经验。由于在高速和高负载情况下，圆锥滚子轴承的轴向负载主要由滚道承受，滚子与滚道的接触面之间主要是滚动摩擦；而圆柱滚子轴承则主要是靠两个挡边承受轴向负荷，滚子端面与挡边之间是滑动摩擦。因此，高速下，采用圆锥滚子轴承性能更优。故时速超过 240 km 的高速动车组一般采用圆锥滚子轴承。

高速情况下，需要对整个轴承系统进行分析，以准确地确定轴承性能。轴承系统包括所涉及动车组的环境条件、轴承、轴箱、润滑和密封方式等。尤其值得注意的是以下两个方面：

（1）部件性能的相互依赖性，即一个零件的变化会使其他零件的性能发生变化。

（2）轴承在机械系统中工作时，它影响系统而且还受系统的影响。

对于高速动车组使用的轴承，应着重解决的问题是，尽力降低轴承运转温度和实现轴承小型轻量化。

CRH2 型动车组转向架采用双列圆锥滚子轴承组，为油脂润滑，采用轻接触式的双唇自密封结构。轴承组由外圈、双列圆锥滚子、保持架、内圈、防止磨损的隔板、油封、油封圈和后盖等组成，为预加润滑脂的全密封型单元轴承。

轴承规格见表 2.2，轴承采用树脂保持架，轴承在出厂前已注入 NERITA2858 型高速列车轴承专用润滑脂。

表 2.2　CRH2 型动车组轴承规格表

轴承形式	密封双列圆锥滚子轴承
名称	2E-CRI-2677T2LLXCS770PX1/L552S17
主要尺寸(mm)	130×230×150×160(内径×外径×内圈幅×外圈幅)
额定基本动负荷(N)	920 000
额定基本静负荷(N)	1 670 000
油封	轻接触密封
保持架	树脂制保持架
润滑脂	NERITA2858

轴承寿命的计算根据 JIS B1518 标准，在最大轴重 14 t 时，满足 5×10^6 km 行驶距离要求。

轴温检测器由热敏开关构成，当轴箱体温度升高至设定值时，热敏开关使报警电路打开。开关的激活温度设置为 165～155 ℃，温度梯度为 5 ℃/min。

轴箱端盖处共安装三种速度传感器，供 AG43、AG37 和 LKJ2000 用。

2.4　弹性悬挂元件

列车在轨道上运行时，将伴随产生复杂的振动现象。为了减小有害的列车冲动，车辆必须设有缓和冲动和衰减振动的装置，即弹簧减振装置。弹簧减振装置按其主要作用的不同，大体上可分为三类：第一类是主要起缓和冲动的弹簧装置，如轴箱的螺旋圆弹簧；第二类是主要起衰减振动的减振装置，如垂向和横向减振器；第三类是主要起定位作用的定位装置，如轴箱纵、横向的弹性定位装置等。以上各类装置在动车组振动系统中又称为弹簧悬挂装置。这些装置对列车运行是否平稳，能否顺利通过曲线并保证列车安全运行，都起着重要的作用。故弹簧悬挂装置的结构设计及参数选择尤为重要。

弹簧悬挂装置的作用主要体现在两个方面，一是使车辆的质量及载荷比较均衡地传递给各车轴，并使车辆在静载状态下车钩高度满足所规定的要求，以保证车辆之间的正常联挂；二是衰减因线路的不平顺、轨缝、道岔、钢轨磨耗和不均匀下沉以及因车轮不圆、轴颈偏心等因素引起车辆的振动和冲击。

在动车组弹簧悬挂装置中，通常采用两系弹簧悬挂系统。在轮对与构架之间的弹簧悬挂装置，称为轴箱(第一系)悬挂装置。在车体和构架之间的弹簧悬挂装置，称为中央(第二系)悬挂装置。从轮对开始向上包括轮对到第一系悬挂装置以下部分的质量称为转向架的簧下质量。簧下质量直接影响轮轨之间的动力作用。簧下质量越大，轮轨之间的动力作用越大，反之越小。

2.4.1　第一系悬挂装置

对第一系悬挂的要求如下：

(1)便于第一系定位刚度的选择(要求的刚度值可以在垂向、纵向和横向独立地选择)，可兼顾第一系定位刚度在高速运行时的稳定性和曲线通过性能。

(2)利于实现轻量化,适应高速运行。

(3)零部件数量较少,结构简化,提高可靠性。

(4)在检修作业中便于分解和组装。

(5)尽量少磨耗或无磨耗,实现免维护。

2.4.1.1 CRH2 型动车组转向架第一系悬挂装置

CRH2 型动车组转向架第一系悬挂装置采用转臂式定位,如图 2.20 所示。在轴箱和构架之间设置轴箱弹簧和垂向液压减振器,轴箱弹簧与轴箱顶面之间加橡胶垫,转臂与轴箱体采用一体式结构,转臂与构架通过轴箱定位节点相连接,轴箱体上安装有温度传感器。轮对提吊的主要作用是在转向架整体起吊过程中,使轮对随构架形成整体,同时,防止在转向架拆卸时轴箱弹簧伸长而损伤垂向减振器。

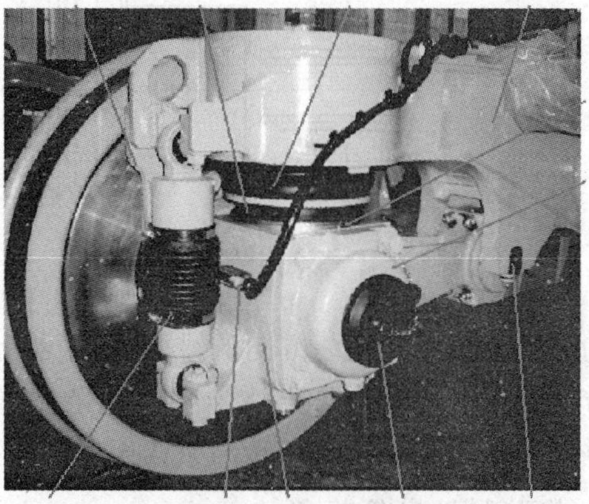

图 2.20　CRH2 型动车组转向架一系悬挂结构

转臂式轴箱定位装置的特点如下:

(1)轴箱与构架间无自由间隙和滑动部件。

(2)构成的零件很少,分解、组装容易,且维修方便。

(3)轴箱的上下、左右及前后定位刚度可以各自独立设定,比较容易满足转向架悬挂系统的最佳设计要求,即在确保良好乘坐舒适度的情况下能够同时确保稳定的高速行驶性能和良好的曲线通过性能。

1. 轴箱弹簧装置

轴箱弹簧装置由一个圆弹簧组(由内、外圈弹簧组成)、上下弹簧夹板、橡胶座、绝缘座等组成。内、外弹簧的旋向相反。

轴箱弹簧的材质为符合 JIS G4801 标准的 SUP9A 或 SUP11A 型弹簧钢。

轴箱弹簧装置用来传递垂直方向的力,通过调整垫调整圆弹簧组使每个车轮的载荷均匀。为了应对动车组雨雪天气的运行环境,在轴箱弹簧外设计了防雪罩,采用热缩材料,可明显改善轴箱弹簧的工作条件,减缓天气因素对弹簧的腐蚀作用,如图 2.21 所示。

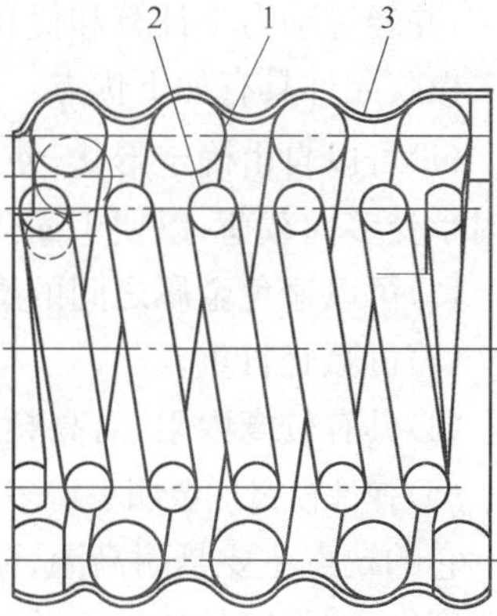

图 2.21　轴箱弹簧组

1—外圈弹簧;2—内圈弹簧;3—防雪罩

为了便于转向架的组装,设置上下弹簧夹板,使圆弹簧组保持在规定的预压缩高度,并保证转向架构架和轴箱之间的正位,下弹簧夹板上设置了螺纹,以方便弹簧组与转向架的分解、组装和调整。橡胶垫为上下硫化粘结钢板结构,用以吸收高频振动。绝缘罩用于将圆弹簧和转向架构架从电气上进行绝缘，以免漏电电流通过轴箱轴承而对轴承产生电腐蚀。

2. 垂向减振器

在构架与轴箱之间，与每组轴箱弹簧各并联了一个垂向油压减振器，构成第一系悬挂的阻尼元件。该液压减振器主要作用是防止转向架以较高的频率点头振动。某垂向减振器的外形结构如图 2.22 所示。

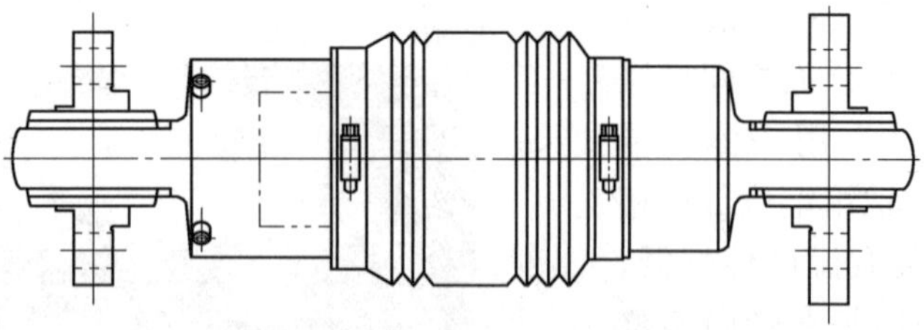

图 2.22　垂向减振器

为防止减振器的安装方向的错误，减振器上下端部芯轴的安装尺寸设计为不同值，以保证其方向的正确性。为防止沙尘和其他杂质进入减振器，在内、外筒之间安装了橡胶防护罩。垂向减振器在轴箱体和转向架构架侧梁的连接销轴上设有缓冲橡胶。

3. 橡胶弹性定位节点

CRH2 型动车组转向架的橡胶弹性定位节点为金属—橡胶硫化的弹性元件，如图 2.23 所示。其芯轴固定在构架的定位座上，外套及芯轴橡胶与轴箱转臂连接，提供轮对轴箱装置的横向(Y)和纵向(X)定位刚度。轮对与构架间的横向和纵向相对位移依靠节点橡胶套的变形实现。横向和纵向定位刚度是影响车辆运行稳定性和曲线通过性能的重要参数。其定位参数以安装入转臂橡胶套座的工作状态为测量基准，并经过动力学计算和优化来确定。

图 2.23　橡胶弹性定位节

橡胶元件具有如下优点：

(1)可以自由确定形状，使各个方向的刚度根据设计要求确定。利用橡胶的三维特性可同时承受多向载荷，以便于简化结构。

(2)可以避免金属之间的磨耗，安装和拆卸简便，并无须润滑，故有利于维修，降低成本。

(3)可减轻自重。

(4)具有较高内阻，对高频振动的减振以及吸音性有良好效果。

(5)弹性模量比金属小得多，可以得到较大的弹性变形，容易实现预想的良好的非线性特性。

它的缺点主要是耐高温、耐低温和耐油性比金属弹簧差，使用时间长易老化，而且性能离散度大，同批产品的性能差可达 10%。但随着橡胶工业的发展，正在研究改进橡胶性能，以弥补这些不足。

橡胶元件设计时应注意如下问题：

(1)橡胶具有特殊的蠕变特性，即压缩橡胶时，当载荷加到一定数值后，虽不再增载，但其变形仍在继续，而当卸去载荷后，也不能立即恢复原状。这种特性通常称为时效蠕变或弹性滞后现象。因此，橡胶的动刚度比静刚度大，其增大的倍数与动载荷的频率和振幅有关，一般增大 10%～40%。

(2)橡胶元件的性能受温度影响较大。当温度变化后这些性能也随之改变，大多数橡胶元件随温度升高，刚度和强度有明显降低。反之，其刚度和强度都有提高，一般先变硬，后变脆。因此，当温度在－30～＋70 ℃时，设计橡胶元件可依据不同使用温度，选用不同材质的橡胶，使之具有比较稳定的弹性特性，以满足运用要求。

(3)橡胶具有体积基本不变的特性，即几乎是不可压缩的。它的弹性变形是由于形状改变所致，因此，必须保证橡胶元件形状改变的可能性。

(4)橡胶的散热性不好，故不能把橡胶元件制成很大的整块，需要时应做成多层片状，中间夹以金属板，以增强散热性。

(5)橡胶元件的疲劳损坏，主要由于应力集中处产生的裂纹，橡胶和金属粘合处发生的剥离以及在压缩时侧面产生褶皱现象等逐渐发展造成，所以，设计时应特别注意防止出现这些现象。

(6)橡胶变形受载荷形式影响较大，承受剪切载荷时橡胶变形最大，而承受压缩载荷时其变形最小。因此，承受剪切变形的橡胶弹簧承载能力小而柔度大，承受压缩变形的橡胶弹簧承载能力大而柔度小，受拉伸的橡胶弹簧则很少使用。

2.4.1.2 CRH1 型动车组转向架第一系悬挂装置

CRH1 型动车组转向架第一系悬挂装置由螺旋钢弹簧组、垂向减振器和定位转臂等组成，如图 2.24所示。

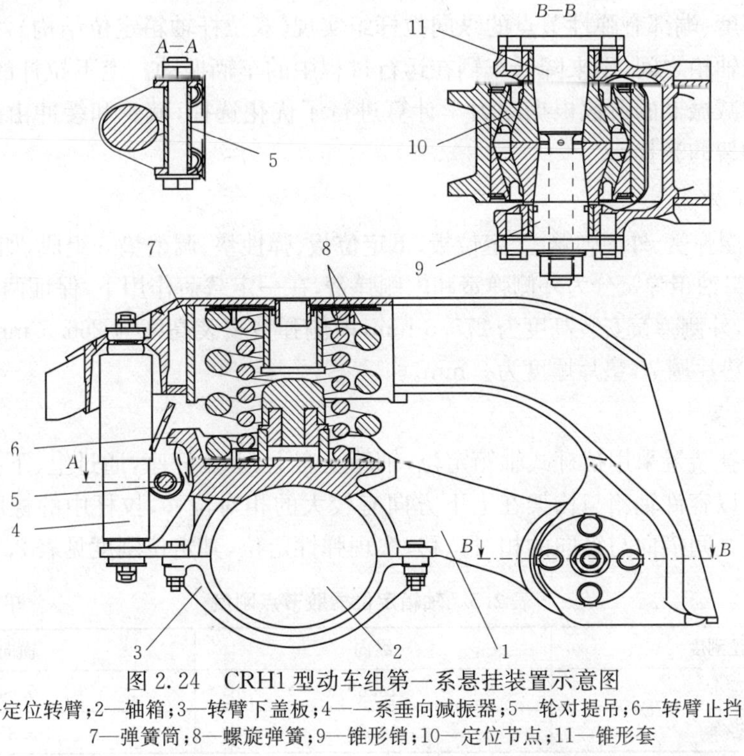

图 2.24　CRH1 型动车组第一系悬挂装置示意图

1—定位转臂；2—轴箱；3—转臂下盖板；4—一系垂向减振器；5—轮对提吊；6—转臂止挡面；7—弹簧筒；8—螺旋弹簧；9—锥形销；10—定位节点；11—锥形套

CRH1 型动车组定位转臂为分体式定位转臂，转臂的一端通过一个定位节点安装在构架侧架端部，另一端固定在轴箱上，轴箱再通过轴承安装在车轴端部。其工作原理与 CRH2 型动车组基本相同，但具体结构也有一些区别，如图 2.25 所示。主要区别在于定位转臂的结构，CRH1 型动车组的定位转臂没有采用与 CRH2 型动车组一样将转臂和轴箱做成一体，而是将两者分开，同时将转臂与弹簧座做成一体，再通过孔座落在轴箱上。另外，该转臂定位销所采用的橡胶弹性定位节点也与 CRH2 型动车组不同，它由锥形套、柱形橡胶套和锥形销等组成类球形结构，提供轴箱装置的纵向和横向定位刚度。

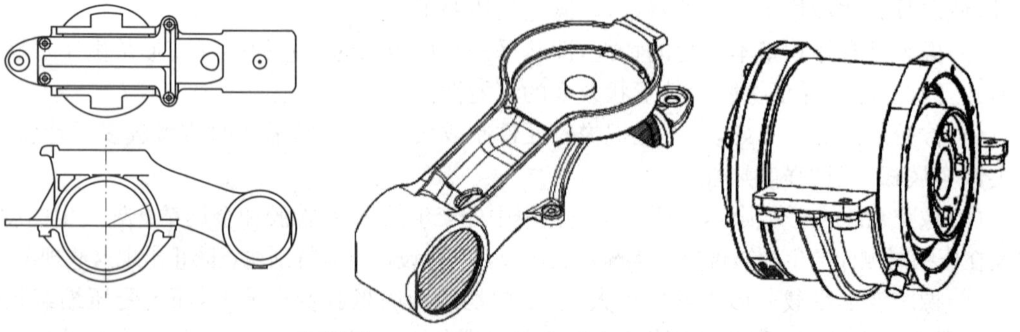

（a）定位转臂　　（b）轴箱

图 2.25　CRH1 型动车组转向架轴箱装置

2.4.1.3　CRH5 型动车组转向架第一系悬挂装置

CRH5 型动车组转向架第一系悬挂装置采用成熟的双拉杆轴箱定位结构，由外侧弹簧组成、内侧弹簧组成、定位装置和垂向减振器组成，如图 2.26 所示。轴箱体与构架间的连接通过在不同高度、端部有弹性节点的纵向拉杆组实现(双拉杆轴箱定位结构)，第一系减振器安装在构架与轴箱之间，用来降低车辆在运行过程中的车辆振动。上下拉杆的刚度、钢弹簧的刚度和垂向减振器的参数根据动力学计算进行了优化选择，减少和缓冲由于线路的不平顺引起的对构架的激扰。

1. 轴箱弹簧装置

弹簧由内圈弹簧、外圈弹簧、上定位板、下定位板、弹性垫、调整垫等组成，如图 2.27 所示。CRH5 型动车组轴箱弹簧分为外侧弹簧和内侧弹簧，在一定载荷作用下，保证两组弹簧所要求的高度。其中，外侧弹簧安装高度为 275.5 mm，内侧弹簧安装高度为 266.5 mm，两者之间的高度差由调整垫片调节，垫片厚度为 9 mm。

2. 定位装置

第一系悬挂装置采用拉杆式轴箱定位，轴箱上有上、下拉杆座，通过上、下拉杆与构架相连接。拉杆可以容许轴箱与构架在上下方向有较大的相对位移，拉杆中的橡胶节点分别限制轴箱与构架之间横向与纵向的相对位移，实现弹性定位，其定位刚度见表 2.3。

表 2.3　轴箱定位橡胶节点刚度　　单位:kN/mm

定位刚度	纵向	横向
重车	14.39	5.54
轻车	14.22	5.37

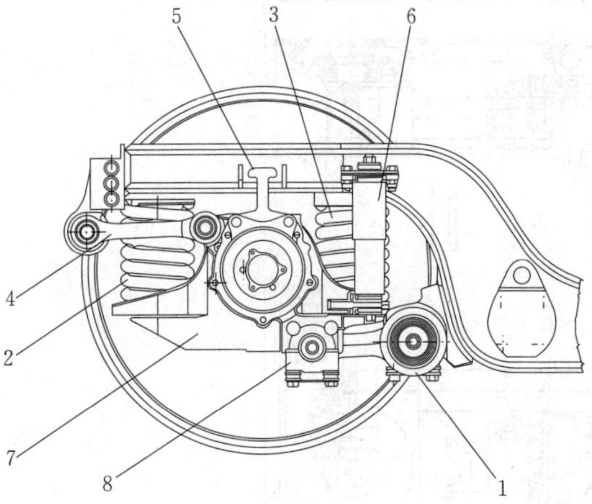

图 2.26　一系弹簧悬挂

1—下拉杆组件；2—外侧弹簧组；3—内侧弹簧组；4—上拉(推)杆；5—轮对提吊；6—减振器；7—轴箱；8—连接杆挡块

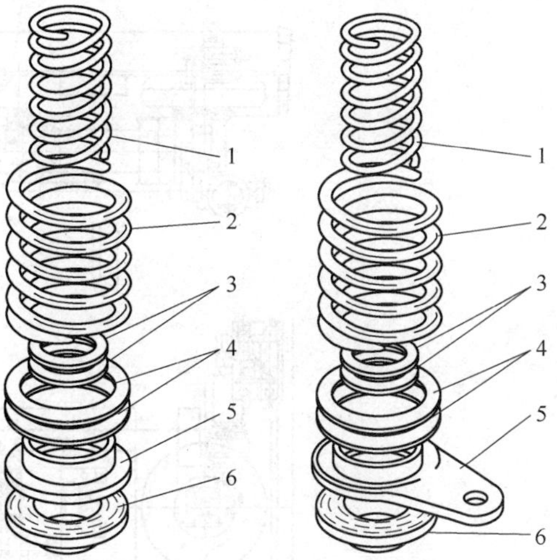

图 2.27　一系悬挂弹簧组成

1—内圈弹簧；2—外圈弹簧；3—调整垫；4—调整垫；5—定位板；6—弹性垫

拉杆分下拉杆与上拉杆组件。上拉杆组件为锻铝件，由两根拉杆组成，拉杆两端装有弹性节点，组成平行四杆机构，主要承担轴箱纵向弹性定位；下拉杆组件为锻钢件，为叉形，三弹性节点，主要承担轴箱横向定位和辅助上拉杆承担纵向定位，其组成如图 2.28 和图 2.29 所示。

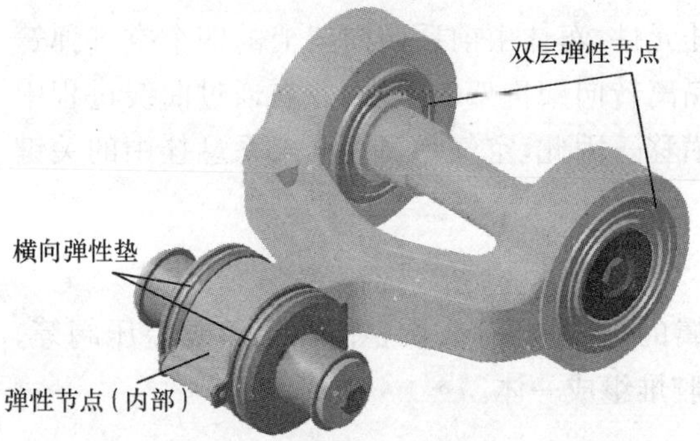

图 2.28　下拉杆组成

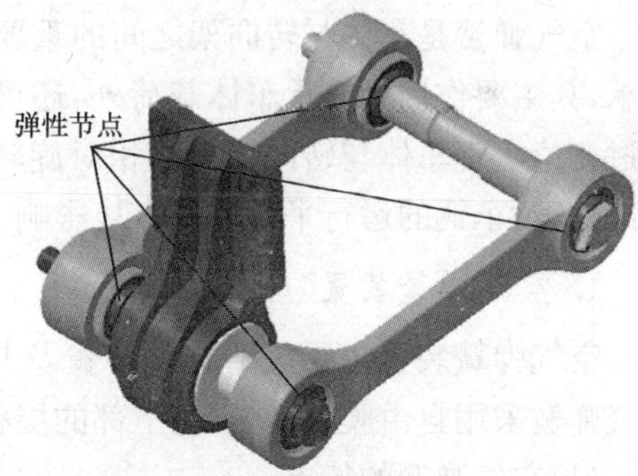

图 2.29　上拉杆组成

拉杆中的橡胶节点刚度决定了第一系悬挂的定位刚度。若定位刚度太大，将会影响转向架的曲线通过能力，并且轮轨横向力、脱轨系数、轮重减载率和磨耗指数也有逐渐恶化的趋势；若定位刚度太小，将会影响转向架的蛇形运动临界速度。

2.4.2　第二系悬挂装置

高速动车组通常采用空气弹簧装置的第二系悬挂系统。

以 CRH2 型动车组转向架为例，CRH2 型动车组转向架第二系悬挂装置主要由空气弹簧系统、牵引装置、横向减振器、抗蛇行减振器及横向缓冲橡胶止挡等零部件组成，如图 2.30 所示。

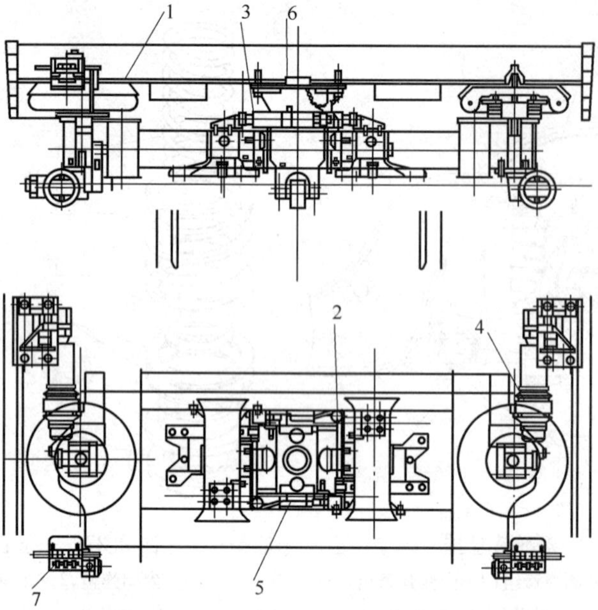

图 2.30　第二系悬挂装置

1—空气弹簧系统；2—中央牵引拉杆座；3—横向减振器；4—抗蛇行减振器；
5—高度调整阀；6—牵引拉杆；7—横向缓冲止挡

每辆车体以上所有重量通过四个空气弹簧传递给两个转向架，纵向力（牵引力或制动力）由单牵引拉杆传递，而横向力则由空气弹簧和横向缓冲橡胶止挡共同传递。

空气弹簧是车体与转向架之间的重要悬挂元件，车体由前后转向架上的四个空气弹簧支承，其主要作用除支承车体载荷外，还可以隔离转向架构架的振动，并在通过曲线过程中通过变位实现车体与转向架间的相对旋转和横移。因此，空气弹簧是第二系悬挂中的关键零部件，对车辆的运行平稳性有直接影响。

1. 空气弹簧装置

空气弹簧装置主要包括空气弹簧及其附属的高度调整阀、调整阀保温箱及差压阀等。空气弹簧采用自由膜式气囊，与下部的层叠橡胶堆组成一体。

（1）空气弹簧的特点

①垂向变形由空气弹簧本体（即气囊）和其下面的层叠橡胶堆共同承担，确保垂向大变形量。

②在水平方向，一方面利用层叠橡胶堆进一步降低刚性，另一方面通过改变气囊形状，可以产生一定的阻尼，以改善乘坐舒适性。

（2）空气弹簧的主要优点

①空气弹簧的刚度可以设计成低值，以降低车辆的自振频率。

②空气弹簧具有非线性特性，可以根据车辆振动性能的要求。设计成具有比较理想的弹性特性曲线。在正常运行时的振幅较小时刚度较低，若位移过大，刚度显著增加，以限制车体的振幅，如图 2.31 所示的曲线 1。

③空气弹簧的刚度随载荷而改变,从而保持空重车时车体的自振频率几乎相等,使空重车不同状态的运行平稳性接近。

④空气弹簧和高度控制阀并用时,可按车体在不同静载荷下,保持车辆地板面距轨面的高度不变。

⑤同一空气弹簧可以同时承受三维方向的载荷。利用空气弹簧的横向弹性特性,可以代替传统的转向架摇动台装置,从而简化结构,减轻自重。

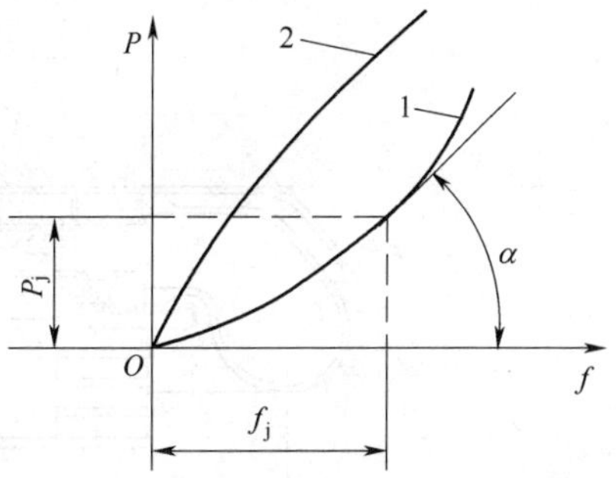

图 2.31　弹性特性曲线

1—刚度特性为“先软后硬”;2—刚度特性为“先硬后软”

⑥在空气弹簧本体和附加空气室之间装设有适宜的节流孔,可以代替垂向安装的液压减振器。

⑦空气弹簧具有良好的吸收高频振动和隔音性能。

(3)空气弹簧装置的工作原理

一般空气弹簧装置由列车主风管、T 形支管、截断塞门、滤尘止回阀、空气弹簧贮风缸、连接软管、高度控制阀、空气弹簧本体、差压阀和附加空气室等组成。

空气弹簧系统工作原理(即压力空气传递过程)如图 2.32 所示,压力空气由列车主风管 1→高度阀排风塞门 3→高度控制阀 4→空气弹簧排风塞门 2→空气弹簧 5→节流阀 8→附加空气室 7。当垂直载荷增加(或减小)时,空气弹簧被压缩(或伸长)使空气弹簧高度降低(或增高)。车体距轨面的高度发生改变,此时,高度控制机构使进、排气机构工作,向空气弹簧充气(或排气),当空气弹簧恢复到原来高度时,高度控制机构停止工作,充气(或排气)停止。

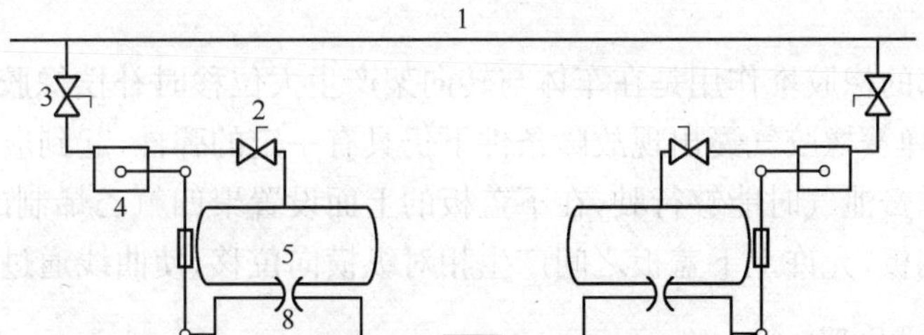

图 2.32　空气弹簧装置工作原理

1—列车主风管;2—排风塞门(空气弹簧);3—排风塞门(高度阀);4—高度控制阀;5—空气弹簧;6—差压阀;7—附加空气室;8—节流阀

(4)空气弹簧结构

空气弹簧主要由橡胶气囊、上下盖板、橡胶堆等零部件组成,如图 2.33 所示。

空气弹簧采用上进气设计,压缩空气经过高度调整阀进入橡胶气囊和构架内腔形成的附加空气室,空气弹簧的有效直径为 ϕ525 mm,橡胶气囊和附加空气室间设直径为 ϕ14 mm 的固定节流孔。空气通过节流孔时产生的节流效应形成第二系悬挂的垂向阻尼。

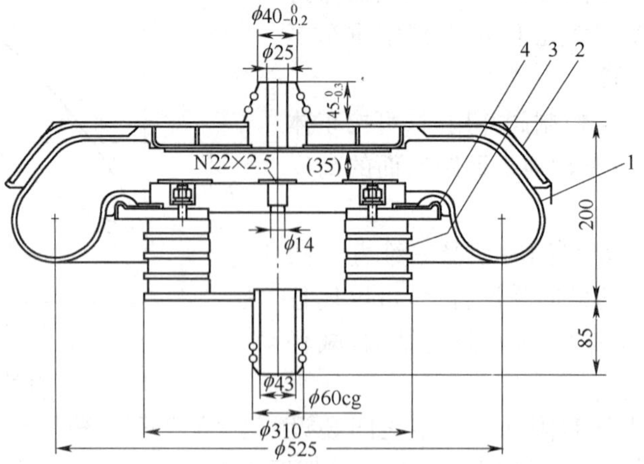

图 2.33　空气弹簧

1—橡胶气囊；2—上盖板组成；3—橡胶堆；4—下盖板组成

当空气弹簧上盖板相对于底座产生垂向位移时，空气弹簧内的气体容积发生变化，引起压力的变化。空气弹簧与附加空气室之间产生的压差迫使气体流过节流阀。由于气体流过节流阀时流通面积减小，节流阀对气体的流动产生阻碍作用。同时空气弹簧垂向变形时由于胶囊形状的改变，引起胶囊与上盖和底座接触面积的改变，因此空气弹簧的垂向动态特性比较复杂。节流阀对气体流动的阻碍作用引起空气弹簧的动态刚度和阻尼相对于静态刚度产生较大的变化，而且随激扰频率的改变而改变。动态刚度和阻尼的改变影响到车体振动的固有频率和衰减率，影响到车体振动的衰减特性，从而影响到乘坐舒适性。由于空气弹簧垂向动态特性规律具有一定的复杂性，因此节流阀参数对空气弹簧振动特性的影响有着非常重要的意义。

橡胶气囊底部的橡胶堆作用是在车体与转向架产生大位移时补偿橡胶气囊本身的变位不足，并且在空气弹簧橡胶气囊出现故障条件下仍具有一定的弹性，起到应急弹簧的作用。

为使在空气弹簧泄气时能够行驶，在下盖板的上面设置聚四氟乙烯制的滑动面板，在上盖板的下面设置钢板，允许上下盖板之间产生相对纵横向位移，使曲线通过性能提高。

2. 高度控制阀原理

为了保持车体距轨面的高度不变，在车体与转向架间装有高度控制阀，通过调节空气弹簧橡胶囊中的压缩空气(充气、放气或保持压力)，使车辆地板面不受车内乘客的多少和分布不均的影响，始终保持水平。CRH2 型动车组采用 LV5B-2 型高度控制阀，其使用的工作油为硅油。

高度控制阀的主要作用及要求是，维持车体在不同静载荷下都与轨面保持一定的高度；在直线上运行时，车辆在正常的振动情况下不发生进、排气作用；在车辆通过曲线时，由于车体的倾斜，使得转向架左右两侧的高度控制阀分别产生进、排气的不同作用，从而减少车辆的倾斜。

如图 2.34 所示，高度控制阀的调节原理如下：

(1)在正常载荷位置，即 $h=H$ 时，充气通路(V→L 和放气通路 L→E 均被关闭。

(2)当车体载荷增加时，此时 $h<H$，阀动作，使 V→L 通路开启，压缩空气向空气弹簧充气，直至地板面上升到标定高度(即 h 达到 H 高度)为止。

(3)当车体载荷减小时，此时 $h>H$，阀动作，使 L→E 通路开启，空气弹簧向大气排气，直至地板面下降到标定高度(即 h 达到 H 高度)为止。

高度控制阀的主要特性及参数如下：

(1)截止频率。为了保证在直线上运行时，车辆在正常振动过程中，空气弹簧不发生充、排气作用，要求高度控制阀工作的频率必须低于车辆的垂直低主振频率，称为截止频率。只有车辆变化的频率低于该值时，高度控制阀才充、排气。对于高速列车，因弹簧悬挂装置的刚度非常柔软，则要求较低的截止频率。一般该值为 1 Hz 左右。

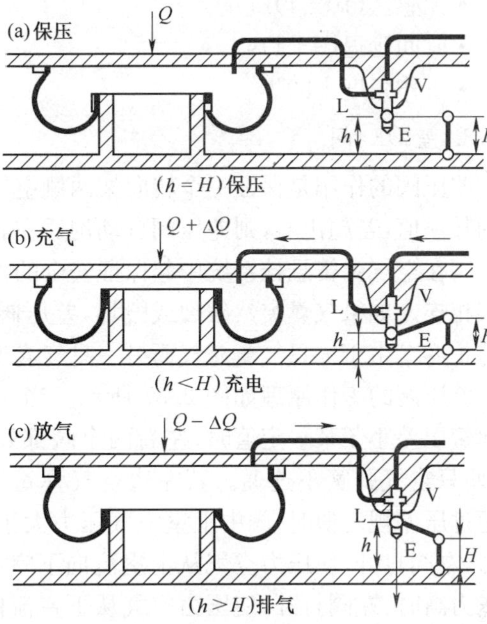

图 2.34　高度控制阀原理示意图

h—地板实际高度；H—地板标定高度

(2)无感区。为避免车辆载荷发生微小变化而高度控制阀就发生充、排气作用，以及为安装高度控制阀必然存在的高度差确定所允许的适宜值，需要该阀有无感区，在无感区高度变化的范围内，高度控制阀不发生充、排气作用。

(3)延迟时间。高度控制阀设有延迟机构，目的是使高度控制阀具有截止频率和无感区的性能，为此，需要有确定的延迟时间。

(4)充、排气时间。设有该参数值是为了保证转向架左右高度控制阀充气快慢尽可能一致，以减小空气弹簧承载的不均衡性，并保证在规定的时间内，空气弹簧的充、排气量的多少符合规定的要求。

(5)供风风压。要求列车供风的风缸符合高度控制阀正常工作所需的数值。高度控制阀工作过程分进气过程和排气过程，具体如图 2.35 和图 2.36 所示。

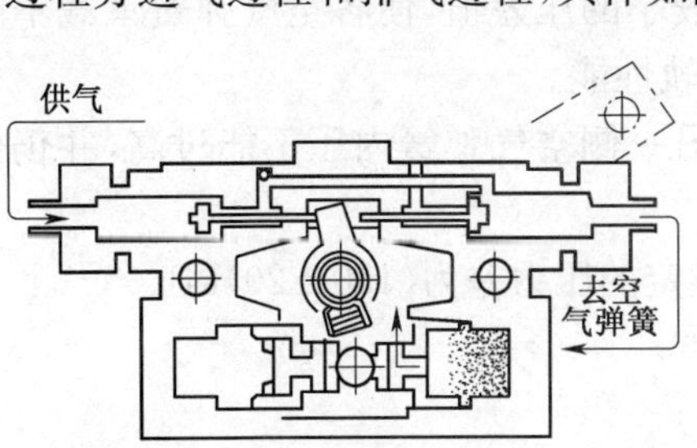

图 2.35　载荷增加——进气过程

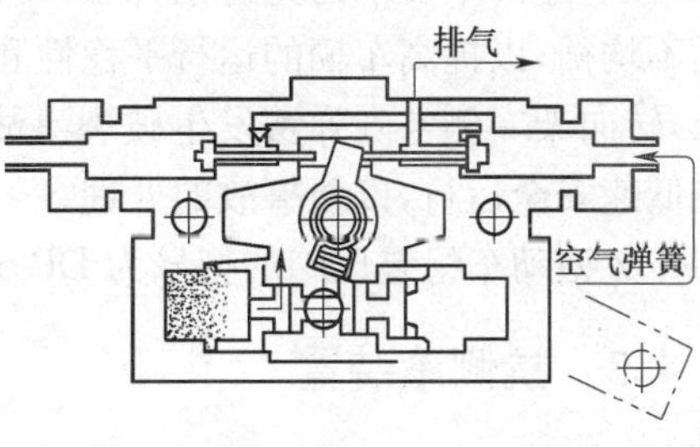

图 2.36　载荷减少——排气过程

上述调整只能在静态时进行，不能影响车体与转向架间的正常振动。高度调整阀的主要参数值如下：

• 无感区(10±1)mm。

• 时间延迟(3±1)s。

• 工作角度±30°。

3. 差 压 阀

差压阀的作用是保证一个转向架两侧空气弹簧的内压之差不能超过为保证行车安全规定的某一值,若超出时,则差压阀自动沟通左右两侧的空气弹簧,使压差维持在该定值以下。差压阀在空气弹簧悬挂系统中起保证安全的作用。每台转向架的两只空气弹簧气囊通过差压阀相连。如果气囊突然破裂或毁坏,差压阀将开通,使转向架的两只气囊压力保持平衡,可防止客车由于一只气囊充气而另一只气囊没有充气而向一边严重倾斜。

差压阀的工作原理如图 2.37 所示。当左右两只空气弹簧压差小于某一定值时,左右两个阀都处于关闭状态,两只空气弹簧不连通。若左边空气弹簧压力增高,并超过压差规定值时,阀中上室空气压力大于下室空气压力,右阀打开,使压力空气从上室流向下室。反之,下室压力高时,左阀打开,使压力空气从下室流向上室,使左右空气弹簧压差恢复到原来规定值以下。

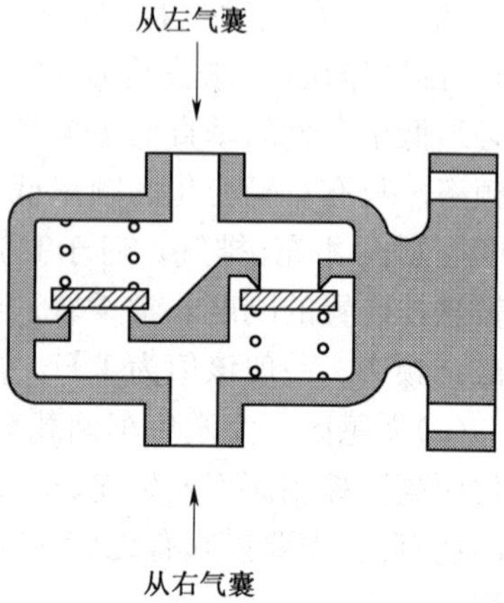

图 2.37 差压阀的工作原理

为什么要用差压阀而不直接用一根气管将左右两只气囊连通起来呢? 这是因为:

(1)在曲线上时,左右两只气囊必须保证一定的压差,否则车体将会发生倾斜。

(2)车体左右摇摆振动时,也必须保证一定的压差,否则将加剧摇摆。

选择差压阀的差压值时应注意以下几点:

(1)在转向架左右两侧空气弹簧为均载条件下,车辆正常运行时,该压差值应不影响由于车辆振动所引起的空气弹簧内压变化的值。

(2)差压阀的压差值应高于车辆在曲线上运行时,仅是由于车体两侧增减载的载荷变化,使左右两个空气弹簧内压变化的差值。

(3)在上述两个要求的允许条件下,尽量取较小的压差值,使各空气弹簧承载不会发生过分的不均衡,以提高车辆的运行平稳性和抗脱轨性能。

(4)转向架一侧空气弹簧发生破裂事故时,另一侧空气弹簧内压不能过高,并仍使车辆能以较低速安全运行,以便事故的处理。

CRH2 型动车组差压阀的型号为 DP-5,其设定的压力差为(150±20)kPa。

2.4.3 抗侧滚装置

为了改善车辆垂向振动性能,需要相当柔软的垂向悬挂装置,例如采用空气弹簧,当然同时也就出现了车体侧滚振动的角刚度也随之变得相对较软。因此使得运动中的车辆车体侧滚角位移增大。尤其是当车辆通过道岔时,呈现车体侧滚角大,晃动次数多,使旅客感觉明显的不舒适。故需在转向架中央悬挂装置中设置抗侧滚装置。

图 2.38 为 Y32 型转向架的抗侧滚扭杆装置。当车体逆时针侧滚时(图中箭头方向),与摇枕连接的左、右拉杆分别向下、向上运动,通过扭臂使扭杆变形,产生扭拒,以抵抗车体的侧滚。这就增大了车体的角刚度、减少侧滚角位移,防止车体倾斜。但它不影响车体在上、下方向的运动。

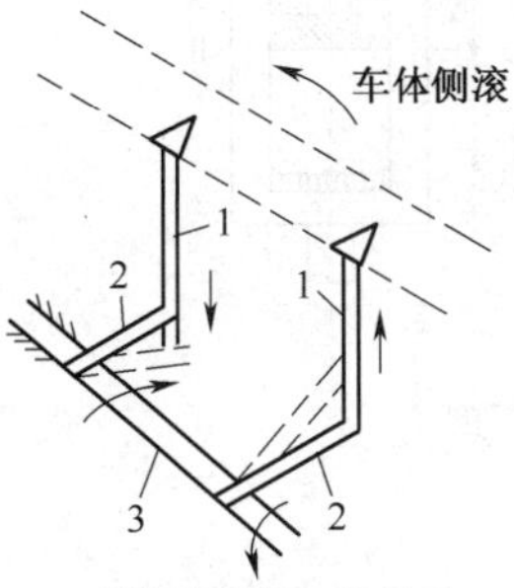

(a) 抗侧滚扭杆工作原理

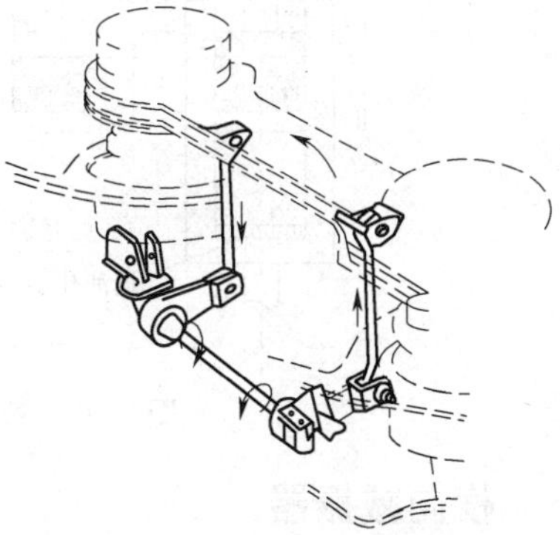
(b) Y32 型转向架抗侧滚扭杆装置

图 2.38　Y32 型转向架的抗侧滚扭杆装置

1—拉杆;2—扭臂;3—扭杆

此外,加大中央弹簧的横向间距也可以起到同样的作用。

2.5　减振元件的构造及作用

车辆上采用的减振器和弹簧一起构成弹簧减振装置。减振器的作用是减小振动,其作用力总是与运动的方向相反,起着阻止振动的作用。通常,减振器按结构特点可分为摩擦减振器和液压减振器两种。

摩擦减振器结构简单、成本低、制造维修比较方便,故广泛应用于货车转向架。液压减振器主要利用液体黏滞阻力所做的负功来吸收振动能量。其优点在于它的阻力是振动速度的函数,振动的衰减量与幅值大小有关,振动大时,衰减量也大,反之亦然。这种“自动调节”减振的性能,正符合铁路车辆的需求。因而,为了改善动车组的振动性能,广泛采用性能良好的液压减振器。液压减振器根据作用的不同,可分为垂向减振器,横向减振器和抗蛇行减振器,其减振特性也有不同。

液压减振器是利用液体的黏滞阻力做负功来吸收振动能量,其工作原理如下:

液压减振器的活塞把油缸分成上下两个部分(如图 2.39 所示),当车体或转向架振动时,活塞杆随之运动,与油缸之间产生上下方向的相对位移。当活塞杆向上运动时,油缸上部油液的压力增大,这样上下两部分油液的压差迫使上部部分油液经过设置在活塞部分的节流孔流入油缸下部。油液通过节流孔时产生阻力,该阻力的大小与油液的流速、节流孔的形状和孔径的大小有关。当活塞杆向下运动时,受到活塞压力的下部油液通过节流孔流入油缸上部,也产生阻力。但与此同时,由于活塞杆本身要占有一定容积,在液压油上腔和下腔之间“串动”过程中,液压油的体积必须有额外的容积提供补偿,因此油缸外圈设置了起容积补偿作用的隔层。

液压减振器通常由活塞部分、进油阀部分、缸端密封部分、上下连接部分和油液等组成。

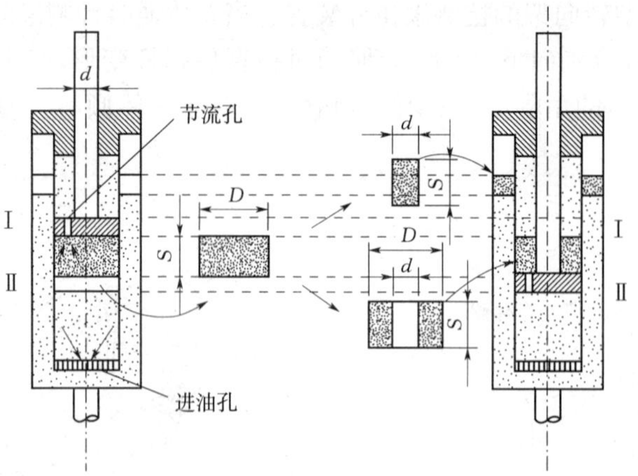

图 2.39　液压减振器工作原理

2.5.1　横向减振器

CRH2 型动车组转向架设有两个横向减振器，分别位于转向架构架纵向连接梁与中央牵引拉杆座之间的前后位置，属水平横向布置。其作用是衰减车体与转向架间的横向振动。该横向减振器的型号为 OD50116，其结构如图 2.40 所示，减振器的阻力特性曲线如图 2.41 所示。

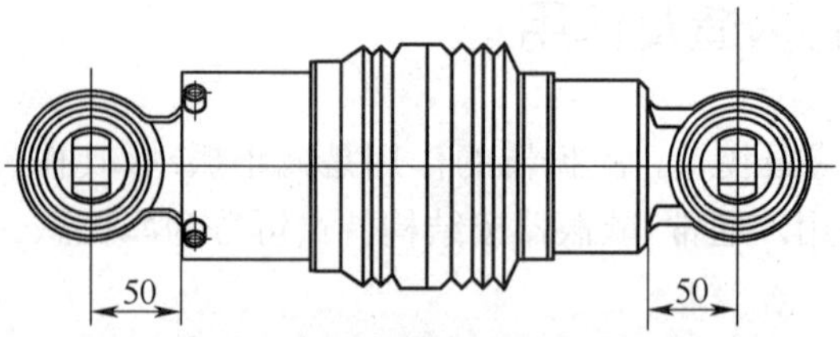

图 2.40　横向减振器(单位:mm)

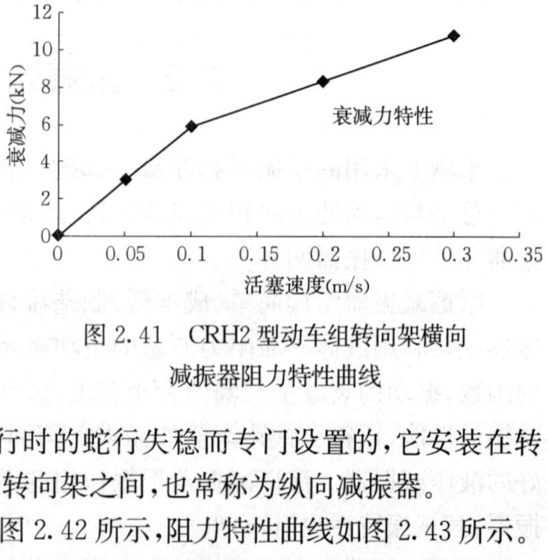

图 2.41　CRH2 型动车组转向架横向减振器阻力特性曲线

2.5.2　抗蛇行减振器

抗蛇行减振器是为了防止动车组在高速运行时的蛇行失稳而专门设置的，它安装在转向架构架侧梁的外侧，一定是纵向安装在车体与转向架之间，也常称为纵向减振器。

CRH2 型动车组转向架抗蛇行减振器结构如图 2.42 所示，阻力特性曲线如图 2.43 所示。

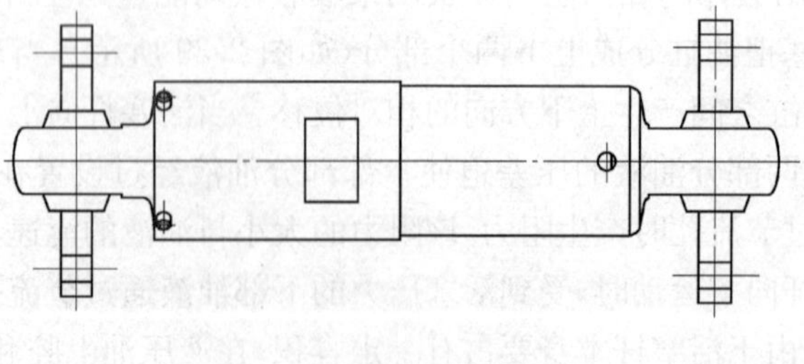

图 2.42　抗蛇行减振器结构

典型抗蛇行减振器的阻力特性曲线示意图，如图 2.44所示。横坐标轴 v 表示减振器两端端点的相对运动速度，纵坐标轴 F 表示减振器的阻力。阻力特性曲线可以用两个参数，即减振器饱和阻力 F_{max} 和减振器卸荷速度 v_0 来表示。减振器参数的选取可归结为 F_{max} 和 v_0 的选取。

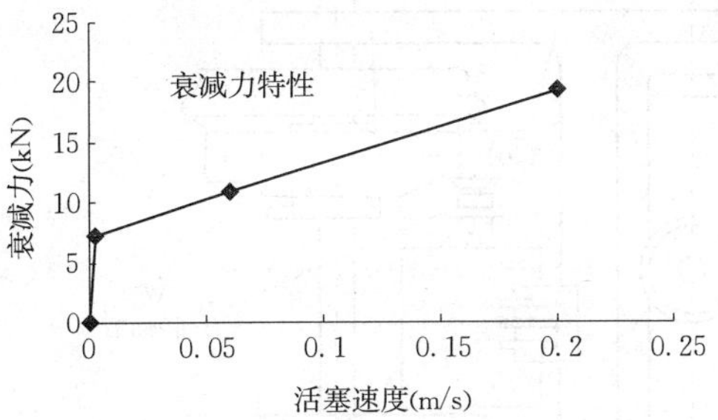

图 2.43　CRH2 型动车组转向架抗蛇行减振器阻力特性曲线

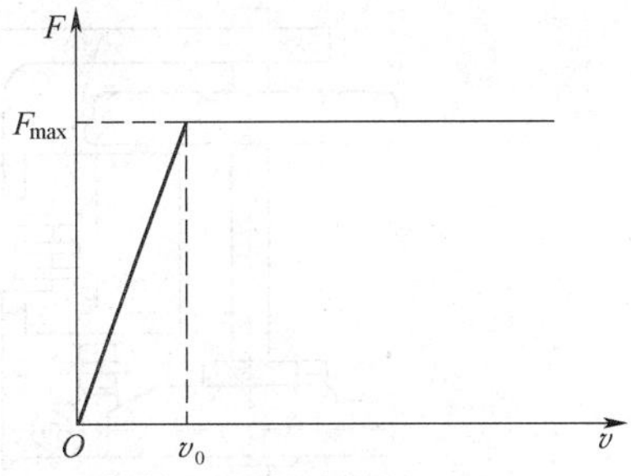

图 2.44　抗蛇行减振器阻力特性曲线示意图

比较抗蛇行减振器与一般垂向或横向减振器的性能参数，可以发现它们的明显区别：

抗蛇行液压减振器节流孔的结构差异较大，这就造成其节流特性发生变化，即抗蛇行液压减振器的卸荷速度 v_0（约为 0.003 m/s）远远小于一般液压减振器的卸荷速度 v_0（约为 0.1～0.3 m/s）。这样，就有可能同时满足有效抑制蛇行失稳和利于通过曲线的要求，即当车体相对于转向架蛇行运动增大（即在直线上高速运行）时，其相对运动速度 v 很容易超过 v_0 使减振器阻尼力 $F=F_{max}$（饱和阻力），产生强大的阻尼作用。而当机车车辆通过曲线时，车体相对于转向架的回转速度 v 较小，且 $v<v_0$，此时减振器阻尼力 F 明显下降，在车体与转向架之间产生的阻力矩较小，使机车车辆容易通过曲线。

2.6　驱动装置

动车组驱动装置是指将动车上电动机能量有效地传给轮对的装置，主要包括牵引电动机、车轴齿轮箱和驱动机构。根据牵引电机悬挂方式的不同，动车组驱动装置的结构形式通常有架悬式和体悬式之分。所谓架悬式，是指将牵引电机整个悬挂在构架上，其全部质量由转向架构架承担，不再与车轴发生直接的联系，而驱动扭矩则通过一套灵活的机构（即驱动机构）传递给车轴（或车轮）。在这里“架悬式”中的“架”字其实就代表构架的“架”。所谓体悬式，实际上是指将牵引电机完全安装在车体底架下面，其全部质量都由车体底架承担，而驱动扭矩则由万向驱动机构（通常是万向轴）来传递。在这里“体悬式”中的“体”字其实就是车体的“体”。

我国生产的 CRH1、CRH2 和 CRH3 型动车组均采用架悬式驱动装置，而 CRH5 型动车组则采用体悬式驱动装置。

2.6.1　挠性浮动齿式联轴节式架悬式驱动装置

动车组普遍采用的是挠性浮动齿式联轴节式架悬式驱动装置。其原理是，牵引电动机通过螺栓连接完全固定于构架横梁上，牵引电动机的输出扭矩经挠性浮动齿式联轴节传递给主动小齿轮，并通过齿轮的啮合将扭矩传递到从动大齿轮，进而驱动轮对旋转，如图 2.45 所示。

这里需要特别注意的是：从动大齿轮是直接压装在车轴上的，同时齿轮箱的一端通过抱

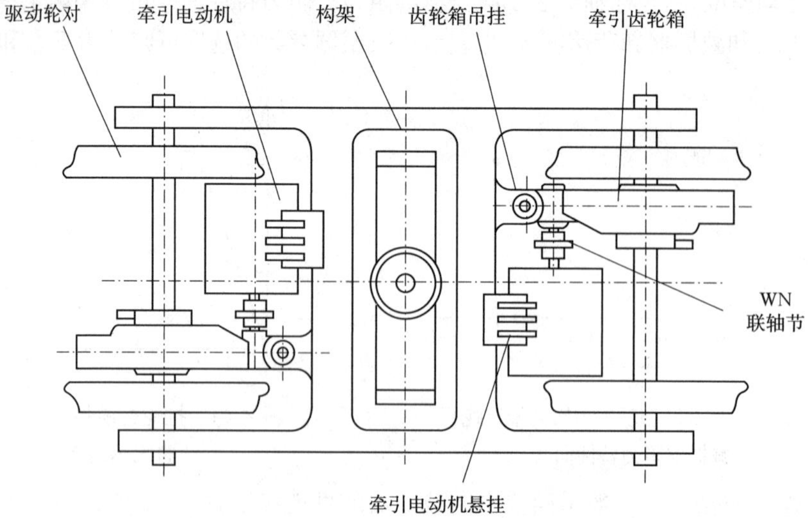

图 2.45　挠性浮动齿式联轴节架悬式驱动装置结构原理图

轴承悬挂在车轴上，另一端通过弹性吊杆吊挂在构架横梁上。

典型的挠性浮动齿式联轴节由半联轴节（外齿轴套）、外筒（内齿套筒）和复位装置（如中间隔板和弹簧）等组成，如图 2.46 所示。该联轴节属于鼓形齿式结构，结构形式为左右基本对称，两个半联轴节分别通过键或锥面压装在电机电枢轴和小齿轮输入轴的轴头上，半联轴节的齿顶沿长度方向呈圆弧状，从齿顶方向看，各齿齿面均呈鼓形，而与之相啮合的外筒的内齿则无论齿顶还是齿面均为直线。正是由于半联轴节的齿顶和齿面都是圆弧形的，因此，能够保证内外齿在啮合过程中接触面（点）会灵活变化，使得整个联轴节相对于电机电枢轴和小齿轮输入轴是双“活节”的，是“挠性”的。

如图 2.46 所示，半联轴节的外齿与外筒的内齿啮合在理论上属于点接触，在良好润滑的情况下，该啮合点会随各向运动而发生灵活变化，这就能保证外筒相对于半联轴节的轴向运动和挠曲运动非常灵活，外筒好像总是“漂浮”在半联轴节上一样，这也许就是“浮动”概念的来历。

当电机输出轴相对于（小）齿轮输入轴间出现轴向运动时如图 2.46(a)所示，只是两个半联轴节的外齿在外筒的内齿中产生相互滑动，补偿其相对运动量，而半联轴节外齿和外筒内齿的啮合过程未受任何影响，因此，两轴间扭矩能够良好传递。

当电机输出轴相对于（小）齿轮输入轴间出现相对偏转运动时如图 2.46(b)所示，电机侧半联轴节的外齿在左边外筒内齿中产生相互滑动（即两者的啮合点出现相对运动），使整个外筒发生一定的倾斜。这时右边的外筒与连接在（小）齿轮输入轴上的半联轴节外齿的啮合点也产生相应变化，相互间也产生一定的倾斜，这就使两轴的相对偏转运动从空间上能够得到一定的角度补偿。但在这个运动过程中，半联轴节外齿和外筒内齿仍然始终相互啮合在一起，因此，两轴间扭矩的传递依然非常顺利。

当电机输出轴相对于（小）齿轮输入轴间出现径向运动时，如图 2.46(c)所示，如电机输出轴向上跳动，与该轴连接的半联轴节的外齿将顶起左边的外筒，使整个外筒发生倾斜，这时右边的外筒与连接在（小）齿轮输入轴上的半联轴节外齿的啮合点产生相应变化，相互间

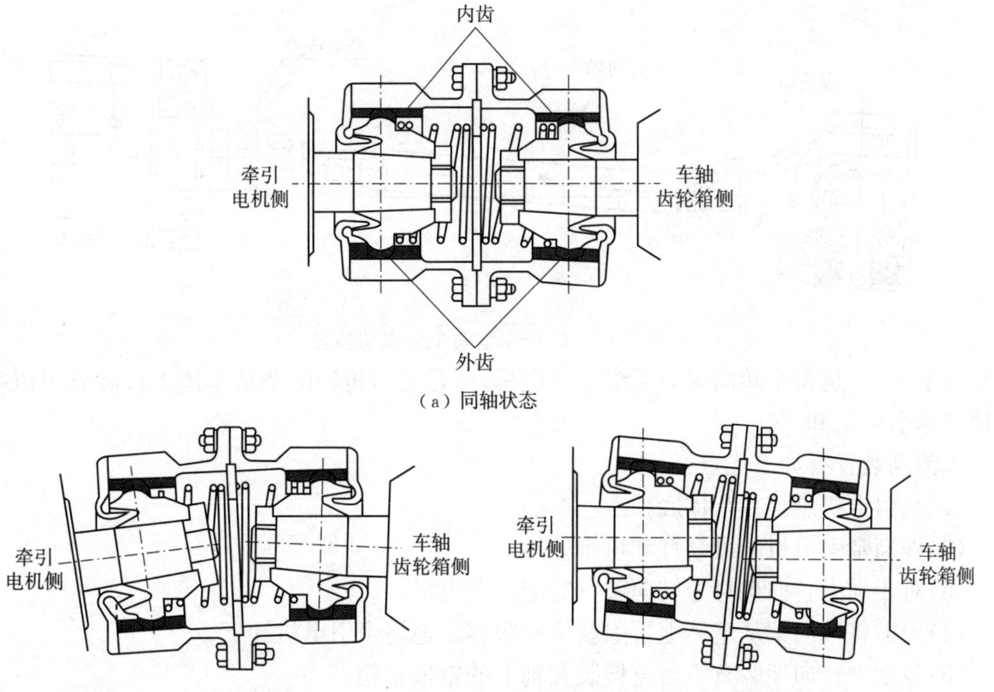

(a) 同轴状态

(b) 相对偏转　　(c) 径向位移

图 2.46　挠性浮动齿式联轴节运动原理

也产生倾斜，这就使两轴的相对运动从空间上得到补偿。但在这个运动过程中，半联轴节外齿和内筒内齿始终相互啮合在一起，因此，两轴间扭矩的传递并未中断。

由此可见，挠性浮动齿式联轴节可实现电机输出轴相对于(小)齿轮输入轴间的相互跳动和偏转，且相对运动很灵活，运动阻力很小(该运动阻力主要是啮合点处的摩擦力，而由于润滑脂的存在该摩擦力很小，几乎可以忽略不计)，同时能平稳传递牵引电机驱动扭矩。

挠性浮动齿式联轴节不仅具有补偿各种位移的能力，而且具有结构紧凑、传递运动准确、可靠等特点。

但必须指出的是，在左右两个外筒中间一定要放置一块隔板，而在该隔板的两边分别安装一个弹簧(可以是橡胶块)，主要作用是保持整个联轴节在工作过程中具有自动对中功能，当然，这个弹簧的出现也是该联轴节"挠性"的另一种体现。

2.6.2　体悬式驱动装置

CRH5 型动车组动车转向架驱动装置采用体悬式结构，它由齿轮箱、万向轴、安全装置和牵引电机等组成(如图 2.47 所示)，牵引电机通过安装架完全弹性悬挂在车体底架上，通过可灵活伸缩变形的万向轴将扭矩传给安装在车轴上的减速齿轮箱，由齿轮箱把牵引或制动力矩传动给轮对。

CRH5 型动车组将牵引电机悬挂在车体底架上，这与将电机安装在转向架上相比，大大降低了簧下质量。通过最小化簧下质量和悬挂质量，限制了由于轨道原因引起的车轮和轨道之间的垂向力和横向力，这样既能使转向架受力比较合理又能减小轮轨间的作用力。

电机体悬结构的设计还会提高牵引电机的可靠性和可维护性，一是容易从侧面和底下

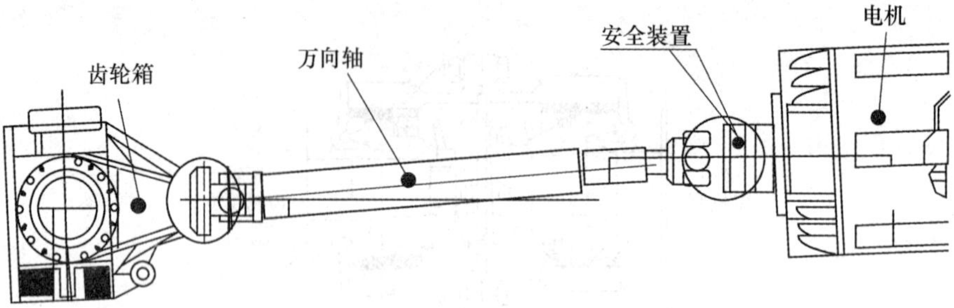

图 2.47　CRH5 型动车组驱动装置

接触到电机；二是每个转向架只需配一台电机；三是无需将转向架从车体上拆除就可以很容易地将牵引电机卸下。

该传动装置有如下优点：

(1)牵引电机悬挂在车体底架上。

(2)提高牵引电机的可靠性和可维护性。

(3)对于动力转向架每个转向架只需配一台电机。

(4)无需将转向架从车体上拆除就可以很容易地将牵引电机卸下。

(5)各动力转向架装有一台直接装在轴上的锥齿轮箱。

(6)该齿轮箱由牵引电机驱动，用万向轴连接齿轮箱和电机。

2.7　典型动车组转向架介绍

2.7.1　CR400AF 型动车组转向架

2.7.1.1　转向架概况

CR400AF 型动车组是中国 350 km/h 标准化动车组，其配置的转向架，最高运营速度为 350 km/h，设计最高线路试验速度为 385 km/h，适用于中国标准轨距、60 kg/m 轨、1∶40 轨底坡的客运专线运行。可满足－40～＋40 ℃的使用环境温度，构架、轮轴、轴箱体主要承载部件满足最大 17 t 轴重下的结构强度要求。转向架分为动车转向架和拖车转向架，其中动车转向架型号为 SWM-400E1，拖车转向架型号为 SWT-400E1。

CR400AF 型动车组转向架采用模块化设计制造理念，为两轴无摇枕轻量化结构。沿用了 H 形焊接构架、单牵引拉杆、盘型制动等成熟结构，车轮踏面采用 LMA 形踏面。采用两级弹性悬挂系统，第一系悬挂为圆柱螺旋弹簧＋垂向减振器，转臂式轴箱定位方式；第二系悬挂采用空气弹簧，并设置有高度调整阀及差压阀，同时安装了横向减振器、抗蛇行减振器及抗侧滚扭杆装置。动车转向架牵引电机采用刚性架悬结构，每个构架上反对称地布置两台牵引电机，传动装置采用一级平行轴斜齿轮传动齿轮箱＋鼓形齿联轴节。动、拖车转向架采用三点吊挂式制动夹钳。转向架上设置了能够使轮对与构架、构架与车体整体起吊的装置。动车转向架和拖车转向架的主体结构和部件一致，动车转向架构架可以互换，拖车转向架构架可以互换。CR400AF 型动车组动、拖车转向架如图 2.48、图 2.49 所示，转向架主要参数见表 2.4。

表 2.4 转向架主要参数

参数 \ 转向架	动车转向架 SWM-400E1	拖车转向架 SWT-400E1
转向架重量	带排障器或撒砂装置:8.86 t	带排障器或撒砂装置:6.78 t
固定轴距(t)	2 500 mm	
车轮直径(mm)	新轮 ϕ920 mm(最小使用直径 ϕ850 mm)	
轴承中心间距(mm)	2 000 mm	
转向架最大长度(mm)	一般转向架:3 476 带撒砂装置:3 640	一般转向架:3 476 带撒砂排障装置:3 781
转向架最大宽度(mm)	3 002(两空气弹簧最大横向距离)	
空气弹簧左右间隔(mm)	2 360	
空气弹簧有效直径(mm)	ϕ534	
驱动方式	平行挠性齿轮连轴节,1 级减速齿轮方式	/
齿轮比	2.517	/
轴箱轴承	ϕ130 自密封圆锥滚珠轴承	
制动方式	空气制动,轮盘方式	空气制动,轴盘方式
闸片	浮动式粉末冶金闸片,UIC541-3 接口	
轴箱定位方式	转臂式轴箱定位	

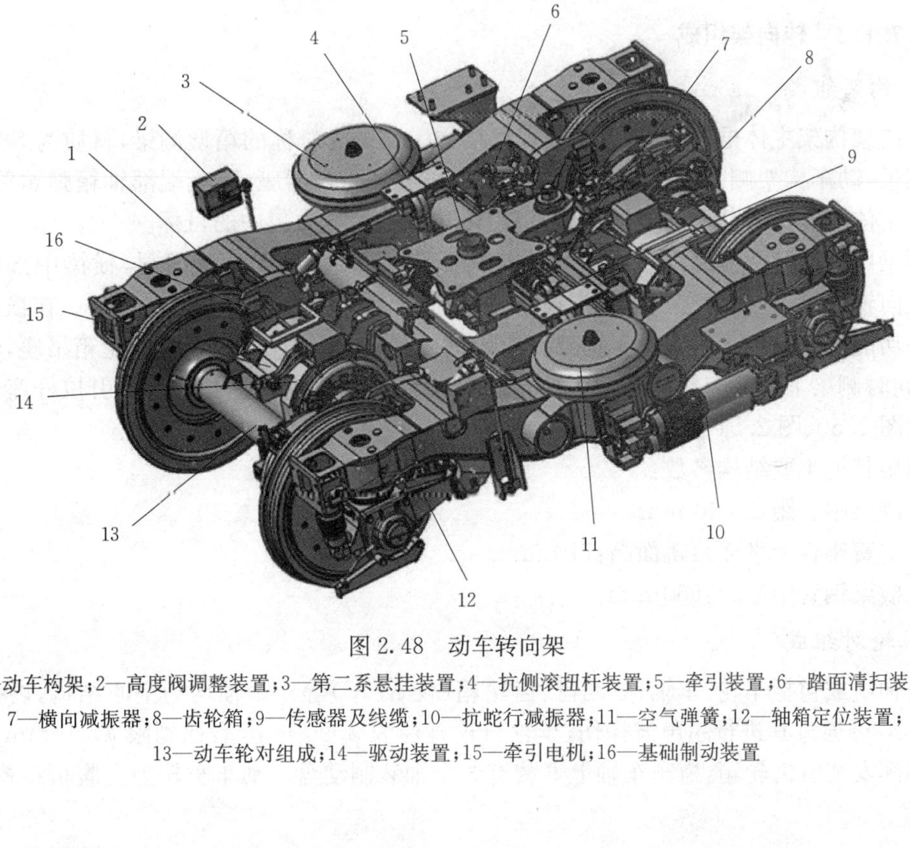

图 2.48 动车转向架

1—动车构架;2—高度阀调整装置;3—第二系悬挂装置;4—抗侧滚扭杆装置;5—牵引装置;6—踏面清扫装置;
7—横向减振器;8—齿轮箱;9—传感器及线缆;10—抗蛇行减振器;11—空气弹簧;12—轴箱定位装置;
13—动车轮对组成;14—驱动装置;15—牵引电机;16—基础制动装置

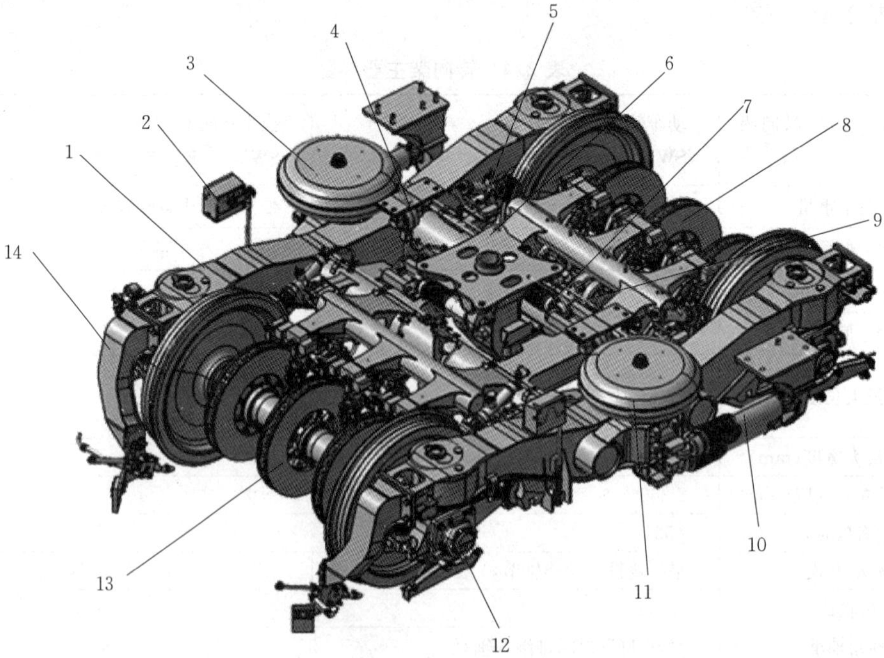

图 2.49　带撒砂排障装置拖车转向架组成图

1—拖车构架；2—高度阀调整装置；3—第二系悬挂装置；4—抗侧滚扭杆装置；5—踏面清扫装置；6—牵引装置；7—横向减振器；8—基础制动装置；9—传感器及线缆；10—抗蛇行减振器；11—空气弹簧；12—轴箱定位装置；13—拖车轮对组成；14—撒砂排障装置

2.7.1.2　转向架组成

1. 构架组成

转向架构架主体框架为 H 形钢板焊接结构。两侧为对称的箱型侧梁，材质为 S355J2W 耐候钢板，动车构架侧梁上有轮盘制动吊座兼做踏面清扫器座，侧梁端部轴箱弹簧筒结构，与侧梁主体相连接的断面形成柔滑面过渡，以达到减缓应力集中的目标。

侧梁中间通过两无缝钢管横梁相连接材质为 SMA490BW 耐候管材，横梁中部设有两箱型纵向辅助梁，外侧为空气弹簧支撑梁，其内腔为空气弹簧用的辅助空气室。在横梁上焊接有各功能吊座结构。对于动车构架有压形钢板制成的牵引电机吊座、齿轮箱吊座，牵引拉杆座，同时侧梁上焊接有轮盘制动吊座；拖车构架主要为轴盘制动吊座、牵引拉杆座。构架组成如图 2.50、图 2.51 所示。

构架其他主要结构参数：

- 侧梁中心距：2 040 mm。
- 空簧座板上平面距轨面高：770 mm。
- 横梁钢管中心距：660 mm。

2. 轮对组成

轮轴组成包括车轮、车轴、制动盘、齿轮箱（仅 M 车）等。车轴均为空心结构，内孔直径 ϕ30 mm，可通过其进行超声波探伤；车轮新轮直径为 ϕ920 mm，磨耗到限 ϕ850 mm。动车车轴中部安装有齿轮箱，拖车车轴上安装有 3 个轴装制动盘。动车车轮为直腹板结构，并通

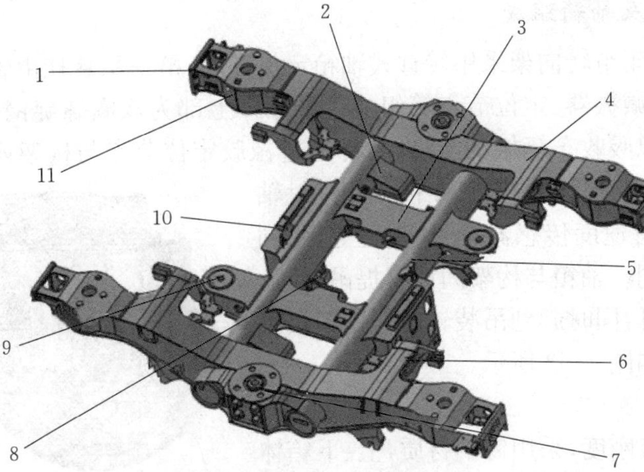

图 2.50　动车构架

1—构架吊运孔；2—抗侧滚扭杆座；3—纵向轴助梁；4—侧梁；5—横梁；
6—三点制动吊座(轮盘)兼做踏面清扫器座；7—空簧支撑梁；8—牵引拉杆座；
9—齿轮箱吊座；10—电机吊座；11—侧梁弹簧筒

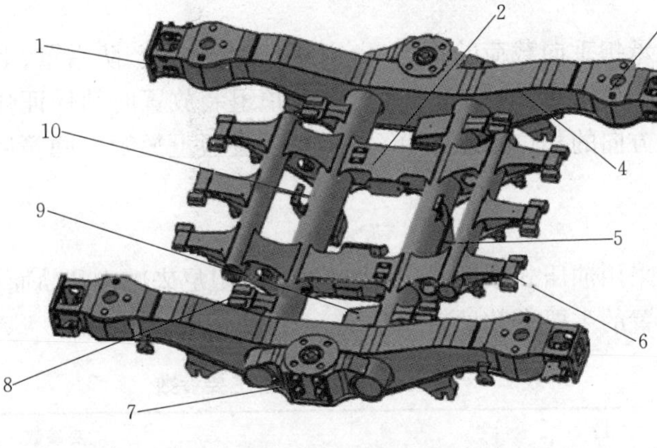

图 2.51　拖车构架

1—构架吊运孔；2—纵向辅助；3—侧梁弹簧筒；4—侧梁；5—牵引拉杆座；6—三点制动吊座(轴盘)；
7—空簧支撑梁；8—踏面清扫器座；9—抗侧滚扭杆座；10—横梁

过螺栓两侧安装轮装制动盘。拖车车轮为直腹板结构，并安装有降噪板或降噪块以减少轮轨噪声。动、拖车轮对如图 2.52 所示。

(a) 动车轮对

(b) 拖车轮对

图 2.52　动、拖车轮对

3. 第一系悬挂及轴箱组成

CR400AF 型动车组转向架采用转臂式轴箱定位方式，第一系悬挂由轴箱体、轴箱轴承、轴箱弹簧、轴箱垂向减振器、定位节点等组成。轴箱体上部为双圈螺旋钢弹簧，前端与构架间设置垂向减振器以吸收车辆振动能量，后部通过橡胶定位节点与构架连接。轴箱体采用铸钢材质，为分体式结构。轴箱轴承采用自密封轴承。轴箱端部设置有速度传感器、接地装置等，不同轴位安装的部件不同。轴箱与构架间设有提吊装置，可防止构架异常抬升，同时起到吊装轮对作用。第一系悬挂及轴箱组成如图 2.53 所示。

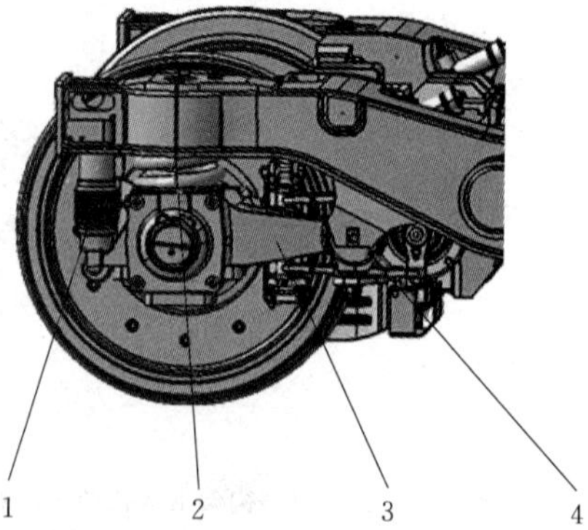

图 2.53　第一系悬挂及轴箱组成

1—减振器；2—钢弹簧；3—轴箱体；4—定位节点

(1)轴箱体

轴箱体为保证其刚度，采用铸钢材质，上、下箱体分体式结构，上下箱体通过定位销定位，紧固螺栓连接，止转垫片进行螺栓止转，保证上下箱体定位准确及连接稳定性。轮对更换时，可将下箱体拆卸，直接落轮对，实现单轮对更换作业。

(2)轴箱弹簧

轴箱弹簧主要起承担垂向载荷的作用，由内外双螺旋弹簧、防雪罩、上下夹板等部件组成。弹簧外圈覆盖一层防雪罩，轴箱弹簧内外圈在预组装放置时须保证弹簧内外圈底部磨削平面内端部的起始方向的相位角差 180°，在弹簧下夹板上放置好弹簧后，依次安装垫板、绝缘盖和上夹板。

(3)垂向减振器

轴箱垂向减振器采用油压式减振器，利用减振器的阻尼来减少从轨面传递上来的振动。

轮对轴箱定位装置的主要参数见表 2.5。

表 2.5　轮对轴箱定位装置主要参数

项　　目	主要参数
固定轴距(mm)	2 500
轴承中心间距(mm)	2 000
轴箱轴承(mm)	ϕ130 自密封圆锥滚珠轴承
轴箱定位方式	转臂式轮对轴箱定位
车轮直径(mm)(新/到限)	ϕ920/ϕ850
踏面形式	LMA 踏面
车轴形式	直径 ϕ30 mm 的空心车轴
轴箱弹簧形式	内外螺旋钢弹簧
轮对组成后单侧及合成后动平衡值(g·m)	≤45
轮位差(mm)	≤1
轮径差(mm)	≤0.2
车轮压装力(kN)	680～1 160 之间

4. 第二系悬挂

CR400AF 型动车组转向架的第二系悬挂及牵引装置主要起到支撑车体、传递牵引力、提供转向架回转阻力矩和抑制车体侧滚等作用,由非线性空气弹簧、牵引装置、横向减振器、抗蛇行减振器、高度调整装置、抗侧滚扭杆装置等构成,并通过牵引装置将转向架的牵引力传递到车体。由于是无摇枕转向架,通过抗蛇行减振器提供转向架阻回转力矩。另外,为了弥补由于空气弹簧垂向刚度降低而导致的抗侧滚刚度降低,加装了抗侧滚扭杆装置。

每个转向架设置两个高度调整装置(包括高度阀、保温箱、高度阀调整杆和调整杆座)一个差压阀,当车体与构架间高度变化达到一定程度时,高度调整装置将动作,对空气弹簧进行充气或者排气,从而控制空气弹簧高度。牵引方式采用单牵引拉杆方式,由中心销与牵引拉杆组成,牵引拉杆为整体锻造结构。中心销上部与车体连接,侧面设整体提吊吊耳,可与构架横向止挡座配合起到提吊作用。在转向架构架上设有垂向止挡,当空气弹簧异常过充时,牵引拉杆将与止挡相碰从而防止过充对车辆的危害。当车轮磨耗到一定程度后,可在空气弹簧下部进行加垫以调整车体高度。第二系悬挂如图 2.54 所示。

图 2.54　第二系悬挂

(1)空气弹簧

空气弹簧能在列车直线通过时柔和调节,并且在列车曲线通过时缓和因超速离心力导致的撞击,是一种协调式"非线性空气弹簧"。

为提高高速状态下列车通过曲线时的乘坐舒适度,实现左右方向的弹簧参数的非线性化,在积层橡胶与下面板之间安设机械止动装置(即内止挡)。

橡胶囊是被内部空气气压压入上盖板和下盖板间的密封部的自密封类型。在标准载荷下,空簧的有效直径约为 ϕ534 mm,内设节流孔。

空气弹簧设计的最大上移动量是 70 mm,向下的移动量是 55 mm。为使转向架在空气弹簧无气时能够行驶,在下盖板的上面设置有聚四氟乙烯制的摩擦板或高分子聚乙烯摩擦副,在上盖板的下面设置不锈钢板,在故障工况下也可以通过弯道。

(2)牵引装置

牵引装置主要包括中心销组成、整体起吊吊耳和牵引拉杆组成。

中心销组成通过 4 个螺栓安装在车体枕梁上,牵引拉杆安装在车体上的中心销和转向架构架上的牵引拉杆座上,牵引拉杆组成两端带有橡胶节点,是传递牵引力的装置;整体提吊吊耳扣进中心销设置的凹槽内,再通过两个螺栓安装在其平面上。

牵引拉杆组成的特征如下:

• 转向架的转向依靠两端的橡胶节点产生变形。

• 转向架横向的复原力除依据空气弹簧的横向刚度之外，也依据牵引拉杆两端的橡胶节点的刚度。

• 占用空间比其他的牵引装置小；由于零件数量少，因此重量较轻。

• 由于滑动部分少，减少了磨耗。

• 转向架和车体的分离通过拆除中心销下部连接螺栓及提吊吊耳来实现。

同时，考虑到高度阀、差压阀失效时空气弹簧产生过充的极限情况，牵引拉杆端头与动车构架横梁上垂向止挡接触，能够防止空气弹簧异常上升。

(3)横向止挡

为了限制车体的横向移动量，在构架的纵向辅助梁内侧安装有横向止挡，正常状态下，横向止挡内侧面(靠近车体纵向中心线)与中心销的自由间隙为40_{0}^{+2} mm。

(4)横向减振器

为了改善动车组的横向振动性能，提高乘坐舒适度，在每辆车车体和转向架之间安装了横向减振器，横向减振器两端安装有橡胶节点，安装位置在中心销和转向架构架的纵向辅助梁之间。

(5)抗蛇行减振器

抗蛇行减振器是为了得到稳定的转向架回转阻力矩以抑制蛇行的装置，作用在转向架的回转方向(摇头方向)上，装备在车体与转向架构架之间。

(6)高度调整装置

自动高度调整装置是根据载重的变化自动调整空气弹簧的内压，保持车体高度一定的装置。由空气弹簧储风缸经过高度阀向空气弹簧的供气，自动高度调整阀通过阀座和保温箱安装在车体上。自动高度调整阀的型号为 LV5B-3L/R，动作的特性：动作延迟时间(3±1)s，无感区(10±1)mm。为了自动高度调整阀的耐寒、耐雪性能，将高度阀安装在带有加热器的保温箱内。另外，为了强化车体与转向架之间的绝缘，在与调整杆球铰相连的杠杆上插入硬质尼龙的绝缘板。

(7)差压阀

当左右的空气弹簧产生设定值以上的压力差时，使高压侧的空气向低压侧流动，以防止车体的异常倾斜及降低左右的轮重不平衡，目前设定的压力差为(150±20)kPa。

第二系悬挂关键零部件性能参数见表 2.6。

表 2.6　第二系悬挂主要参数

项　　目	主要参数	项　　目	主要参数
车辆支撑形式	四点式支撑	横向减振器数量	2 个
牵引方式	单牵引拉杆	横向减振器纵向跨距	400 mm
空簧上表面距轨面高度	980 mm	抗蛇行减振器形式	单侧双抗蛇行
空簧跨距	2 360 mm	横向止挡自由间隙	40_{0}^{+2}mm
空簧工作高	210 mm		

5. 驱动装置

动车组转向架驱动装置由牵引电机、齿轮箱和联轴节组成。

齿轮箱用于将电机的高转速降低至车轮所需的转速。齿轮箱箱体具有足够的强度，能够抗碎石打击。齿轮箱设温度传感器或熔断继电器，对大小齿轮的轴承均进行监测。齿轮箱采用迷宫式密封设计，防止油泄漏，并设有油位检查装置，以便通过其判断是否需要补油。联轴节的作用是将主电动机侧的电机轴和齿轮箱的小齿轮轴联接，准许相对运动同时能传递动力。

CR400AF 型动车组动车转向架上驱动装置采用架悬式安装，并斜对称布置。牵引电机通过螺栓安装在构架上，前端在车轴上方设有止落结构。齿轮箱采用整体式铝合金箱体，为单级传动，一侧通过轴承安装在车轴上，另一侧通过垂直吊杆安装在构架上。吊杆采用饼状垂直吊杆结构，两端均设有橡胶减振以及锁紧结构，上下均可调节和拆装。牵引电机与齿轮箱间通过挠鼓形齿联轴节连接，由两个半联轴节组成，分别与电机输出轴和齿轮箱输入轴联接，易于拆装。驱动装置安装如图 2.55 所示。

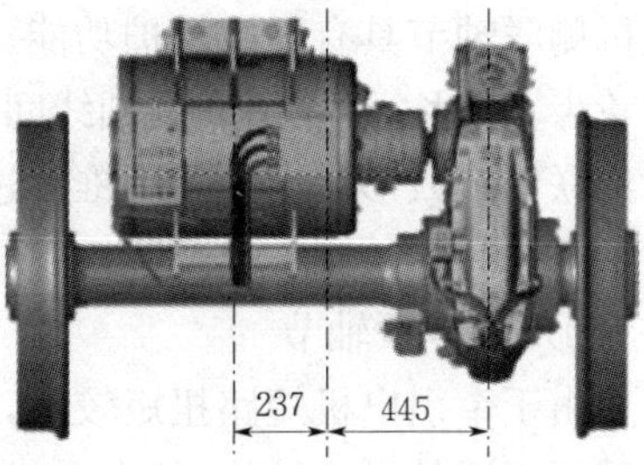

图 2.55　驱动装置(单位:mm)

(1)齿轮箱

齿轮装置的作用是对主电动机的高速旋转进行减速，并传动给车轴。

由箱体、大齿轮、小齿轮、轴承、悬吊装置、通气装置、接地装置、油面计等构成，如图 2.56 所示。

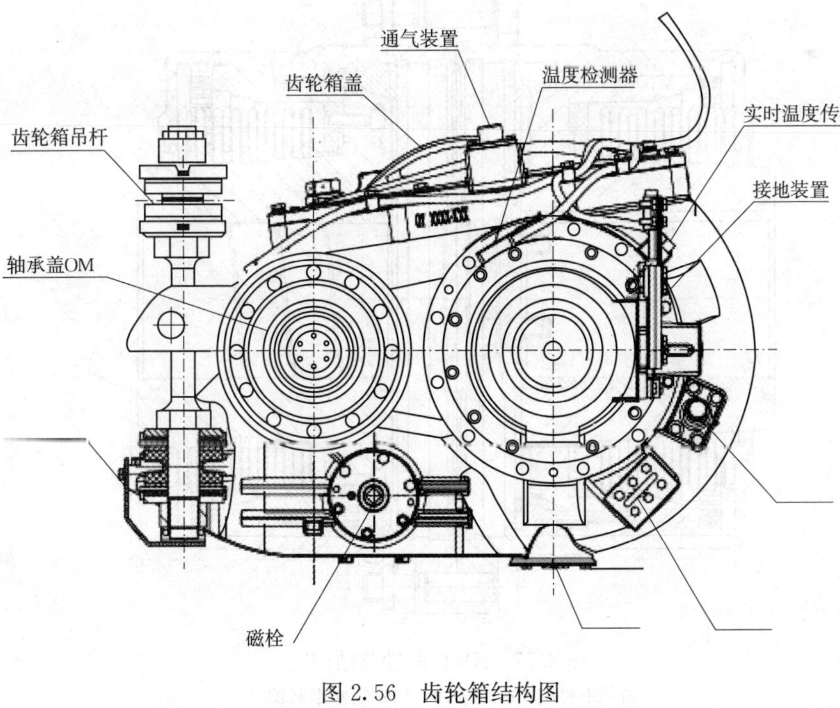

图 2.56　齿轮箱结构图

为了使齿轮箱轻量化，箱体采用铝合金材质。

为了确保接地，同时为了防止各轴承的电腐蚀，在齿轮箱的主电动机侧设置有接地装置，使用弹簧压着接地装置的电刷，用导线与车体的端子进行连接。磁栓是通过磁铁来收集齿轮箱内的金属磨耗粉等的装置。悬吊装置是把齿轮箱固定在转向架构架上的部件，在齿轮箱和转向架构架的齿轮箱吊座部分别通过缓冲橡胶进行安装。

在齿轮箱大端靠近电机侧设置有 4 个实时温度传感器，用于实时监测齿轮箱大小端轴承的温度。

(2)联轴节

为保护电机短路工况下齿轮箱运转安全性，联轴节左右两半采用不同的设计结构，其中电机侧联轴节具有过载保护功能。联轴节扭矩传递靠鼓形齿啮合结构，齿顶加工成球面，内齿轮齿宽加长，满足所联两轴线间相对的轴向、径向、角向位移的要求。电机轴、主动齿轮轴与半联轴节鼓形齿内孔采用锥度过盈联接，能够传递较大扭矩，且安装及拆卸简单。两个半联轴节之间靠铰制螺栓及防松螺母联接。

①KWD 联轴节

由于牵引电机短路扭矩较大，为保护电机短路工况下齿轮箱运转安全性，联轴节左右两半采用不同的设计结构，其中电机侧联轴节采用滑动衬套式结构，即具有过载保护功能。联轴节扭矩传递靠鼓形齿啮合结构，齿顶加工成球面，内齿轮齿宽加长，满足所联两轴线间相对的轴向、径向、角向位移的要求。电机轴、主动齿轮轴与半联轴节鼓形齿内孔采用锥度过盈联接，能够传递较大扭矩，且安装及拆卸简单。两个半联轴节之间靠铰制螺栓及防松螺母联接。具体结构及名称如图 2.57 所示。

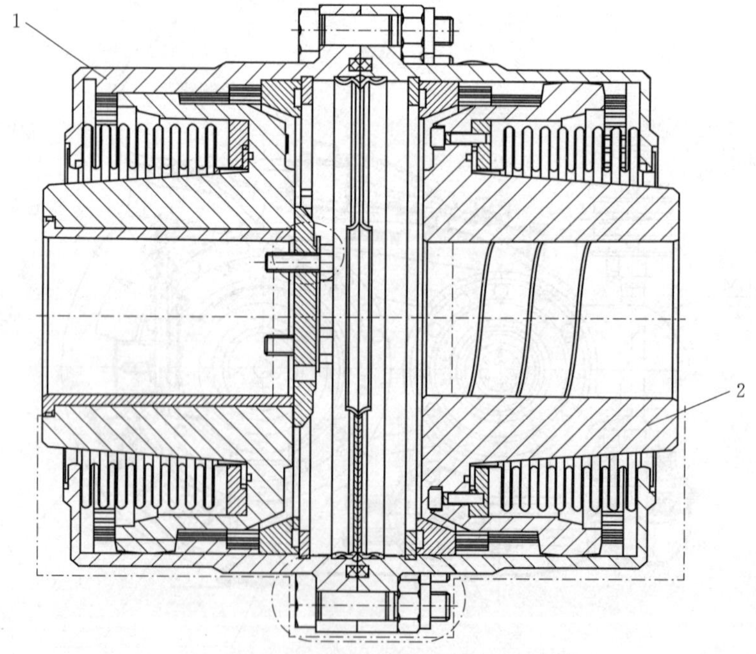

图 2.57　KWD 联轴节结构图

1—电机侧半联轴节；2—齿轮箱侧半联轴节

②ESCO 联轴节

联轴节采用鼓形齿式结构，齿顶加工成球面，内齿轮齿宽加长，满足所联两轴线间相对的轴向、径向、角向位移的要求。电机轴、主动齿轮轴与半联轴节鼓形齿内孔采用锥度过盈联接，能够传递较大扭矩，且安装及拆卸简单。具体结构及名称如图 2.58、图 2.59 所示。

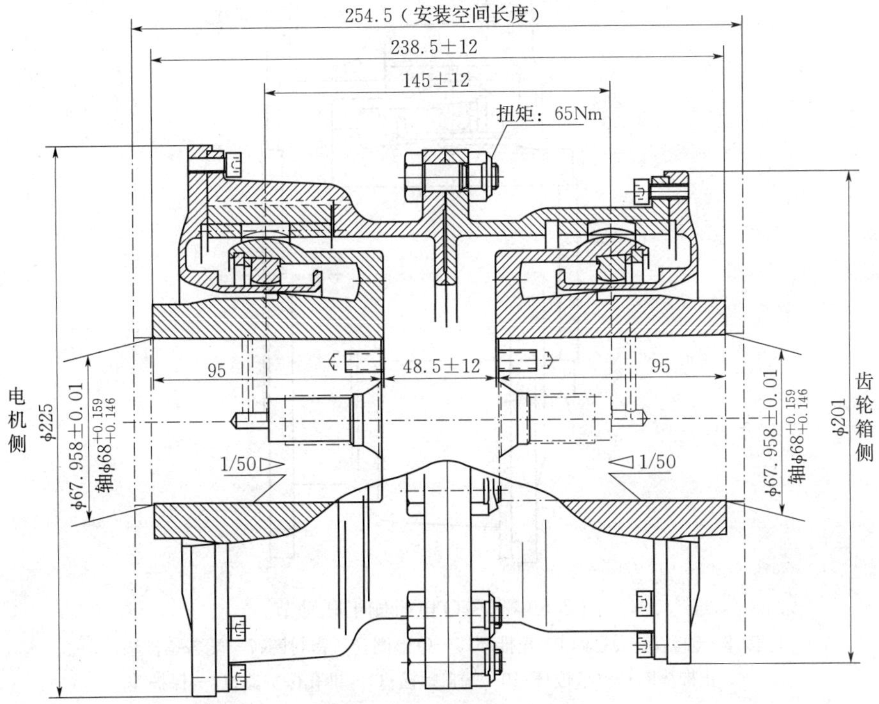

图 2.58　ESCO 联轴节安装结构(单位:mm)

驱动装置主要参数见表 2.7、表 2.8、表 2.9、表 2.10。

表 2.7　牵引电机主要性能参数

	名称	数值	单位
牵引电机	质量	745	kg
	电机额定功率	625	kW
	电机额定转速	4 100	r/min
	最大启动扭矩	3 100	N·m
	短路扭矩	16 000	N·m

表 2.8　齿轮传动装置性能参数

	名称	数值	单位
齿轮传动装置	传动方式	一级斜齿轮	
	主从动齿轮数	29/73	
	传动比	2.517	
	中心距	382	mm
	质量	约 340	kg

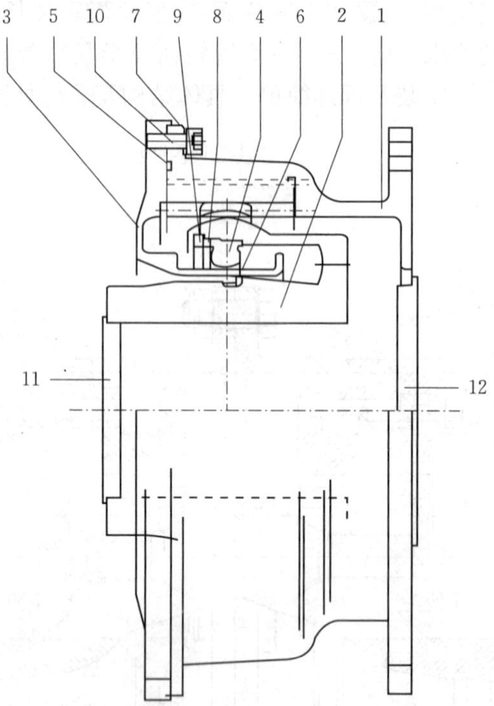

图 2.59 ESCO 电机侧半联轴节

1—齿套;2—轴套;3—端盖;4—止推环;5—O 形圈;6—密封圈;7—端盖螺栓垫片;
8—止推垫圈;9—卡位环;10—端盖螺栓;11—锥孔保护盖;12—保护盖

表 2.9 KWD 联轴节主要性能参数

	名　称	数　值	单 位	备　注
KWD 联轴节	型号	ZK350-R3-BF		
	质量	约 39	kg	
	最大轴向变位量	±12	mm	
	最大径向变位量	±16.5	mm	
	锥度	1∶50		
	过盈量	0.171～0.204	mm	齿轮箱侧
		0.128～0.156	mm	电机侧
	压入行程	8.55～10.2	mm	齿轮箱侧
		6.4～7.8	mm	电机侧
	短路保护扭矩	7 000～12 000	N·m	电机侧
	润滑油 Shell Omala S4 GX 320	0.4	L	半个联轴节

表 2.10　ESCO 联轴节主要性能参数

	名　称	数　值	单　位	备　注
ESCO 联轴节	型号	FTRN 70		
	重量(两个半联轴节)	约 27	kg	
	最大轴向变位量	±12	mm	
	最大径向变位量	±16.5	mm	
	锥度	1∶50		
	过盈量	0.179～0.211	mm	
	压入行程	8.95～10.55	mm	
	短路保护扭矩	7 000～11 000	N·m	电机侧
	Texaco 润滑脂	108～110	g	半个联轴节

6. 基础制动装置

采用盘形制动，为粉末冶金闸片。动车每转向架设 4 套轮盘制动装置，制动夹钳为气动式，闸片与制动盘间隙可调整。拖车每转向架设 6 套轴盘制动装置。除头、尾车 1 位转向架外，其他拖车转向架中间制动盘处设停放制动装置，即制动夹钳带停放制动功能，总计共 12 套，当需要手动缓解停放功能时，可通过设置于转向架两侧的手制动缓解装置进行缓解，每个制动夹钳在转向架两侧均有缓解装置以便于操作。闸片与夹钳的接口统一，可互换。在转向架上设置有踏面清扫装置，其端部的研磨子与车轮踏面摩擦，从而起到稳定轮轨黏着的作用。

制动夹钳结构如图 2.60、图 2.61 所示。

图 2.60　常用制动夹钳结构示意图

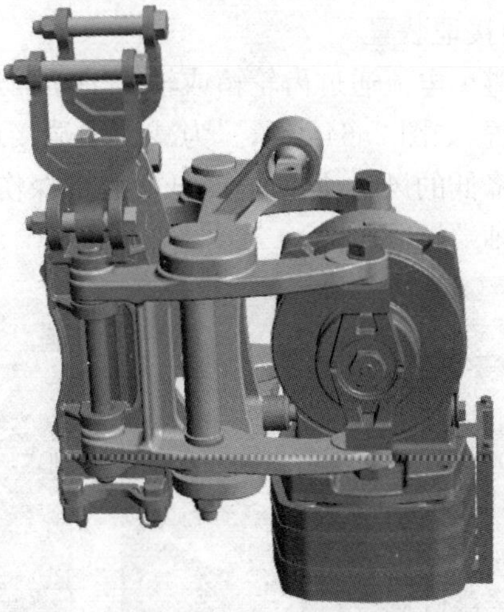

图 2.61　带停放制动夹钳结构示意图

每个车轮配置 1 个踏面清扫装置如图 2.62 所示，该装置由 4 根螺栓固定在转向架构架制动夹钳支持架上。

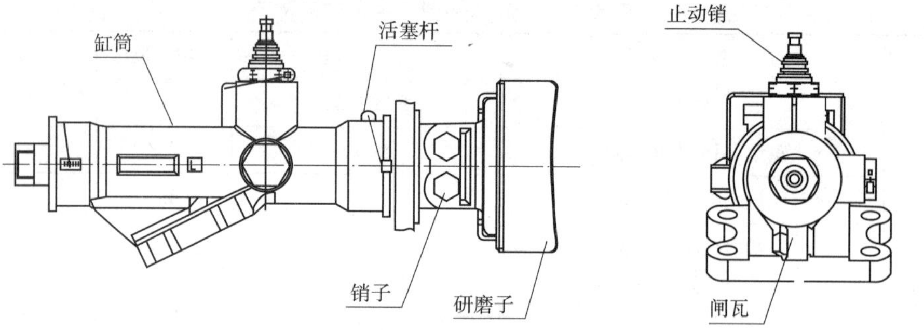

图 2.62　踏面清扫装置基本结构

通过连接器加压后，活塞杆被顶出，装置在活塞头端的闸瓦（研磨子）就触抵车轮的踏面。

缓解时，在复位弹簧作用下，活塞杆及闸瓦复位。研磨头托架的连接销由防振橡胶支撑，吸收车轮的倾斜，以防止研磨头的偏磨耗并减轻振动。

7. 转向架辅助

（1）辅助排障装置

辅助排障装置安装于构架侧梁端部，在头、尾车转向架 1 轴两侧构架侧梁端部。车轮磨耗后，可调整排障装置高度。

（2）撒砂装置

在头/尾、4/5 号车转向架 1 轴两侧构架侧梁端部设有撒砂装置，总计 4 套，如图 2.63 所示。相应转向架安装有撒砂口，安装在转向架上的撒砂口包括撒砂喷嘴和电加热装置。通过撒砂管及线缆与车体上的撒砂装置连接。按列车指令向钢轨上撒砂以达到增加轮轨黏着的目的。

（3）接地装置

为避免电流通过齿轮箱或轴箱轴承而造成电蚀，在动车转向架及拖车转向架上均设置接地装置，如图 2.64 所示。为减少轴端接地装置的配置数量，降低拆装轴端接地装置带来可靠性降低的风险，同时为降低空心轴探伤工作量，提高可维护性，动车采用齿轮箱接地，拖车采用轴端端部接地。

图 2.63　撒砂排障装置

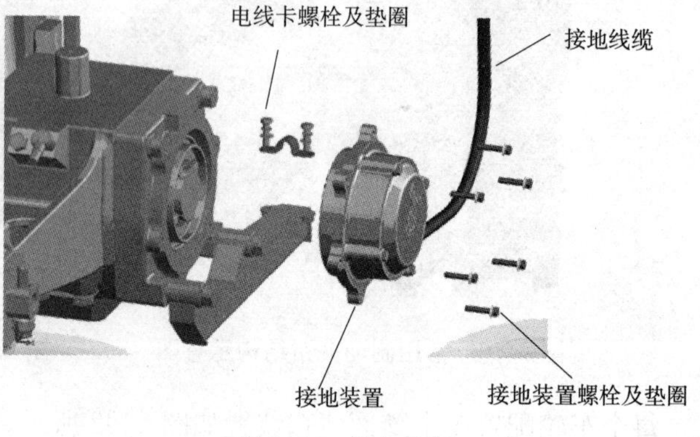

图 2.64　接地装置

8. 安全检测装置

转向架设置了安全检测装置，主要包括轴承温度传感器和转向架失稳检测装置。

(1)轴承温度传感器

在轴箱轴承、齿轮箱轴承、牵引电机轴承上均设有温度传感器，列车运行中可实时检测轴承温度，当温度超过限制值时列车可自动报警或采取停车措施。CR400AF 型动车组采用了双路冗余实时温度传感器。引起可能轴承温度过高的原因有：

- 轴承滚子异常磨损；
- 轴承内、外圈滚道异常磨损；
- 轴承保持架故障；
- 轴承润滑脂(油)缺少或变质；
- 轴承装配异常。

(2)转向架失稳检测装置

在转向架构架对应 1、4 轴位处，设置有转向架失稳检测装置，可检测转向架横向振动加速度。通过车辆上的控制单元可对加速度进行分析，当判断转向架有失稳迹象时，系统将发出警告，并采取减速措施。引起转向架可能失稳的原因包括：

- 减振器故障；
- 一系定位装置故障；
- 车轮异常磨耗；
- 钢轨异常磨耗。

2.7.2 CRH380C 型动车组转向架

2.7.2.1 转向架概况

CRH380C 型动车组采用 CW400(D)型转向架，该转向架为二轴两系悬挂空气弹簧转向架，可以满足动车组持续运营速度 350 km/h、最高运营速度 380 km/h 和线路试验速度 420 km/h的要求。转向架分为动车转向架和拖车转向架两大类，如图 2.65、图 2.66 所示。

动车转向架和拖车转向架主要结构基本一致，采用 H 型焊接构架，动、拖车转向架构架不能互换，但具有完全相同的侧梁组成和横梁主体结构；车轴为空心车轴，采用整体式自密封轴承单元，轴箱采取转臂定位式，第一系悬挂由螺旋弹簧加垂向减振器组成；采用高柔性大曲囊空气弹簧、长度可调式抗侧滚扭杆装置，改善高速运行的综合动力学性能；采用 Z 型双拉杆牵引装置，通过枕梁实现车体与转向架之间的连接，便于车体与转向架快速落成与分离。

动车转向架牵引电机为弹性架悬式，每个构架上斜对称布置两台牵引电机，通过平行齿式联轴器驱动齿轮箱；动车转向架每轴采用 2 套轮装制动盘，拖车转向架每轴 3 套轴装制动盘。

采用铸造铝合金枕梁、空心车轴和铝合金齿轮箱结构，实现轻量化设计，提高动力学性能，降低对线路的冲击；设有轮对、空气弹簧和牵引电机紧急系统，提高转向架的安全可靠性。转向架上设安全监测装置，监测转向架的运行稳定性、轴承温度和其他故障。

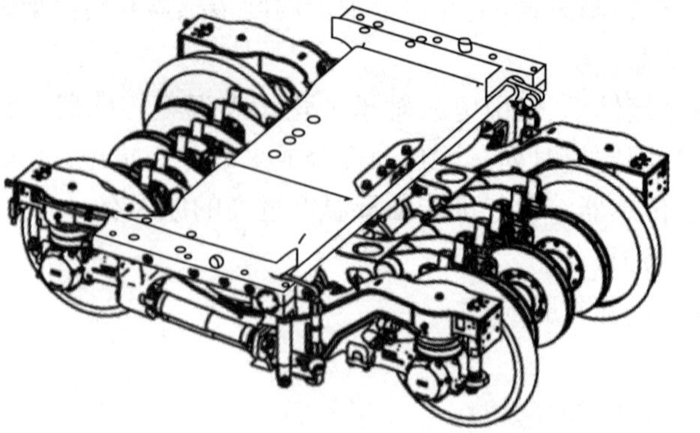

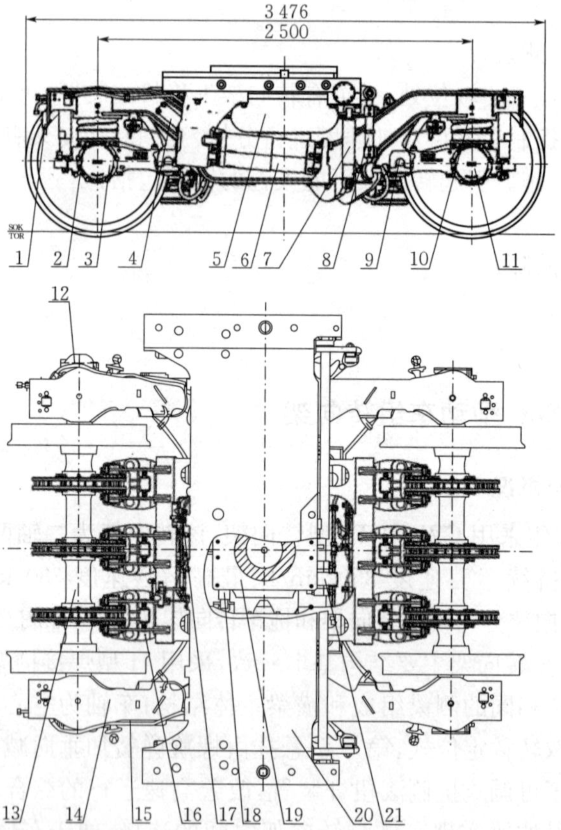

图 2.65　拖车转向架结构示意(单位:mm)

1—转向架诊断装置;2—接地组成;3—防滑速度传感器;4—横向止挡装置;5—第二系悬挂装置;6—抗蛇行减振器组成;7—二系减振器;8—抗侧滚扭杆组成件;9—轴箱定位装置;10—第一系悬挂装置;11—轴端盖组成;12—工作接地轴端;13—拖车转向架轮对;14—拖车转向架构架;15—制动管道布置;16—轴盘制动装置;17—空气弹簧连接;18—横向悬挂装置;19—中心销组成;20—枕梁组成;21—牵引拉杆组成

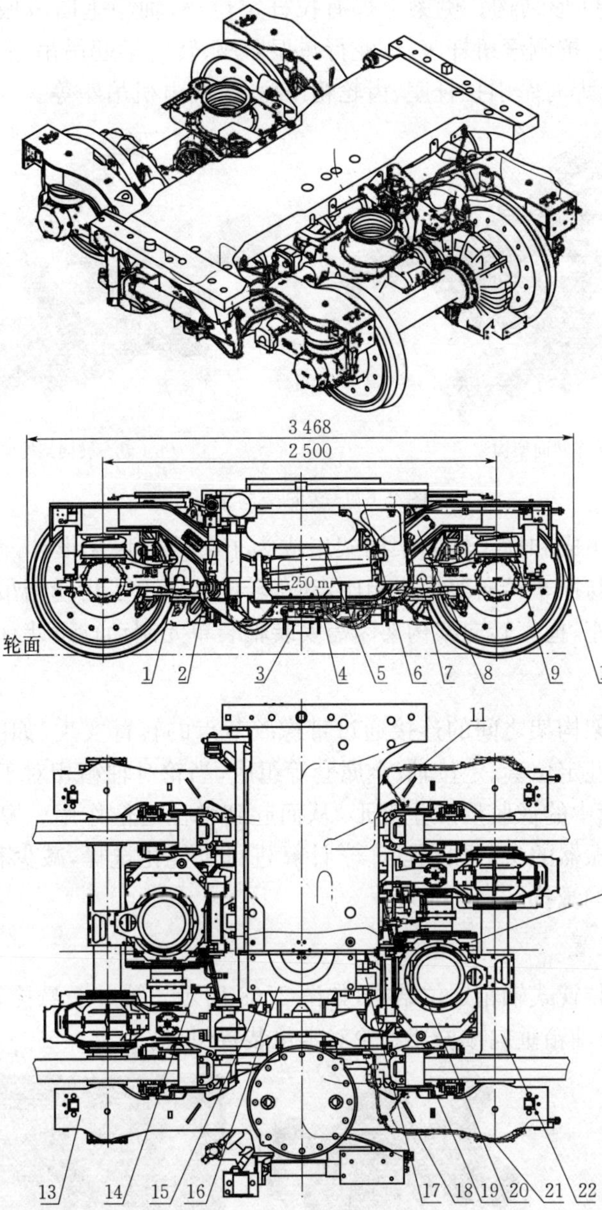

图 2.66　动车转向架结构示意(单位:mm)

1—转向架铭牌和标识;2—扭杆装配;3—感应接收器装置;4—抗蛇行减振器组成;5—第二系悬挂装置;6—枕梁组成;7—轴箱定位装置;8—横向止挡组成;9—第一系悬挂装置;10—转向架诊断装置;11—接地装置;12—驱动装置;13—构架;14—空簧连接;15—横向悬挂装置;16—中心销组成;17—牵引组成;18—管路布置;19—轮盘制动装置;20—电机通风组成;21—防滑传感器;22—动车轮对轴箱装置

2.7.2.2　转向架组成

1. 构架组成

构架(如图 2.67 所示)由两个侧梁、两个横梁和两个纵梁组焊为 H 形箱形结构。侧梁由钢板焊接而成下凹 U 形结构。侧梁上焊有拉杆定位座、轴箱垂向减振器座、轴箱弹簧定位座、空气弹簧定位座、抗侧滚扭杆座、抗蛇行减振器座、转向架起吊吊座、制动横梁座等；横梁为无缝钢管，横梁上焊有牵引拉杆座、齿轮箱吊座、牵引电机吊座等。

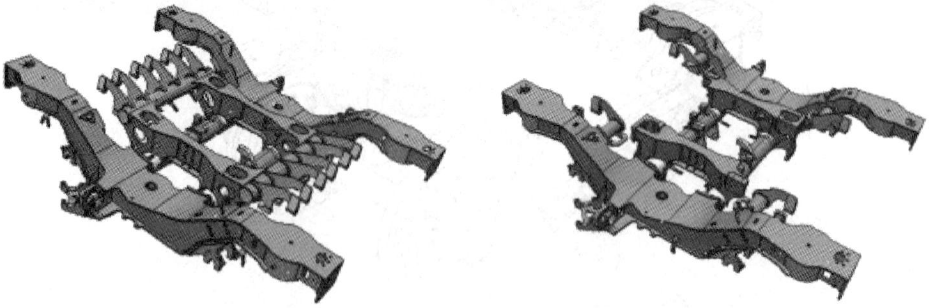

（a）拖车转向架构架　　（b）动车转向架构架

图 2.67　转向架构架

动车转向架构架组成和拖车转向架构架组成为了实现模块化设计，两种构架组成的主体结构尽可能通用。与拖车转向架构架相比，动车转向架多出了齿轮箱吊座、牵引电机吊座等驱动和轮盘制动吊座，拖车转向架构架因需安装轴装单元制动缸设计有轴盘制动吊座。

2. 轴箱定位装置

轴箱箱体与转向架构架之间的连接通过带橡胶节点的转臂实现（如图 2.68 所示）。定位弹性节点主要由弹性定位套、定位轴、金属套等组成，当轮对轴箱相对于构架在纵、横向产生位移时，弹性定位套中的橡胶层发生变形，从而起到弹性定位作用。橡胶节点的刚度、钢弹簧的刚度和垂向减振器的参数根据动车学计算进行了优化选择，减少和缓冲由于线路的不平顺引起的对构架的激扰。

3. 第一系悬挂装置

动车组轮对采用转臂式轴箱定位结构，如图 2.69 所示。第一系悬挂装置由一组螺旋钢弹簧、叠层橡胶弹簧及轴箱垂向减振器和轮对定位装置组成。

图 2.68　轴箱定位装置及节点示意

图 2.69　转向架第一系悬挂装置

轴箱弹簧为双层螺旋钢弹簧，置于轴箱顶部，弹簧组上半部伸到构架侧梁的弹簧座里面，在弹簧顶部与构架弹簧座之间设有一块橡胶垫，用以吸收来自钢轨的冲击和高频振动。

双层螺旋钢弹簧用于减少列车行驶时产生的振动、冲击和其他运动。双层螺旋钢弹簧加叠层橡胶弹簧的设计可以保障悬挂性能最佳。叠层橡胶弹簧同钢制螺旋压缩弹簧串联一同运转。橡胶弹簧的主要用途是确保结构噪声最佳绝缘性能。橡胶弹簧承受垂直静态预载并吸收垂直方向上的相对运动以及水平方向上倾斜运动。

第一系悬挂配有垂直固定的止挡,为获得更好地调节弹簧间距,装配了不同厚度的调整垫圈。

4. 轮对组成

转向架轮对分为动车轮对和拖车轮对,动车轮对和拖车轮对的主要区别是:车轴主要在齿轮座和制动盘座处不同。动车转向架车轴有用于安装齿轮的座而没有安装制动盘的座,车轴上安装有一个齿轮箱组成和两个轮装制动盘,拖车转向架车轴有用于安装制动盘的座而无安装齿轮的座,车轴上安装有三个轴装制动盘。轮对结构如图 2.70 所示。

(a) 动车轮对

(b) 拖车轮对

图 2.70 轮对

5. 第二系悬挂系统

第二系悬挂采用有过渡枕梁的高柔性空气弹簧承载方式;牵引装置为对中性能良好 Z 型牵拉引杆。每个转向架设 1 个高度调整阀和 1 个防过冲安全阀;2 个横向减振器,4 个抗蛇行减振器;不同的车辆根据其重量配以适当刚度的抗侧滚扭杆装置,如图 2.71 所示。

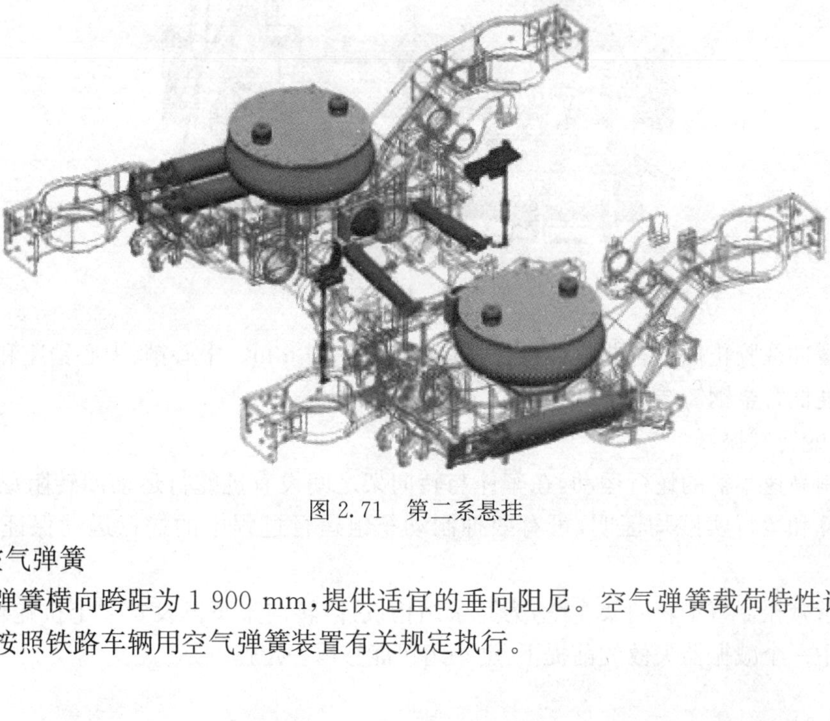

图 2.71 第二系悬挂

(1)空气弹簧

空气弹簧横向跨距为 1 900 mm,提供适宜的垂向阻尼。空气弹簧载荷特性试验、共振特性试验按照铁路车辆用空气弹簧装置有关规定执行。

(2)枕梁组成

枕梁采用铝合金 AlSi7Mg0.3-EN1706 铸造结构,牵引力的传递依靠牵引中心销装置和枕梁与构架之间的牵引拉杆装置来完成,同时作为空气弹簧气动系统的附加空气室。

枕梁通过枕梁上部的定位销与车体连接。通过空气弹簧、牵引装置与构架相连,抗侧滚扭杆、横向减振器、抗蛇行减振器等都通过相应的支座与枕梁和构架相连,如图 2.72 所示。

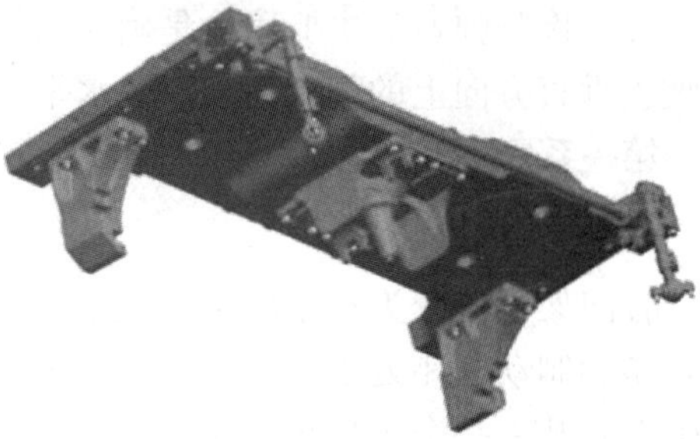

图 2.72 枕梁组成

(3)横向悬挂装置

设置横向减振器用于控制车体相对于转向架之间的横向运动。横向减振器每个转向架 2 个,关于转向架中心对称,横向减振器通过中心销上设置的支座与枕梁相连,通过构架上设置的支座与构架相连,如图 2.73 所示。

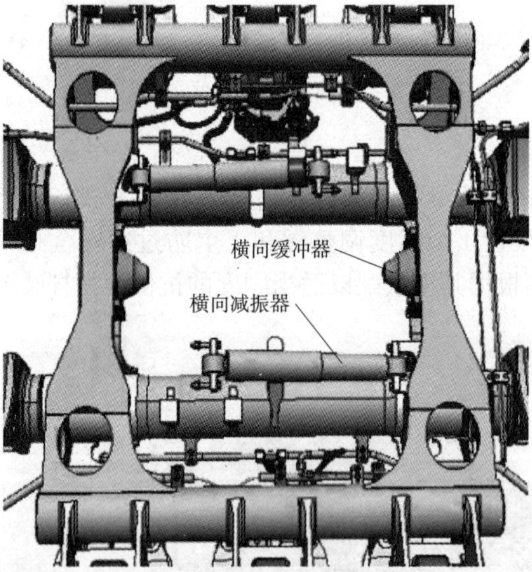

图 2.73 横向悬挂

横向缓冲橡胶止挡具有非线性特性,自由间隙为 20 mm。中心销、中心销座和牵引拉杆采用高强度低合金钢铸造结构。

(4)抗蛇行减振器

为抑制高速车辆的蛇行运动,在车体与转向架之间设有抗蛇行运动回转阻尼装置。通过理论计算和运行实践均证明,可有效抑制动车组运行过程中的蛇行运动保证车辆运行稳定。

抗蛇行减振器每个转向架 4 个,为冗余结构设计,转向架每侧设置 2 个抗蛇行减振器,保证在其中一个减振器失效的前提下,动车组仍能够以一定速度运行。

(5)牵引装置

车体与转向架间采用双牵引杆的牵引装置,如图 2.74 所示,传递牵引力和制动力。牵引装置成 Z 形连接,由一个牵引梁、两个带有弹性橡胶节点的牵引拉杆组成。

转向架与车体枕梁通过中心销连接,中心销由铸钢制成并通过螺栓与枕梁固定。中心销插入金属和橡胶复合支撑的中心销套内与牵引装置相连。

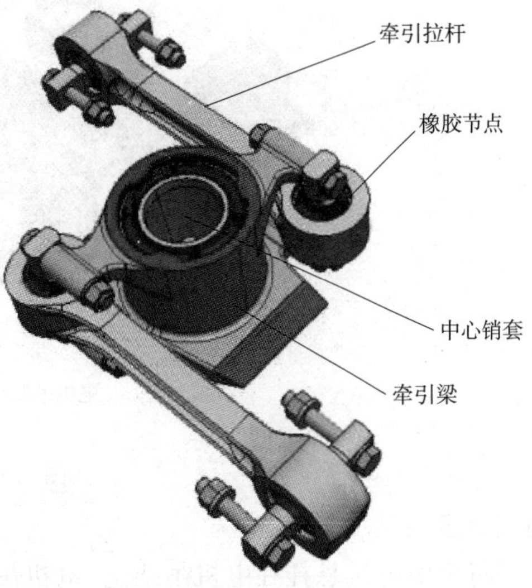

图 2.74　牵引拉杆组成

(6)抗侧滚扭杆

抗侧滚扭杆由扭杆、两个扭臂和两个连杆组成,如图 2.75 所示,连接在构架和枕梁间,主要作用是减小车辆曲线运行时车体的侧滚角。每个转向架装有一套抗侧滚扭杆。

扭杆安装在组合为枕梁的两个空心套内。扭力杆的轴向间隙可以通过不同厚度的调整垫片进行调节。

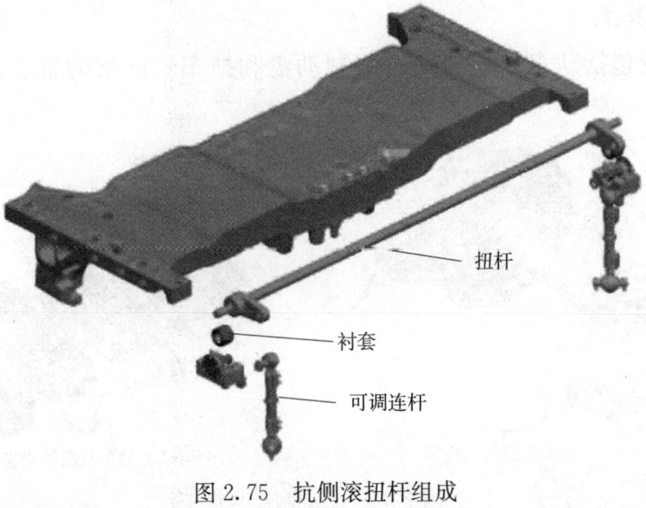

图 2.75　抗侧滚扭杆组成

扭杆上的扭臂通过热装的方法到扭力杆上的。这些扭臂通过锥形接头和球形接头挠性连接到可调连杆上。可调连杆的另一端通过球形块连接到转向架构架上扭杆安装座上。

6. 驱动装置

驱动装置仅动力转向架有,由齿轮箱、联轴节、安全装置和牵引电机及配套的牵引电机通风装置等组成,齿轮箱安装在动力轴上通过联轴节与电机连接,如图 2.76 所示。

转向架齿轮的传动比为 2.429,能够满足动车组 350 km/h 的持续运行要求。齿轮装置的一端在轴的滚动轴承中运动,另一端通过 C 形支架安装在转向架构架处。

在齿轮箱下部与构架间设有一个两端带有弹性叠层橡胶结构的 C 形支架,用以克服牵引力矩。牵引电机和齿轮箱之间通过联轴节连接,联轴节可以抵消牵引电机和齿轮箱之间

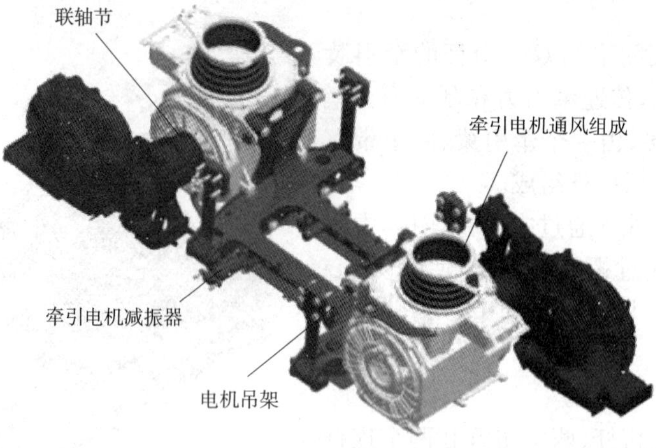

图 2.76　驱动装置

的相对运动。

将牵引电机悬挂在电机吊架上，电机吊架横向具有弹性。设计有安全杆用于固定电机并防止安装螺栓失效时，牵引电机掉落至轨道上。

牵引电机通过设置在设备舱内的牵引电机通风机对牵引电机进行强制通风冷却。

7. 基础制动装置

基础制动装置包括动车转向架的轮装制动盘和拖车转向架的轴装制动盘，如图 2.77 所示。

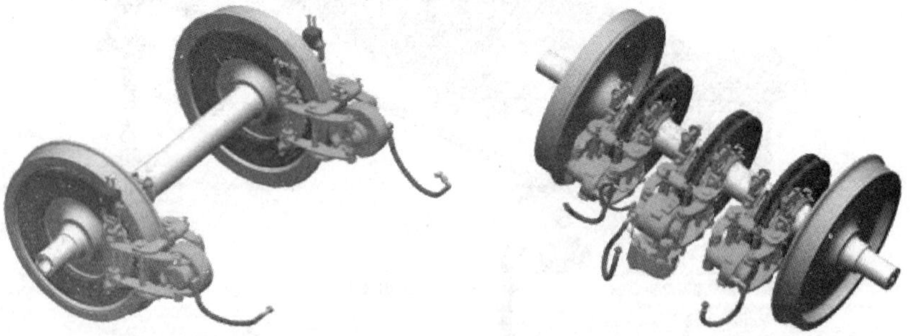

（a）动车基础制动装置　　（b）拖车基础制动装置

图 2.77　基础制动装置

动车转向架的每个轮上安装一套轮装制动盘，制动盘直径为 750 mm。

拖车转向架的每轴安装 3 个轴装制动盘，制动盘直径为 640 mm，根据需要设置带有停放功能的单元制动缸。

2.8　国外动车组转向架简介

2.8.1　日本动车组转向架

日本自 1964 年以来，开发了 30 余种高速动车组转向架，其中有些是试验型，有些是成批量生产型。

动车组转向架技术的发展大体上可以分为三代。第一代是以 DT200、DT201 和 DT202、WDT202 型为代表的无摇动台转向架;第二代是以 TDT203 和 TTR7001 为代表的无摇枕转向架;第三代是以 WDT205 为代表的无摇枕转向架,中央悬挂系统采用了半主动控制悬挂系统。

1. DT202 和 WDT202 型转向架

DT200 型和 DT201 型转向架主要用于 0 系和 200 系动车组。DT202 型和 WDT202 型转向架用于 100 系动力车和拖车。这些转向架的主要特点是:

(1)取消摇动台,利用空气弹簧的横向刚度。

(2)车体的支承方式为:车体—空气弹簧—摇枕—构架,摇枕与构架之间为旁承支重;纵向拉杆连接于车体与摇枕之间,其端部由两半球形橡胶组成。

(3)轴箱弹簧采用螺旋弹簧和橡胶垫、带液压减振器;轴箱定位采用 IS 式(单拉板式)装置,利用橡胶衬套使前后、左右有适当的弹性。

(4)构架为压型(U 形)焊接结构,箱形断面,在构架和摇枕上焊有各种安装座,摇枕同时作为空气弹簧的附加空气室。

(5)对车轮直径差有严格的要求:一台转向架的直径差不超过 0.5 mm,一根轴的左右轮径差不超过 0.2 mm。

DT200、DT201 和 DT202 三种转向架基本结构相同,只是局部结构和某些参数有所变化。

DT200 的最高运行速度为 210 km/h,DT201 为 275 km/h,DT202(WDT202)为 230 km/h。

2. TDT203 和 TTR7001 型转向架

TDT203 和 TTR7001 型转向架用于 300 系动车组的动力车和拖车。主要特点是:

(1)车体悬挂为无摇枕,由牵引装置替代摇枕的功能。

(2)采用膜式空气弹簧,能适应较大的横向变位、提高隔绝垂直振动的性能;采用板阀式可变节流孔,附加空气室布置在构架横梁内,提高了转向架的平稳性。

(3)轴箱定位采用螺旋弹簧和圆筒橡胶并用的方式,垂直动载荷由螺旋弹簧和圆筒橡胶并列承受,由圆筒橡胶实现轴箱的前后、左右弹性定位。

(4)为了增加衰减力,轴箱减振器做成双向的,以降低高频振动。

(5)为了减轻轴重和簧下质量,构架采用无端梁 H 形结构,提高材质强度、减薄板厚;采用空心车轴;车轮直径由 910 mm 改为 860 mm;轴箱体采用铝合金锻造,齿轮箱用铝合金铸造;轴承采用带突缘的圆柱滚子轴承,省略了球轴承,实现了小型化、轻量化。

TDT203 和 TTR7001 型转向架的最高运行速度为 270 km/h。

3. WDT205 型转向架

WDT205 型转向架是 500 系全动车的动力转向架,为了达到 500 系动车组的设计目标:高速度(最高运行速度 300 km/h),安全平稳、乘坐舒适,保护环境,降低总成本。因此研制了 WDT205 型转向架。主要特点是:

(1)采用无摇枕空气弹簧支承方式。

(2)采用转臂式轴箱定位。

(3)采用空心车轴、铝制转臂、减小轮径(860/790 mm)等措施降低转向架自重。

(4)中央悬挂系统采用主动控制悬挂系统以减轻振动等。

表 2.11 中列出了日本三代转向架的结构形式与主要技术参数。

表 2.11　日本高速动车组代表转向架结构形式与参数

<table>
<tr><td colspan="4">车　型</td><td>100 系</td><td>300 系</td><td>500 系</td></tr>
<tr><td colspan="4">车　种</td><td>12M4T</td><td>10M6T</td><td>16M</td></tr>
<tr><td colspan="4">最高运行速度(km/h)</td><td>230</td><td>270</td><td>300</td></tr>
<tr><td rowspan="6">动力转向架</td><td colspan="3">转向架型号</td><td>DT202</td><td>TDT203</td><td>WDT205</td></tr>
<tr><td colspan="3">转向架质量(t)</td><td>9.87</td><td>6.6</td><td>6.5</td></tr>
<tr><td colspan="3">轴　式</td><td>B0-B0</td><td>B0-B0</td><td>B0-B0</td></tr>
<tr><td colspan="3">轴　型</td><td>实心</td><td>中空</td><td>中空</td></tr>
<tr><td colspan="3">固定轴距(mm)</td><td>2 500</td><td>2 500</td><td>2 500</td></tr>
<tr><td colspan="3">车轮直径(mm)</td><td>910</td><td>860</td><td>860</td></tr>
<tr><td rowspan="5"></td><td rowspan="5">结构形式</td><td colspan="2">车体悬挂</td><td>无摇动台</td><td>无摇枕</td><td>无摇枕</td></tr>
<tr><td colspan="2">轴箱定位方式</td><td>单拉板式</td><td>圆筒橡胶</td><td>转臂式</td></tr>
<tr><td colspan="2">牵引电机悬挂方式</td><td>架悬</td><td>架悬</td><td>架悬</td></tr>
<tr><td colspan="2">驱动方式</td><td>齿轮联轴节</td><td>齿轮联轴节</td><td>齿轮联轴节</td></tr>
<tr><td colspan="2">变速装置</td><td>单级</td><td>单级</td><td>单级</td></tr>
<tr><td rowspan="12">非动力转向架</td><td colspan="3">转向架型号</td><td>WDT202 *</td><td>TTR7001</td><td rowspan="12">无</td></tr>
<tr><td colspan="3">转向架质量(t)</td><td>9.8</td><td>7.1</td></tr>
<tr><td rowspan="10">结构形式</td><td colspan="2">车体悬挂</td><td>无摇动台</td><td>无摇枕</td></tr>
<tr><td colspan="2">牵引装置</td><td>纵向牵引拉杆</td><td>单拉杆式</td></tr>
<tr><td rowspan="2">弹簧形式</td><td>轴箱</td><td>钢圆弹簧</td><td>钢圆弹簧</td></tr>
<tr><td>中央</td><td>空气弹簧</td><td>空气弹簧</td></tr>
<tr><td rowspan="2">减振器形式</td><td>轴箱</td><td>液压式</td><td>液压式</td></tr>
<tr><td>中央</td><td>垂向:固定节流孔
横向:液压式</td><td>可变节流孔</td></tr>
<tr><td colspan="2">中央悬挂横向跨距(mm)</td><td>2 500</td><td>2 450</td></tr>
<tr><td colspan="2">回转阻尼形式</td><td>旁承摩擦力矩</td><td>抗蛇行减振器</td></tr>
<tr><td colspan="2">轴箱定位方式</td><td>单拉板式</td><td>圆筒橡胶</td></tr>
<tr><td colspan="2">抗侧滚装置形式</td><td>无</td><td>无</td></tr>
</table>

注:* 用于 100 系 N(双层列车)。

2.8.2　法国 TGV 高速转向架

1. 第一代 TGV-PSE 用的转向架

TGV-PSE 的动力转向架为 Y230 型、非动力转向架(铰接式转向架)为 Y231 型,运营速度为 270 km/h。主要特点有:

(1)车体悬挂为无摇枕,牵引装置为拉杆式,可使车体相对于构架在左右方向运动更加自由。

(2)中央悬挂为高柔度的钢圆弹簧,每台转向架配置两个垂直减振器、两个抗蛇行减振器和一个横向减振器。

(3)轴箱悬挂由一组钢圆弹簧与两组叠层橡胶弹簧组成,该两组叠层橡胶弹簧可保证轴箱与构架在横向和纵向的定位刚度,如图 2.3 所示。

(4)转向架轴距增加到 3 000 mm。

2. 第二代 TGV-A 用的转向架

TGV-A 的动力转向架仍为 Y230 型,非动力转向架为 Y237 型,最高运行速度 300 km/h,最高试验速度为 515.3 km/h。Y237 转向架与 Y231 相比,在结构性能方面都有较大的改进。

(1)中央悬挂改用空气弹簧。由于 Y231 转向架采用高柔度的钢圆弹簧,在运行中暴露出向车体传递 10 Hz 的高频振动,并与车体的弯曲振动相耦合,导致运行平稳性不良。为此采用垂向和横向都具有高柔性的 SR10 空气弹簧,使得车体在簧上的垂向和横向自振频率分别降低到 0.7 和 0.75 Hz,显著地改善了车辆的垂向和横向振动性能,提高了在直线和曲线上的运行平稳性。

(2)在中央悬挂中加装抗侧滚扭杆装置,这是采用高柔性的中央悬挂后所必需的。

(3)采用了转臂式轴箱定位结构。由于 Y231 中定位用的两组叠层橡胶弹簧参与承载(垂直载荷由轴箱钢圆弹簧承受 60%,两组叠层橡胶弹簧承受 40%),而使轴箱悬挂刚度过大,且小振幅时出现卡滞现象,导致振动性能不良。取消两组叠层橡胶的定位弹簧,由转臂关节中的橡胶元件实现纵、横向定位刚度;还增大了轴箱悬挂的柔度,在每一轴箱处装了小阻尼的垂向液压减振器,因此大大改善了转向架的动力性能。

(4)在 Y237 转向架的两相邻车端的四角,用四个纵向液压减振器相连,这一独特的减振器布置使相连的车辆组成一个整体的耦合振动系统,使得每一相邻车端由于点头、摇头所引起的上下、左右相对角振动受到了减振阻尼的抑制。此外,在相邻车端间的上部还装有一横向减振器以抑制侧滚振动。在采用上述减振系统后,取消了 Y231 转向架中央悬挂中的横向和垂向减振器,效果很好。

3. 第三代 TGV-2N 用的转向架

TGV-2N 为双层客车,能增加 45%的载客量。为了仍保持 17 t 轴重,采用铝合金车体,同时要求转向架进一步减重。TGV-2N 的动力转向架为 Y230,非动力转向架是 Y237 的改进型 Y237-A。改进部分有:

(1)在 Y237 转向架上只安装一根扭杆,在 Y237-A 转向架上采用两根扭杆。

(2)尽可能的实现轻量化,以适应双层客车仍保持 17 t 轴重的要求。如:进行构架结构的强度优化,使每一构架减重 170 kg;采用空心车轴,每个车轴减重 170 kg;将原用钢制的空气弹簧储风缸改为铝制的;制动装置减重 17%等等。Y237-A 转向架比 Y237 总减重约 1 t。

表 2.12 中列出了法国三代转向架的结构形式与主要技术参数。

表 2.12　法国 TGV 动车组代表性转向架结构形式与参数

车　　型				TGV-PSE	TGV-A	TGV-2N
车　　种				2M8T	2M10T	2M8T
最高运行速度(km/h)				270	300	300
动力转向架	转向架型号			Y230	Y230	Y230
	转向架质量(t)			7.263	7.263	7.263
	轴　　式			B0-B0	B0-B0	B0-B0
	固定轴距(mm)			3 000	3 000	3 000
	车轮直径(mm)			920	920	920
	踏面形式			1/40 锥形	1/40 锥形	磨耗型
	结构形式	车体悬挂		无摇枕	无摇枕	无摇枕
		轴箱定位方式		叠层橡胶	转臂式	转臂式
		牵引电机悬挂方式		体悬	体悬	体悬
		驱动方式		平行万向轴	平行万向轴	平行万向轴
		变速装置		两级	两级	两级
非动力转向架	转向架型号			Y231	Y237	Y237-A
	转向架质量(t)			7.775	7.0	6.0
	结构形式	车体悬挂		无摇枕	无摇枕	无摇枕
		牵引装置		拉杆式	拉杆式	拉杆式
		弹簧形式	轴箱	钢圆弹簧	钢圆弹簧	钢圆弹簧
			中央	钢高挠簧	空气弹簧 SR10	空气弹簧 SR10
		减振器形式	轴箱	液压式	液压式	液压式
			中央	垂向：液压式 横向：液压式	* (见表注)	* (见表注)
		回转阻尼形式		抗蛇行减振器	抗蛇行减振器	抗蛇行减振器
		轴箱定位方式		筒形叠层橡胶	转臂式	转臂式
		抗侧滚装置形式		无	抗侧滚扭杆	抗侧滚扭杆

注：* 由两车端的 4 个纵向、1 个横向减振器代替。

2.8.3　德国 ICE 高速动车组转向架

1. ICE-1 的 MD530 转向架

德国于 1986 年开始研制 ICE(或称 ICE-1)高速动车组，采用 MD530 转向架，1991 年正式投入运营，最多 16 辆编组(2M＋14T)，最高运营速度 250 km/h。

MD530 转向架是在 MD52 基础上改进的，主要结构特点是：

(1)有摇动台。车体通过两侧的旁承作用在摇枕上，摇枕经中央弹簧组件落在弹簧承梁上，再经一个摆动吊杆和橡胶弹性支座悬吊于构架上。当吊杆发生断裂时，弹簧承梁落在紧固于构架的挡卡上。在构架纵向梁的外侧设有一特别宽的弹簧支座，使得吊杆、支座的监控和维护变得简单，并且弹簧支座的横向跨距大，因此不需要抗侧滚装置。

(2)轴箱定位装置为双拉板式，在轴箱与弹性拉板之间设有纵向弹性铰。

(3)装设机械回转稳定装置。“机械回转阻尼”是通过摇枕与车体之间的旁承摩擦力矩来实现的，而当运行速度超过 160 km/h 时，为避免转向架运行失稳，装设机械回转稳定装置，目的是消除摇枕与构架之间微小的转动，抑制高速下的转向架蛇行运动。

2. ICE-2 的 SGP400 转向架

SGP400 转向架在三个方面有很大的改进：

(1)在转向架上设回转阻尼系统“DES”。电子控制回转阻尼系统“DES”，是带磁性阀门的抗蛇行减振器，根据实际运行速度接通或者断开，在速度相对不高的弯道区间该系统不起阻尼作用，只有当高速运行时才起阻尼作用，从而明显地减小轮轨导向力以及改善磨损情况，从而一方面保证在高速下的运行稳定性，另一方面又克服了转动阻尼系统的负面作用。

(2)中央悬挂横向主动控制系统 AQS。通常，转向架中央悬挂柔软的横向弹性有利于保证较好的舒适度。在弯道行驶时，未被平衡的横向力使车体产生横向位移，经过一定行程后，由于弹性止挡的作用就要叠加一个渐增的刚度特性。采用横向弹性主动控制系统 AQS，它可以使车体回到中心位置附近，避免横向挡的接触，以保持柔软的横向弹性特性，使通过弯道时与直道上运行时具有相同的舒适度。

(3)轮对定位系统 RHC。车辆的曲线和直线运行性能在设计上是相互矛盾的。为使曲线运行性能好，即轮轨力和轮轨磨耗最小，那么轮对定位的纵向刚度应保持低值；为适应 200 km/h 速度及以上的高速运行，轮对定位应具有较高的纵向刚度，以保持两个轮对的平行，满足稳定性的要求，但这将导致通过曲线时产生较大的轮轨力和轮轨磨损。鉴于这种矛盾，欧洲铁路研究所采用主动式气动控制的轮对定位装置，使轮对定位刚度随实际的运行速度改变。

SGP400 转向架采用液压定位套(RHC 轮对定位系统)，图 2.78 是其剖视图。液压定位套有完全封闭的橡胶和金属元件组成的内外轴套(图中剖面线部分为金属，黑色部分为橡胶)，两个油腔相对配置(图中白色部分)，内轴套的底部有一个节流通道。两个油腔用液压油灌满，在节流通道内有一个节流阀系统。当液压轴套的内、外轴套相对运动较慢时，液压油经过节流通道从一个油腔至另一个油腔；在快速运动时，节流阀产生很大的阻力，使系统的液压特性变硬。换句话说，曲线运行时，可实现低的轮对纵向定位刚度，而在高速时形成较高的纵向定位刚度。因此上述的设计矛盾可得到较好的解决。

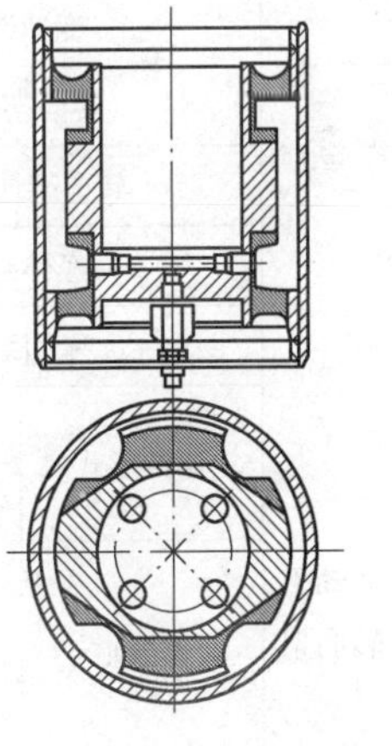

图 2.78　液压定位套

3. SGP500

SGP500 是 ICE-3 拟采用的转向架。最高运行速度为 330 km/h，为此每吨质量的功率要从 ICE-1 时的 10 kW/t 增加道 20 kW/t，同时要求最大轴重不超过 17 t，所以 ICE-3 采用了动力分散的方式，全列车中动力转向架和非动力转向架各占 50%。SGP500 转向架的结构特点有：

(1)和 SGP400 一样,为无摇枕结构,中央悬挂为加有橡胶堆的空气弹簧。

(2)装有抗侧滚扭杆和抗蛇行减振器。

(3)轴箱悬挂是钢圆弹簧+垂直减振器,采用单侧拉杆定位。

(4)动力转向架上装有轮式盘形制动,非动力转向架上每轴装 2~3 个轴式盘形制动。

表 2.13 中列出了德国三代转向架的结构形式与主要技术参数。

表 2.13　德国 ICE 动车组代表性转向架结构形式与参数

车型			ICE-1	ICE-2	ICE-3
车种			2M+14T	M+12T	M+T(各 50%)
最高运行速度(km/h)			250	280	330
动力转向架	转向架型号		UmAn	UmAn	SGP500
	转向架质量(t)		14.4	14.3	9.2
	轴式		B0-B0	B0-B0	B0-B0
	固定轴距(mm)		3 000	3 000	2 500
	车轮直径(mm)		1 000	1 000	920
	踏面形式		1/8 磨耗型	1/8 磨耗型	1/8 磨耗型
	车体悬挂		无摇枕	无摇枕	无摇枕
	轴箱定位方式		长拉杆	长拉杆	圆筒橡胶
	牵引电机悬挂方式		半体半架	半体半架	架悬
	驱动方式		空心轴六连杆	空心轴六连杆	齿轮联轴节
	变速装置		单级	单级	单级
非动力转向架	转向架型号		MD530	SGP400	SGP500
	转向架质量(t)		7.5	约 6.5	7.5
	车体悬挂		有摇动台	无摇枕	无摇枕
	牵引装置		拉杆式	中心销	中心销
	弹簧形式	轴箱	钢圆弹簧	钢圆弹簧	钢圆弹簧
		中央	钢圆弹簧	空气弹簧	空气弹簧
	减振器形式	轴箱	液压式	液压式	液压式
		中央	垂向:液压式 横向:液压式	横向主动 控制系统 AQS	垂向:液压式 横向:液压式
	中央悬挂横向跨距(mm)		2 580	—	—
	回转阻尼形式		旁承摩擦力矩+ 机械式回转阻尼	电子控制回转 阻尼系统 DES	抗蛇行减振器
	轴向定位方式		双拉杆式	液压定位套	单侧拉杆式
	抗测滚装置形式		无	抗侧滚扭杆	抗侧滚扭杆

复习思考题

1. 动车组转向架一般可以如何分类？
2. 动车组转向架由哪几部分组成？各部分的作用是什么？
3. 高速转向架应具备哪些性能？
4. 构架的作用及基本类型有哪些？
5. 车轮踏面做成一定斜度的原因？
6. 对转向架一系悬挂的要求是什么？
7. 空气弹簧装置有哪些特点？有哪些组成部件及其作用？
8. 动车组转向架一般会安装哪些减振器？其作用是什么？

第3章

动车组车体结构及车内设备

高速动车组车体需要承受旅客以及各种机件的重量，在运行中还承受着纵向、横向、垂向、扭转和气密载荷等不同动态载荷的作用。为此，车体结构应满足如下要求：具有足够的弯曲刚度，以使装在其上的有关机件之间的相对位置在列车运行过程中保持不变，并避免由于刚度不足而引起的振动和噪声，提高乘坐舒适性；减少车体的变形以免门、窗等楔住或破坏；车体结构也应具有足够的强度储备，以保证其有足够的可靠性与使用寿命；在保证强度、刚度的前提下，车体承载结构的质量应尽可能小，以减少整车质量；从被动安全性角度来考虑，车体底架结构还应具有易于吸收撞击能量的特点；车体结构设计时还应考虑列车运行中空气动力学问题、车型系列化等方面的要求。

3.1 车体系统设计思路

3.1.1 高速动车组车体结构设计要求

高速、舒适、安全及结构的轻量化是高速动车组车体设计的主要目标，但是这些设计目标之间又有相互制约性，因此，高速动车组车体设计必须在满足现代车辆设计规范规定的条件下予以综合协调、折中和优化。在车体设计中必须考虑以下几个方面的要求：

(1)车体强度。为保证车辆在运行中有足够的强度，必须能承受一定的载荷工况，以符合车辆的强度设计规范。车体在运用中承受着纵向、横向、垂向、扭转和气密载荷等动态载荷的作用，这些动态载荷往往与线路条件、司机操纵和列车动力学品质相关，具有很强的随机变动特性。车体结构设计上需要考虑这些准静态及动态载荷的单独或联合作用下，车体结构的强度和刚度校核。

(2)车体刚度。主要是控制车体的垂向变形和扭转角位移。

(3)车体自振频率。这与车辆运行品质和安全密切相关，因此，车体设计规范中对车体第一阶垂向弯曲模态有一定的限制。

(4)车体的耐碰撞安全防护。要求设计一个更强的客室结构，同时在车体的非乘客区设置能量吸收区，以吸收撞击动能，保证乘客安全。

(5)结构轻量化。在保证安全和使用寿命的前提下，尽量做到结构的轻量化。车体结构所占车辆自重的比例很大，因此设计时尤其应注意减轻其自重。

上述这些约束与结构性能的要求有些是相互矛盾和互为制约的。例如，耐碰撞车体的轻量化设计既要保证车体结构强度和刚度以及耐撞击性能的要求，又要尽可能地减少车体质量，这是一个很难加以协调处理的设计问题。尤其是碰撞中的结构大变形属于复杂的非线性问题，因而增加了设计难度。

3.1.2 车体结构设计中应注意的主要问题

高速动车组比传统机车车辆的运营速度有大幅度增加，进行动车组车体结构设计时，为了保证优良的运行品质，应注意考虑以下主要问题：

1. 为了减小空气阻力，车体外形需设计成流线型

列车空气动力学是高速动车组车体设计不可回避的重要课题，特别是车体外形设计与列车空气动力学密切相关。列车头型设计非常重要，好的头型设计可以有效地减少运行空气阻力、列车交会压力波并解决高速列车运行稳定性问题。列车车体（包括动力车和拖车）设计，主要考虑列车交会压力波及气动侧向力、侧滚力矩的作用，侧壁设计尽可能靠近腰鼓型，并要求车体外壳表面平整光滑。除列车运行阻力之外，高速列车周围的空气流场及其对周围物体和环境产生的影响，列车会车和通过隧道时短时间内的气压波动对车体及车内人员的强力作用，空气升力对列车运行的影响，动车组侧门、窗户的强度及密封性能等都是必须注意并需加以解决的空气动力学问题。

2. 为了提高乘坐舒适度，控制振动与噪声，车体应有合理的动态特性

随着车速的提高，由线路不平顺引起的随机激扰频域加宽，导致车辆垂向和横向振动加速度增大，并通过转向架作用于车体，以较高频率激励出车体的弹性振动。另一方面，为实现轻量化，提速列车车体采用了轻质材料和减重设计。由于车体结构的动态特性与其质量分布、结构刚度（即材料的弹性模量、构件的截面几何性质以及构件间的连接强弱等）有关，因此为提高车辆在提速、高速条件下的运行品质，除了研究车体的静强度外，还需要对其动态特性进行研究。

3. 从被动安全性考虑，为了降低车辆碰撞事故所造成的损失，车体需采用耐撞性设计

高速动车组的运行速度远远高于普通列车，因而高速动车组碰撞速度一般也较高。传统列车的设计是考虑车体结构不受损伤，其所受载荷由在最恶劣条件下的载荷值再乘以一定的安全系数确定，车体结构在此载荷下不允许有永久变形，但没有对能量吸收的特殊要求。这种结构设计将车体设计成一个近似的刚性体，在发生列车碰撞事故时，碰撞能量完全由车体自身来消化，由于车体可能被严重挤压或被其他物体贯穿减少了乘客的生存空间，同时产生较大的加速度脉冲，使乘客遭车内其他设备或行李的打击以及乘客与车内设备发生二次碰撞的危险性更大。为了使事故造成的损失最小化，在设计车辆时需考虑车辆的耐撞性，并根据耐撞性设计思想研制对碰撞能起较好防护作用的耐碰撞车体结构。耐碰撞性车体的设计主要是指耐碰撞性车体吸能结构的设计，应满足在正常运行条件下，该结构具有足够的强度和刚度，并具有良好的传递纵向力性能。在较高速下发生碰撞事故时，结构在一定冲击力下能产生大变形，并能吸收足够的冲击动能，即将冲击动能尽可能的转化为结构的塑性变形能。

4. 为降低能耗、减少轮轨作用力，车体需采用轻量化设计

减轻列车重量是减少高速动车组对牵引功率的需求实现高速运行的重要措施，同时也

是降低轴重、减小轮轨作用力的需要。实现结构轻量化主要有两个途径，一是采用新材料，二是合理优化结构设计。

当前高速动车组车体结构通常采用不锈钢或铝合金材料制造。车体结构使用不锈钢制造，可以不考虑腐蚀预留量，从而达到减重的目的，据估计，用不锈钢制造车体结构可以比用普通钢减轻重量30%～40%。日本自20世纪50年代开始试验试制不锈钢车辆，先后有半不锈钢车辆(底架用普通钢，侧墙、端墙、车顶外板及其骨架用不锈钢)，全不锈钢车辆和轻型不锈钢车辆三代不锈钢车辆问世。特别是轻型不锈钢车辆，其车体结构实现无涂装、免维修和轻量化，取得了良好的经济效益。

用铝合金制造车体的尝试早在20世纪上半期就已经开始，最早用于地铁和市郊列车，后来应用于普通列车上。近年来，特别是进入20世纪90年代，由于全长的多品种异型截面以及大截面空腹铝合金挤压型材的出现，铝合金已成为生产高速列车的主导材料。铝合金具有良好的塑性，挤压成型容易，可以根据车体结构优化设计的要求，挤出各种复杂形状大型中空铝型材，可大幅度减少焊接工作量，简化车辆的制造工艺。铝合金具有良好的耐腐蚀性和高的比强度，这就使得车体的使用寿命延长、重量也大幅度降低。当前，碳钢、不锈钢和铝合金车体的重量比在10∶7∶5左右。

为了进一步减轻重量，改善隔声性能以及便于设计、制造，国外已开始试用纤维增强塑料夹层结构代替金属制造车体。纤维增强塑料具有质轻，比强度高，疲劳强度高、裂纹扩展速率低，较好的结构阻尼性、隔热和耐蚀性能等优点。其缺点是弹性模量(E)低，抗弯扭刚度比金属差，价格贵。若用碳素纤维制造车体，又将比铝合金车体减重30%，是下一代高速列车车体的理想材料。

高速列车给车体结构设计带来了许多新的课题，如需要考虑高速动车组通过隧道时车体结构承受空气动力载荷的能力和车体铝合金型材断面设计以及防撞击等问题，这就要求在车体结构设计中要采用先进的计算机仿真模拟和试验相结合的手段，尤其应充分利用大型成熟的结构分析软件，提高设计水平、缩短设计周期。

3.2 气动性能设计

3.2.1 列车空气动力学

中国目前列车最高运行速度已达到350 km/h，今后还将朝着更高的速度目标持续展开进一步的研发。随着铁路车辆朝着高速化不断发展，由于空气力学现象所引起的振动、噪声等问题逐渐成为高速化的重要技术课题。

例如，在高速铁路运营初期，遇到的因高速化引起的受电弓风鸣声等问题，而这一问题在100 km/h的运行速度下是不可能出现的。另外，车辆在高速驶入隧道时会产生很大的冲击音，即“微气压波”问题，随着高速化的进展，这一问题也日益突显出来。除此之外，从各国的地理条件来看，铁路设施附近大都有居民居住，因此要求保护周边环境的诉求一直非常强烈。现在世界各国均颁布了相关标准为周边居民的生活环境予以充分保护，为在保持与周边环境和谐相处的同时实现列车的高速化，各国现在仍在进行各种各样的技术研究。在铁路车辆中，一般需要研究的各种空气力学问题主要包括以下几个方面：

3.2.1.1 动车组运行中列车的表面压力

当动车组在空旷地带平直线上稳态运行时，由于空气的黏性作用，列车将带动其周围空气随之运动，造成列车表面空气压力的波动。列车外表面空气压力的研究方法主要包括实车试验、风洞试验、动模型试验、数值模拟计算、理论与分析等，其分布规律主要表现为：

1. 列车顶面与侧面

从风洞试验结果来看，列车顶面与侧面空气压力可以分为三个区域：

(1)头车鼻尖部位正对来流方向为正压区。

(2)头部附近的高负压区。从鼻尖向上及向两侧，正压逐渐减小变为负压，车头与车身过渡连接处的顶部与侧面弧面处负压达最大值。

(3)头车车身，中间车与车尾车身表面空气压力为低负压区，其中靠近车厢中段的绝对值小于车厢两端位。

2. 列车底部

由于列车底部有转向架及各种下部悬挂设备，使底部空气流场比较复杂、绕流比较紊乱，因此该部位的空气压力分布不像列车侧面那么有规律，其最大负压绝对值一般大于车体侧面的。

3. 列车连接处端墙部分

动车组一般具有内外风挡结构，使相邻两车外表面间距尽量缩短。列车在运营过程中一般为双向行驶，因此端墙部分交替变化为迎风面和背风面。但经实车试验和风洞试验发现，端墙表面压力分布比较均匀，内外风挡之间为正压区且压力分布稳定。

因此，当在头车上布置空调装置及冷却系统进风口时，应布置在靠近鼻尖的区域内，此处正压较大，进风容易；而排风口则应布置在负压较大的顶部与侧面，而中间车体空调装置的进风口可设置在车体端墙上。

3.2.1.2 动车组会车时列车的表面压力

高速行驶的列车使列车周围的空气受到强烈扰动，当一列车与另一静止不动的列车会车时，或者两列等速或不等速相对运行的列车会车时，这一扰动将会加剧，尤其是一列车的头部或尾部经过另一列车的瞬间，将在另一列车交会一侧的侧墙上引起瞬间空气压力波。列车交会时产生的瞬间压力冲击对行车安全、旅客舒适度以及周围环境都会带来严重影响。例如，我国广深线准高速列车开通后，运行不到一年时间，由于在列车交会时气压突变造成机车前窗玻璃震坏 2 次、客车侧窗玻璃破坏 81 块。提速列车将普客列车上物品、侧窗吸过来、掀开货物列车篷布等现象时有发生。影响列车交会压力波的因素主要包括列车运行速度、编组长度、复线间距、车体宽度、列车外形、隧道、强侧风等等。

试验研究和计算表明，动车组会车压力波幅值大小与下列因素有关：

(1)当列车静止或等速交会时的压力波幅值与交会列车运行速度的平方成正比，因此随着会车速度的大幅度提高，会车压力波的强度将急剧增大。由图 3.1 可见，当头部长细比(即车头前端鼻形部位长度与车头后部车身断面半径之比)γ 为 2.5，两列车以等速相对运行会车时，速度由 250 km/h 提高到 350 km/h，压力波幅值由 1 015 Pa 增至 1 950 Pa，增大近一倍。

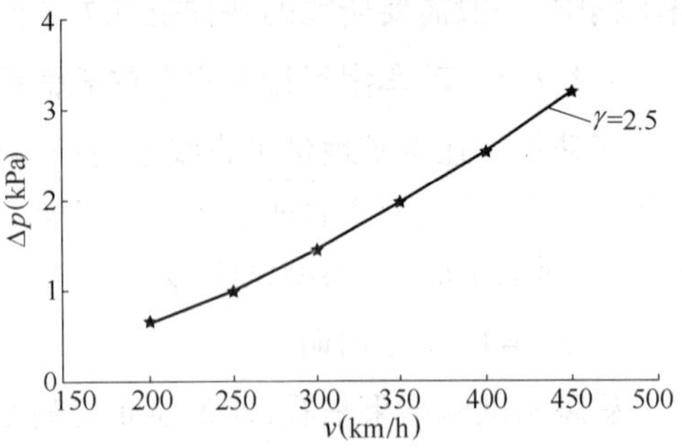

图 3.1 会车压力波幅值与速度的关系曲线

(2)当两车以不同运行速度交会时，压力波的幅值与两列车的运行速度都有关，近似与 $(v_1+v_2/8)^2$ 成正比，其中 v_1 表示通过车速度，v_2 表示本列动车组速度，即中速车的压力波幅值远大于高速车，这是由于会车压力波的主要影响因素是通过车的速度，在高、中速列车会车时，中速车压力波主要受其通过车高速车速度的影响，高速车压力波主要受其通过车中速车速度的影响，所以中速车上的压力波幅值远大于高速车。而且两交会车运行速度差越大，压力波幅值相差也越大。

(3)会车压力波幅值随着头部长细比的增大而近似线性地显著减小。为了有效地减小动车组会车引起的压力波的强度，应适当增加头部流线型部分的长度，减小鼻尖部位过渡曲线的曲线半径，头部形状尽可能做到扁宽型。

(4)会车压力波幅值随会车动车组侧墙间距增大而显著减小。为了减少会车压力波及其影响，应适当增大铁路的线间距，我国《铁路技术管理规程》中规定：$v \leqslant 140$ km/h 时，区间双线线间距为 4 000 mm；140 km/h$<v\leqslant$160 km/h 时为 4 200 mm；160 km/h$<v\leqslant$200 km/h 时为 4 400 mm；高速铁路正线间距要求达到 5 000 mm。

(5)列车运行交会时，会车压力波幅值随会车长度增大而近似成线性地明显增大。

(6)会车压力波幅值还受到列车编组形式的影响，不同形状车体截面混编的列车将使列车交会压力波增大。

3.2.1.3 隧道行驶时的空气力学问题

随着列车的高速化，在与铁路相关的空气力学问题中，列车、隧道系统的空气力学问题格外突出，接连出现了新的问题。

1. 动车组通过隧道时列车的表面压力

列车进入隧道，由此在隧道内形成压缩波。这种压缩波在隧道内传播，在隧道出口处又被反射回隧道内，如图 3.2 所示。在隧道内往返的压力波引起隧道内压力和风速的变动，因此列车表面上各处的压力也呈快速大幅度变动状况，完全不同于在明线上的表面压力分布。

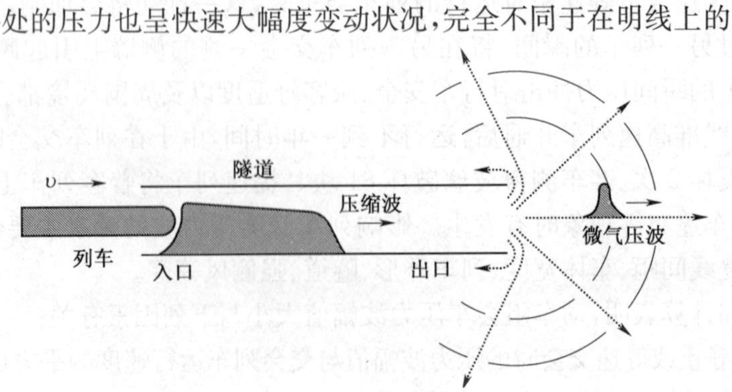

图 3.2 隧道内的压缩波和隧道出口的微气压波

试验表明，压力波幅值的变动与列车速度、列车长度、堵塞系数（列车横截面积与隧道横截面积的比值）、头型系数（又称长细比）以及列车侧面和隧道侧面的摩擦系数等因素有关，其中以堵塞系数和列车速度为重要的影响参数。国外有研究报告指出，单列车进入隧道的压力变化大约与列车速度的平方成正比，与堵塞系数的(1.3±0.25)次方成正比。两列车在隧道内高速会车时车体所受到的压力变化更为严重，此时压力波与堵塞系数的(2.16±0.06)次方成正比，并且两列车进入隧道的时差对压力变化也有很大的影响，当形成波形叠加时将引起很高的压力波幅值和变化率，此时车体表面的瞬时压力可在正负数千帕之间变化。

列车在往复于隧道内的这种压力波中行驶时，隧道内的压力变动引起车内压力变动，使乘客的耳朵产生疼痛感。为了消除车外压力变动对乘客耳朵造成的疼痛感，动车组上采取了各种相应措施，例如在车辆上配备连续换气装置、空调采用隧道模式等，将车内压力变动控制在一定水平以下。

2. 作用于车辆的非恒定力

列车在隧道内高速行驶时，会发生左右方向的车辆振动（特别是摇摆振动），成为影响乘坐舒适度的问题，而这一问题是在隧道外区间行驶时观测不到的。隧道区间内的左右摇摆与轨道不平顺的相关性很小，从左右摇摆由列车头部向尾部逐渐增大这一点来看，空气力的影响引起了研究人员的注意，因此通过现车试验、风洞试验、数值模拟对作用于车辆的变动空气力的实际状态进行了调查，并研究了相应措施。

图3.3显示了新干线列车进入隧道前后车辆侧面发生的压力变动在现车试验中的测量结果。从图中可以看出，在隧道外区间行驶时，列车左右侧面的压力变动小，两者几乎没有差别，而在隧道区间行驶时，隧道中央侧侧面的压力变动小，隧道壁侧侧面的压力变动大。进入隧道后变为负压的原因在于，列车尾部进入隧道后产生的膨胀波通过了压力测量点。隧道中央侧和隧道壁面侧的压力变动差（差压）形成了作用于车辆的横向摇摆力矩，成为左右摇摆的原因。这一作用于车辆的非恒定空气力随着列车速度的提升而变大，有相向列车通过时变得更大。现在已知，这是由于相向列车引起的气流进一步增强了自身列车气流的相对流速，并且作用于车辆的差压与列车气流相对流速的平方成正比。

另外，根据现车试验结果得知，差压的绝对值呈现出从车头向车尾逐渐增加，随后达到一定的大小，在车尾部骤然变大的倾向。目前，为解决列车在隧道内行驶时的左右摇摆问题，采取了在车体间安装纵向油压减振器（如图3.4所示）、半主动悬挂、主动悬挂等措施。

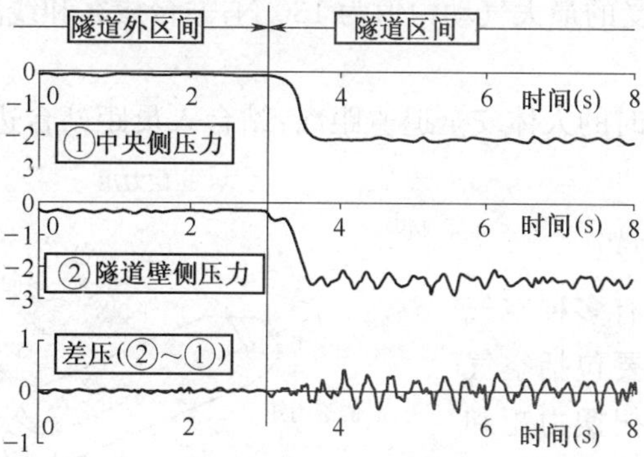

图3.3　进入隧道前后车辆侧面压力波形

图3.4　车体间纵向减振器安装

3. 微气压波

列车进入隧道时产生的压力波以音速在隧道内传播，到达隧道出口时，其压力波中的一部分变为脉冲状压力波，辐射到隧道外(此压力波称为隧道微气压波)，如图 3.2 所示，会在隧道口附近产生爆破音，使隧道口附近居民的门窗发生振动，造成环境问题。

微气压波脉冲的峰值与到达隧道出口的压缩波波面的压力斜度成正比，在短隧道的情况下，大致与列车进入隧道速度的立方及阻塞比成正比。在隧道内传播的压缩波波面的压力斜度在板式轨道的隧道内会陡然上升，在道砟轨道的情况下走向衰减。因此，隧道微气压波在板式轨道的长大隧道内要比在短隧道内强，在道砟轨道的长大隧道内要比短隧道内弱。因而，当隧道比较长时(5～13 km)，采用碎石道床能够非常有效地降低隧道出口的微气压波。

降低隧道微气压波包括设置隧道入口缓冲盖、利用竖井、斜井、横通道、用带缝隙的挡板连接相邻隧道等方法。

车辆方面可采用的措施有车辆断面积的缩小以及车头形状的最优化等方法；地面上的相对措施为在列车进入时在隧道入口处事先降低压力波波面的压力斜度。

3.2.1.4 列车风

由于空气的黏性作用，当列车高速行驶时将带动列车侧面、底部及尾部周围的空气随之运动，形成一种特殊的非定常流动，这就是列车风。当列车以 200 km 时速行驶时，根据测量，在轨面以上 0.814 m、距列车 1.75 m 处的空气运动速度将达到 17 m/s，这是人站立不动能够承受的风速，同时，处于列车风中的人体将受到空间三维方向的力及力矩作用。试验和理论分析表明，在同一列车运行速度下，人体受到的气动力与人和列车侧壁之间的距离成反比；而处于一定位置的人体受到的气动力与列车运行速度平方成正比。同时当速度一定时，列车风的风速与列车侧向距离成反比；而位置一定时，列车风风速与列车通过速度成正比。

由于列车风将对旅客和工作人员带来伤害，必须使道旁的人与列车保持一定的安全退避距离。目前判别人体安全性的标准分为风速标准和气动力标准两种。如日本以平均风速 9 m/s 作为确定站台安全距离的危险标准；英国以平均风速 11 m/s 确定站台安全距离，以 17 m/s 确定作业安全距离，而法国和德国则采用气动力判据。

我国参考国外标准，推出了关于列车风的安全退避距离的建议值为：

(1)人体允许承受的气动力和风速建议值。对站台而言，人体允许承受的最大气动力值为 100 N；对线路作业而言，人体允许承受的最大气动力值为 130 N；站台旅客和线路作业人员承受的列车风风速为 14 m/s。

(2)200 km/h 等级线路在列车通过时的人体安全退避距离：站台人员距站台边缘 2 m，线路作业人员距轨侧 3 m。

3.2.1.5 列车空气动力学的力和力矩

在列车运行过程中，动车组上作用有多种空气动力学的力和力矩(如图 3.5 所示)，主要包括空气阻力、升力、横向力以及纵向摆动力矩、扭摆力矩和侧滚力矩等。这些力和力矩关系到动车组运行的能耗和行车安全。

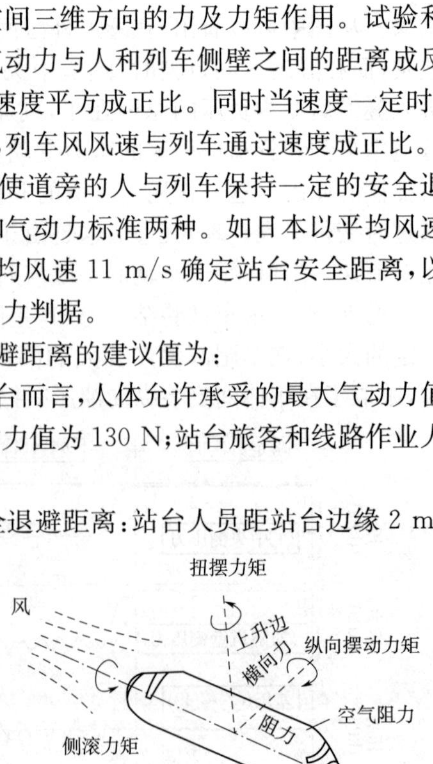

图 3.5　作用于列车的气动力学的力及力矩

1. 空气阻力

一般来说，动车组的运行阻力主要由空气阻力和机械阻力(即轮轨摩擦阻力、轴承等滚动部件的摩擦阻力等)组成。研究表明，空气阻力和速度的平方成正比，机械阻力则和速度成正比。随着运行速度的不断提高，空气阻力已经成为高速列车的主要阻力，空气阻力及其所需要耗散能量所占的比例也急剧增加，因此，如何降低车辆的空气阻力已经成为推进列车高速运行节能化的重要课题。

研究表明，高速列车的空气阻力主要由压差阻力、表面摩擦阻力和各种干扰阻力等组成。压差阻力主要来自车体头部正面压力和尾部涡流形成的负压力，大约占列车总气动阻力的 7%～14%；表面摩擦阻力主要是由于空气的黏性而引起的、作用于车体表面的剪切应力造成的阻力，它是列车总空气阻力的主要组成部分，约占 26%～55%；干扰阻力是由车辆的突出物(如手柄、门窗、转向架、车体底架、悬挂设备、车顶设备及车辆之间的连接风挡等)造成的。根据车体底部是否安装有整流罩，其大约占列车总阻力的 24%～58%，车顶受流器的干扰也比较大，约占总阻力的 4%～9%。另外，列车阻力还受列车交会和过隧道以及强侧风时空气动力学特性的影响。

在隧道外行驶时的列车空气阻力可以用下列经验公式来进行求解：

$$\mathrm{DA}=\frac{1}{2}\rho v^2 A'\left(C_{\mathrm{DP}}+\lambda'\frac{l}{d'}\right)$$

式中 ρ——空气密度；

v——列车速度；

A'——列车截面积；

C_{DP}——车头、车尾部的压力阻力系数；

λ'——广义摩擦阻力系数；

l——列车长度；

d'——列车截面的直径。

公式中括号内的第一项表示与列车长度无关部位的空气阻力(列车头部、尾部的压差阻力)，可以利用短编组列车模型通过风洞试验进行计算。

公式中括号内的第二项表示与列车长度相关部位的空气阻力(列车中间部车辆侧面的摩擦阻力、转向架、受电弓、车辆连接部位、车顶上/车下机器等的空气阻力)。

式中，不应着眼于转向架、受电弓、车辆连接部位等各个部位局部的空气阻力，而应着眼于列车中间部整体的空气阻力，采用将其沿长度方向进行平均化后评估 λ' 的方法。此时列车中间部的空气阻力称为“广义摩擦阻力”。关于广义摩擦阻力系数 λ'，建议采用以下计算方法。

列车进入隧道后，列车前方的部分空气受到压缩，并作为压缩波的形式以音速向隧道内传播，因列车进入而被排出的大部分空气从隧道入口向外逸出。由于会产生这种与列车侧面的广义摩擦阻力以及隧道侧面的摩擦阻力相反的气流，因此需要具有压力斜度。列车侧面的压力随着列车深入隧道而上升。列车进入隧道的位置距隧道入口仅 x 时的列车侧面压力设为 p_2，隧道入口的压力(大气压)设为 p_0，则压力上升 (p_2-p_0) 如下式所示：

$$(p_2-p_0)(1-R)=\frac{1}{2}\rho v^2 x\left[R\frac{\lambda'}{d'}\left(1+\frac{v_2}{v}\right)^2+\frac{\lambda}{d}\left(\frac{v_2}{v}\right)^2\right]$$

式中 R——列车/隧道截面积比；

λ——隧道壁面的摩擦阻力系数；

v——列车速度；

λ'——列车侧面的广义摩擦阻力系数；

d——隧道截面的直径；

d'——列车截面的直径；

v_2——从隧道内经过隧道壁面与列车侧面之间排向隧道外的空气流速。

通过利用现行车试验测量上式左边的压力上升(p_2-p_0)值，可以求出列车侧面的广义摩擦阻力系数λ'，计算时取$\lambda\approx0.02$，v_2/v根据理论计算。

从日本0系列新干线动车组相关的众多测量结果可以估算出$\lambda'\approx0.018$，以该λ'值和$C_{DP}\approx0.2$为基准，可以得出隧道外0系列新干线动车组运行阻力的计算公式：

$$D=(1.2+0.022v)W+(0.013+0.00029l)v$$

其中运行阻力D的单位是kN，列车速度v的单位是km/h，列车总质量W的单位是t，列车长度l的单位是m。

根据上式，以16辆编组($l=400$ m)的0系列新干线动车组为例，可以得知空气阻力的约90%来自于列车中间部。

图3.6是各种新干线动车组(列车长400 m)的运行阻力比较。从图中对220 km/h运行时的运行阻力进行比较后可以看出，500系列新干线动车组由于采用了头车形状的最优化、车下机器的平滑化，设置了车下盖板等措施，从而降低了空气阻力，与0系列车辆相比，其运行阻力减少了约35%。

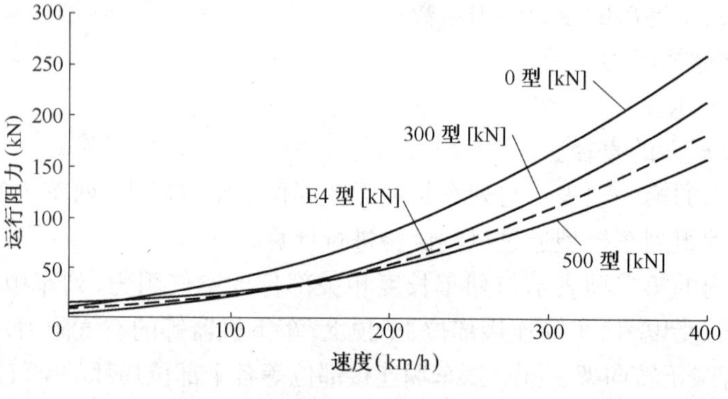

图3.6 新干线动车组的运行阻力比较(列车长400 m)

如上所述，列车的空气阻力由列车头部、尾部的压差阻力和列车中间部的广义摩擦阻力构成，像新干线动车组这样的长编组列车，空气阻力的绝大部分来自于列车中间部的空气阻力。因此，为了降低阻力和气动干扰，高速列车必须具有完善的气动外形，即具有细长而流线型的头尾部，使气流的剥离难以发生，以降低高速列车的压差阻力；具有平滑、光顺的车体表面，以减少高速列车的表面摩擦阻力；在车体底部和顶部等必要部位设置流线型的导流罩，以消除高速列车外露附属装置的阻力，最近的新干线动车组头部形状与其说是为了降低空气阻力，不如说是考虑到前述的微气压波对策而确定的。

2. 升　　力

动车组车辆由于上下表面外形的不同，使空气流速不同，导致各车辆上下表面压力分布出现较大差异，形成车辆空气压差升力。一般可以将车辆空气升力定义为列车运行时的车辆表面压力和切应力沿垂直向上方向形成的合力，即沿垂直方向的车辆表面空气摩擦升力和压差升力之和。一般将动车组车辆表面的局部压力高于周围空气压力者称为正，局部压力低于周围空气压力者称为负。作为一个整体，车辆是受正的(向上的)升力还是受负的(向下的)升力，取决于车辆所有截面的表面压力累加结果是正还是负。

升力也与列车速度的平方成正比，动车组的升力不可忽视。正升力将使动力车轮轨之间的黏着力减小，降低列车牵引力；过大的正升力，还有可能导致列车爬轨和跳轨；弓网之间的接触力会进一步增大。负的升力将增加列车动态轴重，使轮轨之间的接触力增大，加剧列车对钢轨的动态冲击、踏面和钢轨磨耗。因此，希望车辆空气压差升力尽可能接近于零，可采取的主要措施是合理设计列车外形。

3. 横 向 力

动车组运行中遇到横向风时，车辆将受到横向力和力矩的作用，当风载荷达到一定程度时，横向力及其侧滚力矩、扭摆力矩将影响车辆的倾覆安全性。

试验结果表明，车辆受横向风的气动阻力特性，不仅与车辆形状有关，也与桥梁、路基等的形状有关。图 3.7 显示了正侧面风作用于单线及复线桥梁上车辆的横向力系数的结果。其中，横向力系数是将作用于 1 辆车正侧面的横向力通过车辆侧面积和动压无因次化后的结果。

关于对车辆倾覆影响最大的侧风，从车辆形状来看，方形车顶受到的横向力要比圆形车顶大；从桥梁形状来看，桥梁桁架越厚横向力越大，在双轨桥梁的情况下位于上风侧线路的车辆受到的横向力比较大。

通过风洞试验研究认为，最佳的车体横断面形状应当是：车体侧面平坦，其上下部内倾(可以降低升力)、顶部稍圆、车顶与车体侧面拐角处完全修圆。

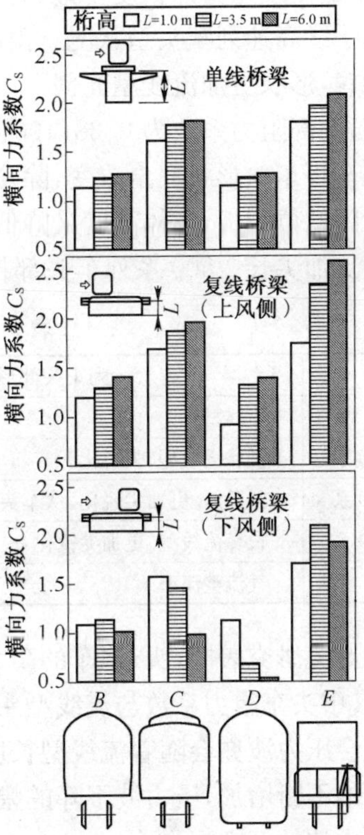

图 3.7　横向力系数 C_S和桥梁形状的关系(中间车辆、正侧面风时)

3.2.2　列车头型设计

如前所述，动车组的空气动力性能与列车外形有着密切的关系，列车外形包括头部形状，车体截面外廓形状和车身外形，其中头车的流线型将直接影响到整个列车的空气动力性能，好的头型设计可以有效地减少运行空气阻力、列车交会压力波、站台上的列车风、车尾的摆动等问题。典型的列车头部形状主要有四类，如图 3.8 所示，依次为扁宽形、椭球形、梭形和钝体形。

图 3.8 典型的列车头部形状

列车头部形状一般通过外形控制参数与控制型线来描述，控制参数包括流线型头部长度、宽度、高度、倾斜度等；控制型线主要有纵向、横向、水平方向的剖面最大轮廓线，又分为主控制型线和辅助控制型线。主控制型线包括纵向对称面最大控制型线、俯视最大控制型线和车体截面外廓型线。

1. 流线型头部长度

列车头型设计必须考虑到头部的空气阻力系数和列车头部的长细比（车头鼻型部分长度与车头后部圆柱部分截面半径之比）。如《德国联邦铁路城间特快列车—ICE 技术任务书》中规定："列车前端的驱动头车空气阻力系数 $C=0.17$，列车末端的驱动头车空气阻力系数 $C=0.19$。"头、尾车阻力系数与流线型头部长细比直接有关，高速列车的长细比一般要求达到 3 左右或更大。细尖的车头头型不仅可减小阻力，还有利于减小会车时的压力波。因此，增加流线型头部长度，可以有效地改善列车的空气动力性能。表 3.1 及图 3.9 给出了日本新干线高速列车头型状况。由图表可见，日本新干线高速列车头部逐渐加长，鼻型更加突出尖锐，形状更加流线型光滑。0 系列车头部形状参考了当时飞机的流线型，但突出、尖锐不够，头部阻力系数为 0.28；100 系列车的头部更加尖锐化，头部阻力系数减少到 0.25；300 系列车将车头形状完全改变，除增加头部长度外，从车顶到车底部都采用光滑曲面，头车用全封闭低位裙板，车体高度又降低了 400 mm，头部阻力系数达 0.2；500 系和 700 系列车的头型更加尖长。500 系列车头部长度是 300 系的 2.5 倍，因此其空气阻力系数更小。

表 3.1 日本新干线高速列车头型状况

车 型	列车头部形状	头部空气阻力系数	头部长度(m)
0 系	流线型	0.28	4.4
100 系	楔状流线型、尖锐化	0.25	5.5
300 系	斜鼻形、更加尖锐化、从车头到车底光滑曲面	0.2	6.0
500 系	长鼻流线型、更加尖锐化	—	15.0
700 系	气流整流型	—	9.2

有关研究表明，头、尾车的阻力系数，升力系数的绝对值均随流线型头部长度增加而减小，其中头车阻力系数与流线型头部长度几乎呈线性关系，而尾车与长度的平方成比例。列车交会压力波亦会随着流线型长度的增加而减小，但它们之间的关系不属于线性关系，随着长度的不断增加，压力波下降的幅度会减小，因此无限制增加流线型长度并不是降低列车交会压力波的好方法。

2. 流线型头部纵向对称面最大控制型线

研究表明，纵向对称面最大控制型线从外凸到内凹，头车空气阻力会略微增大，尾车稍微减小；对空气升力的影响不明显；列车交会压力波幅值会逐渐减小，但效果也不明显。但减小鼻尖部位过渡曲线的曲率半径对降低列车交会压力波效果比较明显。图 3.10 为单拱和双拱流线型头部外形。

型　式	头部长度 /m
0 系 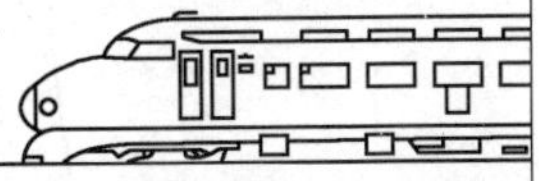	4.4
100 系 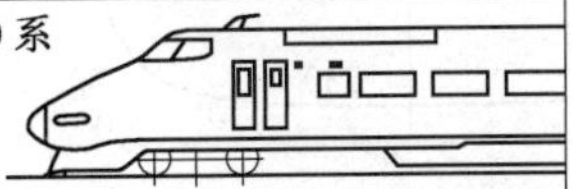	5.5
300 系 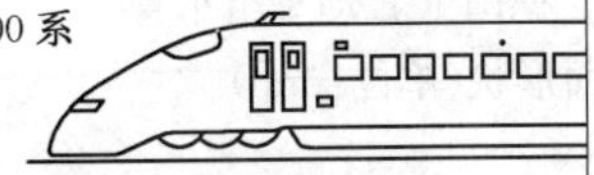	6.0
700 系 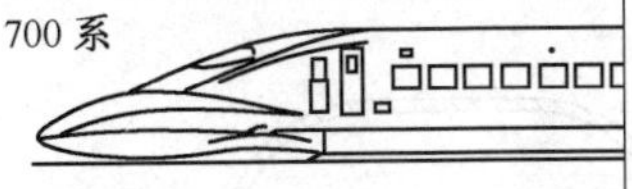	9.2

图 3.9　日本高速列车头型

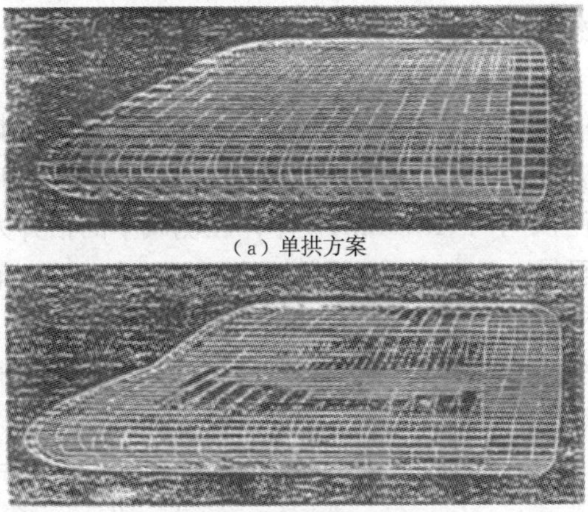
（a）单拱方案
（b）双拱方案

图 3.10　流线型头部外形

3. 流线型头部俯视最大控制型线

在设计俯视图最大轮廓线形时，发现宽形的流线型头部对降低交会压力波非常有效；而尖梭形的流线型头部对降低空气阻力，升力非常有效。

综上所述，减小列车空气阻力和降低列车交会压力波既矛盾又统一，在动车组头部外形设计中需要综合考虑各种因素的影响。此外，在流线型头部下方还应设计凹槽形的导流板，将气流引向车头两侧。

另外在主型线设计完成后，还要做到头部外形与车身外形严格相切；头部外形中，任意选取的两曲面之间也要严格相切，以保证头部外形的光滑性，这样既能减少空气阻力，又可以降低列车交会压力波幅值。

3.2.3　列车外形设计

在列车速度已定的情况下，高速动车组的阻力取决于阻力系数。车体截面面积或车体长、宽、高由于受到限界、内部布置和旅客舒适度要求的限制，一般来说，可变化的余地不大，所以车身的外形设计主要是横断面形状设计。动车组车身横断面形状设计有以下特点。

1. 动车组车身外表面光滑并尽量呈鼓形

如果动车组外表面的气流没有分离，整个列车处于环流之中，此时的空气阻力可以减小到最小的程度。但如果外表面有凸出的部位，则会出现气流分离状况，使空气阻力增加。因此，车体外表面应光滑平整具有较高光洁度，并尽量减少突出物。如侧门采用塞拉门；扶手为内置式；脚蹬做成翻板式，使侧门关闭时可以包住它，取消或减少车辆外侧悬挂件等。

从外形上看，整个车身断面最好呈鼓形，即车顶为圆弧形，侧墙下部向内倾斜（5°左右）

并以圆弧过渡到底架，侧墙上部向内倾斜(3°左右)并以圆弧过渡到车顶。图 3.11 为德国 ICE 动车组车身断面形状。这不仅能减小空气阻力，而且有利于缓解列车交会压力波及横向阻力、测滚力矩的作用。

图 3.12 为 ICE1、ICE2 和 ICE3 车体横断面形状的比较，从图中可以看出，ICE1 车体横截面设计时，增大了车顶到侧墙过渡部分的圆弧半径，不小于 400 mm，使车体在侧风中的抬升力减至最小。在 ICE1 的基础上，ICE2 和 ICE3 车体横断面形状又有所改善，使车体强度、刚度增加，空气动力学性能更好，利于制造且降低了制造成本。

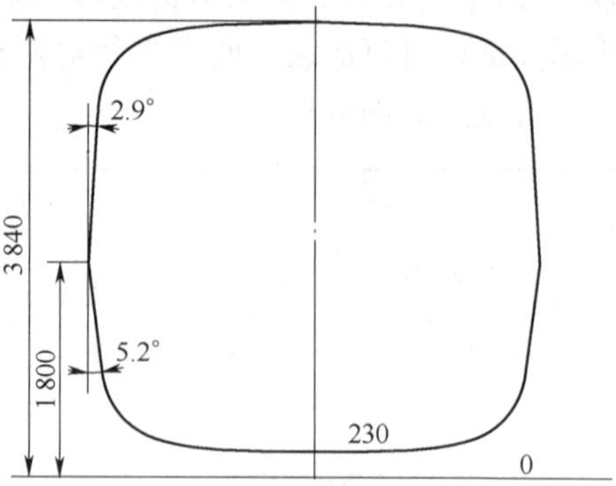

图 3.11　德国 ICE 动车组车身断面形状(单位：mm)

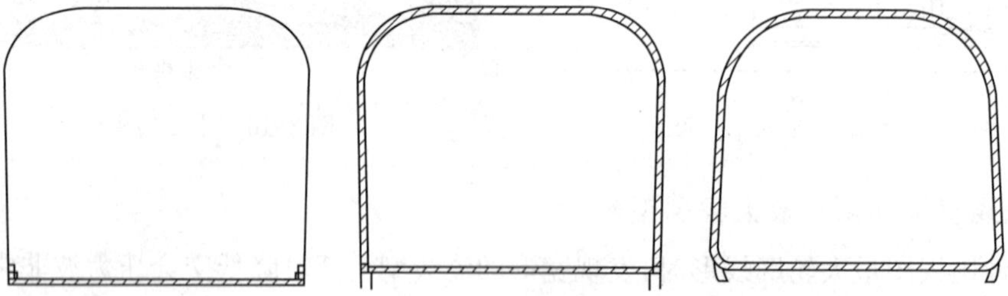

图 3.12　ICE1、ICE2 和 ICE3 车体横断面形状的比较

2. 车下或车顶上设置导流罩

车辆底部形状对空气阻力的影响很大。为了避免地板下部设备的外露，采用与车身横断面形状相吻合的裙板遮住车下设备，并采用车底封闭外罩进行平滑覆盖，以减少空气阻力，也可防止高速运行带来的沙石击打车下设备。当车顶设备过多时，也可以设置车顶导流罩。图 3.13 是为受电弓设置的整流罩。

图 3.13　受电弓整流罩例子(500 系列)

3. 采用内外双层风挡结构

在相邻车辆连接部分增加外风挡结构，将车体连接部分的外表面延伸，使得两车体表面间距缩小，从而减弱气流分离及气流冲刷端墙表面的强度，以减小列车空气阻力。

3.3　车体模态设计

随着列车速度的不断提高，线路固有频率范围加宽，而车辆自重不断减轻，其固有频率降低，这样就导致车体的低阶弹性振型有可能处于线路的激扰范围之内，从而使车体产生较大的振动。这样带来的危害：一是使车体某些部位产生较大的变形，影响疲劳寿命；二是车体的振动会传递到车上的地板、座椅，降低乘坐的舒适度。如今，车辆的设计应更加凸显人性化，车身结构除了必须具有足够的强度以保证其疲劳寿命，足够的静刚度以保证其装配和使用的要求外，还应有合理的动态特性以达到控制振动与噪声的目的。因此，为了提高车辆在高速条件下的运行品质，车体设计除考虑强度、刚度的问题外，还需要对其动态特性进行研究。

3.3.1 模态分析

结构在无约束状态下，振动时所具有的振动特性称为自由模态。结构的自由模态是由结构本身的特性和材料的特性所决定的，与外部载荷无关。模态分析是以振动理论为基础、以模态参数为目标的分析方法，模态分析的经典定义是：将线性定常系统振动微分方程组中的物理坐标变换为模态坐标，使方程组解析，成为一组以模态坐标及模态参数描述的独立方程，以便求出系统的模态参数。模态参数包括模态频率（固有频率）、模态向量（振型）、模态阻尼（阻尼系数）以及模态质量、模态刚度等。因为模态参数较物理参数更能从整体上反映动态特性，而且参数较少，所以识别模态参数是系统识别的基本要求，也是进行物理参数识别的基础。

模态分析的最终目标是识别出系统的模态参数，为结构系统的振动分析、振动故障诊断和预报以及结构动力特性的优化设计提供依据，它也是其他更详细动力学分析的起点，如瞬态动力学分析、谐响应分析和谱分析等。

模态分析分为理论模态分析和实验模态分析，理论分析以线性振动理论为基础，以模态参数为目标，研究激励、系统、响应三者的关系，实际上是一种理论建模的过程。主要方法是运用有限元法对振动结构进行离散，建立系统特征值问题的数学模型，求取系统特征值与特征向量，即相当于系统的固有频率和固有振型矢量。实验模态分析又称为模态分析的试验过程，它是目前识别实际结构的动力特性和解决复杂结构动力设计的重要手段。

3.3.2 车体模态参数识别

对于铁道机车车辆车体的模态参数的识别，最为传统和经典的实验方法是在实验室条件下通过激振台对车体发出正弦的激振力，在频域内进行模态参数的识别。所需实验设备较复杂，试验周期也较长。在激振技术中由于锤击激振简单易行，在车体动态激振测试中获得了广泛的应用。它具有所用设备少、效率高和试验方法简单等优点，是一种宽频、一次激振可以同时激出多阶模态的快速测试技术，其所需测试时间约是正弦激振的百分之一，特别适合于现场作业。但对于车体这样的大型结构模态试验，捶击法提供能量小，有可能不能激起结构的整体振动，或者响应信号弱，导致信噪比差，测试精度不高。解决此类问题，一般采取两种途径：一是提高锤击能量，增大输入的能量，有绝对增大法和相对增大法。所谓绝对增大即通过增大力锤的质量和撞击速度，提高力脉冲幅值；所谓相对增大即通过调节力锤帽的刚度，调节脉冲宽度使能量集中到所关心的频率范围之间。另一条途径是分区测试和模态综合技术。分区测试技术是指对一个大型结构进行锤击激振时，为了克服激振能量不足，把结构分成若干个区分别测试，然后利用连接技术将各区连接起来，在此基础上进行整体参数识别。模态综合技术是将结构分解成各子结构，单独分别进行模态试验，然后在参数识别时，对界面进行连接处理，将其还原成整体结构。

此外,对车体还可以进行环境激励下的模态识别,即在线路上运行时测量车体各断面的振动响应(位移、速度或加速度),在环境激励下估计出的模态参数具有较高的精度,无疑为以后铁路车辆模态研究提供了极大的便利,这一方面的研究目前还在进行中。

3.3.3 车体模态设计准则

车体动态设计准则,是指车体(全装备车体)一阶垂直弯曲振动的固有频率必须要高于某一规定值,避免车体产生剧烈的或过大的振动,降低舒适性以及缩短结构的疲劳寿命。机车车辆系统是一个多自由度系统,作用于这个系统的各种激扰力使它产生复杂的振动过程。由于这些激扰多是随机车车辆速度的提高而加剧的,所以高速机车车辆车体振动问题比较突出。车体振动是受迫振动,是激扰力通过弹簧、阻尼起作用的结果。因此对于车体振动来讲,我们通常关心的是车体垂直面内的振型及频率。为避免振动耦合的有害作用,国际铁路联盟 UIC Merkblatt566(1992)规定车体钢结构的一阶垂向弯曲自振频率不低于 10 Hz,我国在 95J01-L《高速动力车及动力学性能规范》中,也做出了同样的规定。

全装备车体的质量比车体钢结构增加很多,所以全装备车体的一阶垂直弯曲振动的固有频率要比车体钢结构低。UIC-ORE B7 委员会对许多客车车体钢结构及其全装备车体进行振动试验,统计结果表明,车体钢结构的一阶垂直弯曲振动频率比全装备车体约高 30%,也就是说,车体钢结构的一阶垂直弯曲自振频率应该高于 14 Hz。

3.3.4 车体模态分析实例

选择两种提速车体钢结构进行试验模态分析,一辆是无中梁车体,另一辆是有中梁车体。

模态试验结构表明:(1)无中梁车体钢结构的一阶弹性模态振型为 1、2 位侧墙反方向垂直弯曲,其频率为 9.5 Hz(如图 3.14 所示);二阶弹性模态振型为车体垂直弯曲,其频率为 11.5 Hz。(2)有中梁车体钢结构的一阶弹性振型为车体垂直弯曲,其频率为 16.5 Hz;二阶弹性模态振型为 1、2 位侧墙反方向横向弯曲,其频率为 16.63 Hz。

不难看出,在有装备的条件下,有中梁车体的一阶垂直弯曲振型频率可以达到 12.7 Hz (16.5 Hz/1.3),高于 10 Hz,满足动态设计准则;而无中梁车体的一阶垂直弯曲振型频率远低于 10 Hz,不能满足动态设计的要求。因此,要改善提速和高速客车车体的动态特性和乘坐舒适性,必须设法增加侧墙的垂直弯曲刚度以及车顶、底架与侧墙骨架间的连接强度,使车体钢结构的一阶垂直弯曲振动频率提高到 14 Hz 以上。

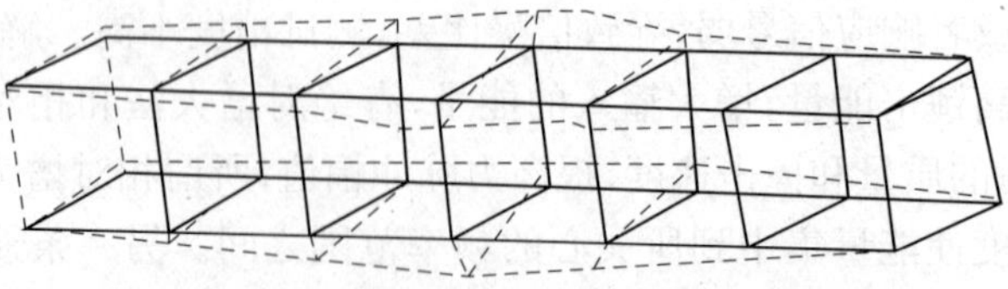

图 3.14　无中梁车体钢结构的一阶弹性模态振型

国外高速列车车体轻量化研究资料也指出:采用轻质铝合金或不锈钢的轻量化车体骨架,不是普通钢制车体骨架的简单置换,而是需要采用有限元方法进行计算与分析,用现代化动态测试技术测量应力和模态，以便制造出优化的轻量化车体结构。

图 3.15 为中国中车研制的时速 300 km 动车组头车车体有限元模型，通过合理施加约束和质量单元，计算出的车体整备状态下的第一阶车体垂向弯曲的自振频率为 12.4 Hz，满足动态设计准则。振型如图 3.16 所示。

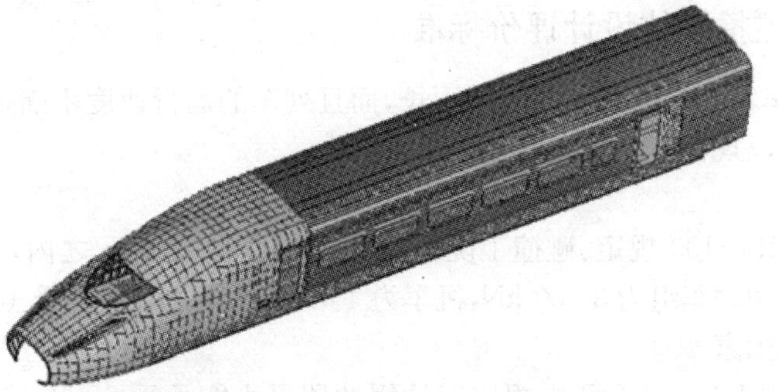

图 3.15　300 km/h 动车组头车车体有限元模型

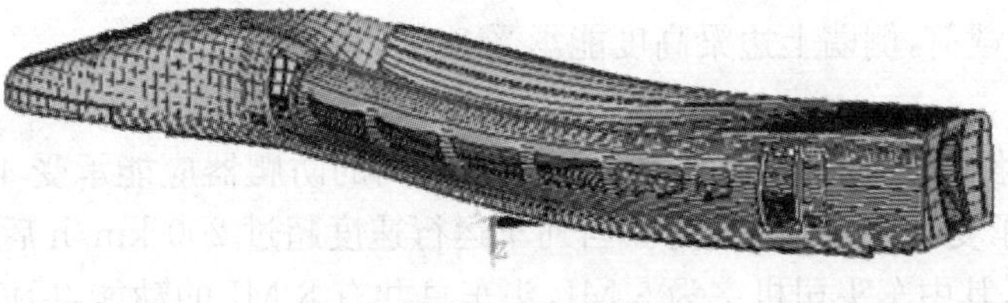

图 3.16　300 km/h 动车组头车车体一阶垂向弯曲

3.4　抗碰撞设计

由于高速动车组列车的运行速度远远高于普通列车，因而高速旅客列车碰撞速度一般也较高，碰撞时，除了头车(司机室)要产生严重破坏外，中间车体(特别是靠近头车的客车)也会发生大的塑性变形并导致车体结构的严重破坏而危及乘客生命。近十年来，欧洲许多国家为了使事故造成的损失最小化，在设计车辆时都开始考虑车辆的耐撞性，并根据耐撞性设计思想研制了对碰撞能起较好防护作用的耐碰撞车体结构。这一新发展的技术，对减少事故造成的乘客生命威胁，具有重要的意义。

3.4.1　耐碰撞车体设计的总体思想

耐碰撞车辆设计的主要任务就是利用能量吸收装置(车钩、防爬器等)和列车结构中特定的能量吸收区尽可能地吸收碰撞过程的能量，减少人员伤亡。因此，耐碰撞车体结构设计的指导思想就是“为乘客提供有效安全空间和缓和撞击载荷”。为了抵御撞击，按上述总体思想，设计重点在于重新分配车体各部分纵向刚度，设计出具有合适吸能结构的耐碰撞车体，即车体结构按前、中、后三种纵向刚度设置，鉴于车辆布置通常两端为通过台中间为乘坐区，在设计时可考虑将中央客室部分设为强刚度结构，两端非客室区设为弱刚度结构。这样，一旦发生碰撞事故时，车体两端的弱刚度部分将产生塑性大变形吸收冲击动能，而车体中间的强刚度部分则保持结构弹性变形，从而达到保护乘客的安全目的。

两端弱刚度部分结构设计的关键是在碰撞时结构能够实现以可控的方式产生变形，为此需要对这一部分结构的不同部件设定在一定载荷作用下即产生失效，并能够实现结构的有序破坏。失效载荷的确定还必须同时满足列车正常运行时对车体及其他部件的载荷要求，例如列车在正常连挂、牵引和制动时，车体及其附属部件不得有任何损坏。

3.4.2 耐碰撞车体设计评价标准

由于各国对车辆耐碰撞研究的时间不长，而且列车的运行速度不断提高，各种新的事故工况不断出现，所以规范也一直在修正和完善之中。

(1)英国

英国的 GM/RT2100 规定：碰撞工况下车辆端部变形在 1 m 之内，车体一端吸收能量 1.0 MJ，最大冲击力动车组为 3 000 kN，机车为 4 000 kN，防爬器能承受 100 kN 的垂直载荷。

(2)西欧其他国家

国际铁路联盟 UIC566 OR 中规定车钩缓冲器最小能承受 2 000 kN，车钩中心线上部 350 mm 高处的车体端墙最小能承受 4 000 kN 的载荷，车窗上下缘高度的车体端墙最小能承受 3 000 kN 的载荷，侧墙上边梁高度能承受 300 kN 的载荷。

(3)美国

美国联邦铁路管理局最近的研究成果表明，车间的防爬器应能承受 450 kN 的载荷，车头的防爬器应能承受 890 kN 的载荷。当列车运行速度超过 200 km/h 后，列车总共可以达到 13 MJ 的能量，其中车头司机室为 5 MJ，头车总共有 8 MJ 的动能，后面的车辆总共吸收 5 MJ的动能。当列车以 48 km/h 的速度碰撞后，最大减速度不能超过 $8g$。

3.4.3 耐碰撞车体的性能要求

国外在耐碰撞车体设计中已经取得了很多成功经验，同时也制定了相应的性能指标，概括起来总体上应具有以下一些性能：

(1)调车冲击：冲击速度 2.0～2.8 m/s(7～10 km/h)，碰撞动能的耗散主要靠车钩缓冲器，这种情况下，车钩缓冲器系统不应丧失使用性能，车辆保持完好状态。

(2)轻度碰撞：冲击速度小于 5.0 m/s(18 km/h)，碰撞动能可依靠缓冲器和部分吸能元件(如套筒等)来耗散。

(3)中度碰撞：冲击速度 5.0～10 m/s(18～36 km/h)，碰撞动能靠车辆端部弱刚度结构的吸能部件和部分承载结构的塑性变形来耗散，客室无损伤，所产生的加速度脉冲不致使乘客受到伤害。

(4)严重碰撞：冲击速度大于 10 m/s(36 km/h)，碰撞动能由多个车体端部弱刚度区的可变性结构的塑性变形来耗散，弱刚度结构的可变性区域最大变形量一般不超过 1 m，而客室结构应该是安全和稳定的，所产生的加速度脉冲低于人类伤害允许的极限。车辆上的设备不会脱离约束和产生重大变形。

3.4.4 耐碰撞车体结构设计

1. 耐碰撞吸能结构设计

吸能结构可分为承载吸能结构和专用吸能结构。承载吸能结构在正常运行及制动情况下,具有良好的传递纵向力性能,在发生事故时产生塑性大变形吸收碰撞动能。专用吸能结构不起传递纵向力作用,仅在发生碰撞事故时产生塑性大变形吸收碰撞动能。

吸能结构设计应该满足以下要求:①碰撞动能应尽可能以不可逆转的形式转化为变形能,即结构以塑性变形来吸收动能,而不是弹性变形来储存这种能量;②吸能结构变形稳定,有规律性,且具有可靠性;③吸能过程应具有接近定常承载能力;④为了吸收更多冲击动能,应具有足够距离的变形行程;⑤自重轻,具有良好的“比吸能”,即单位质量吸收的能量;⑥吸能部件尽可能既是吸能部件又兼有传力功能;⑦由于专用吸能元件系一次性使用件,成本应较低,并便于制造。

按照上述吸能结构设计要求,耐碰撞车体吸能结构的设计应满足正常运行载荷(冲击载荷和静载荷)条件下,结构具有足够的强度和刚度,并具有良好的传递纵向力性能;在较高速下发生碰撞事故时,结构在较大冲击力作用下能产生大塑性变形,并能吸收足够的冲击动能,从而将冲击动能尽可能地转化为结构的塑性变形能。

结构撞击过程的纵向撞击力—变形如图 3.17 所示。

从图 3.17 可以看出,为了在有效的变形行程内提高结构吸收的能量(曲线与横坐标所围成的面积,简称吸能面积),减小车体撞击加速度,同时为了保持中间客室不发生塑性变形,在结构设计时必须降低结构产生塑性变形前的撞击力峰值(F_A 即 A 点值);尽可能提高 $F_B \sim F_C$,以增加吸能面积,使 F_D 及以后的作用力在 1 500 kN 以下。这样,根据力传播的特性,当力传递到车体中央时,中间部分可以保持不破坏。

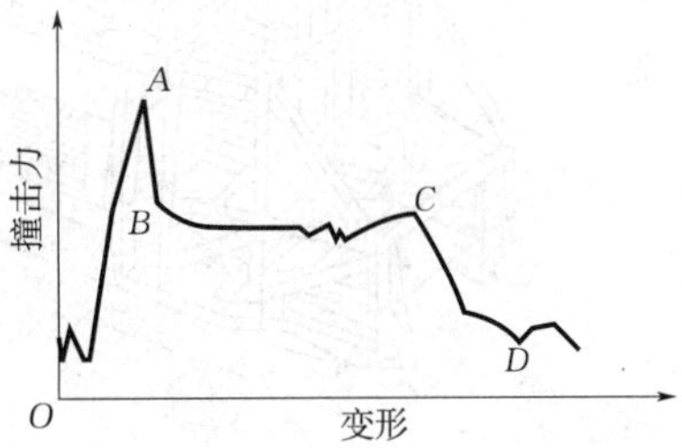

图 3.17　车体纵向撞击力变形曲线

2. 吸能结构设计方法

(1)头车结构设计

在列车与列车的正面碰撞中,头车处于列车最前端,可能会遭受最为严重的破坏,并有可能产生极高的加速度脉冲,而列车的拱起、爬车、翻转等碰撞破坏也最有可能由此产生。因此头车的耐冲撞结构设计直接关系到列车碰撞以后的行为。

图 3.18 为某一列车司机室端部底架防碰撞结构设计的三维图。该结构最大允许变形量为 1 m,铝制蜂窝状能量吸收装置安装在端部横梁之后,最大吸收能量为 1 MJ,并在 1 500 kN 的作用力下产生稳定的变形,底架端部横梁上安装了防爬器,防爬器由可塑性变形的压缩套筒制成,最大阻抗力为 750 kN,车体主体在载荷达 2 000 kN 时开始被破坏,列车碰撞时为了实现结构的有序变形,纵梁上设计了剪切铰,剪切铰在冲击力超过 800 kN 时即被破坏,因而纵向梁失去作用,由能量吸收装置产生阻抗。中间的纵梁上设置了斜支撑,受

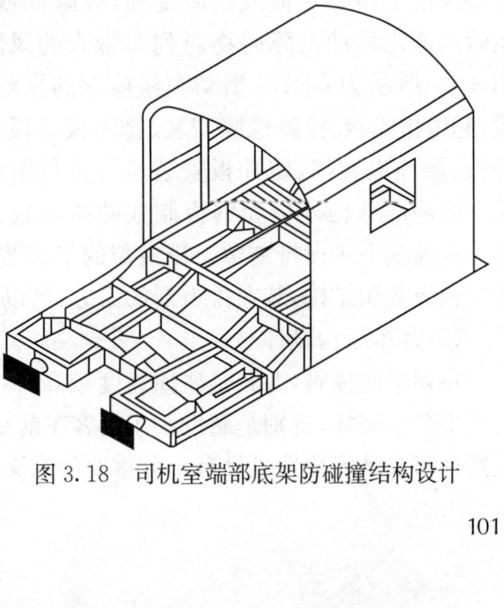
图 3.18　司机室端部底架防碰撞结构设计

到压缩时将向外侧弯曲变形。

头车中的司机室结构设计是最复杂,也是难度最大的。设计司机室结构,既要实现流线化的外形,以满足气动性能的要求,还要满足车体整体需要,便于承载传力,同时必须保证结构的安全性。司机室结构的安全性是指结构能够承受在正常使用和维护条件下可能出现的各种载荷,并具有良好的工作性能,能达到预定的使用要求和使用寿命;遇到突发事件时仍能保持必要的强度、刚度和稳定性。图 3.19 为 CRH1 型动车组司机室框架结构,图 3.20 为该动车组和一个 15 t 重的货车以 110 km/h 速度行驶时交叉相撞的数值仿真计算结果。可以看出,碰撞后将会导致司机室变形到后墙上,乘客区结构在撞击后保持不变。

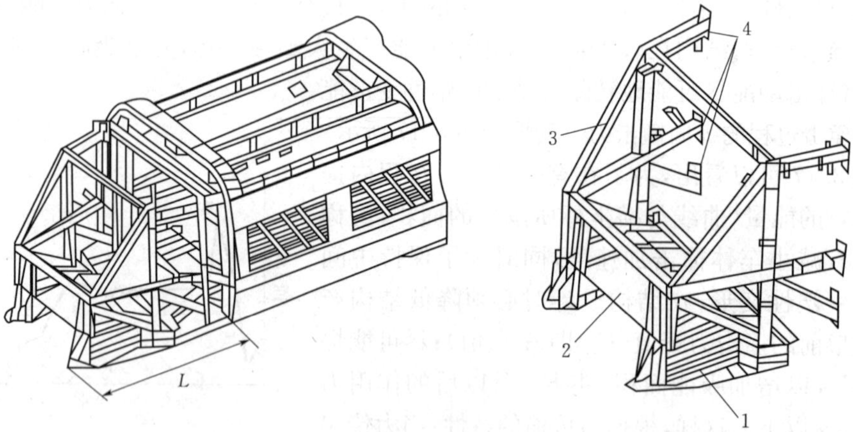

图 3.19　CRH1 型动车组司机室框架结构

1—缓冲器盒;2—底架前部;3—前面上部结构;4—车体安装板

各型动车组还在端车车体的前端设置有结构坚固的排障装置。该装置能在排障时撞飞障碍物,绝不允许卷入物品钻入转向架下。出于保护车体及人员安全目的,即使造成装置损坏也要保证车体不受损或轻微受损,以降低铁路运营高速化后冲击障碍物对列车带来的风险。图 3.21 所示为 CRH2 型动车组前部的排障装置,它由排障板、排障橡胶安装、排障板盖板、缓冲板、缓冲板支撑、缓冲板安装座等部件组成。其中抗冲击结构外板为钢板制成的排障板,在排障板前端下缘设排雪犁。排雪犁的下部装有辅助排障橡胶,起辅助清扫轨面作用。缓冲板是铝板叠层结构,装在排雪犁的后方,可以通过自身的变形吸收冲击能量。

图 3.20　碰撞数值仿真

(2)客车结构设计

在列车碰撞时,尤其是碰撞速度较高时,除了头车会发生严重破坏之外,中间的客车也会发生严重破坏,特别是靠近头车的客车前端部。因此,合理地设计耐碰撞客车车体结构对提高列车被动安全性也具有十分重要的意义。

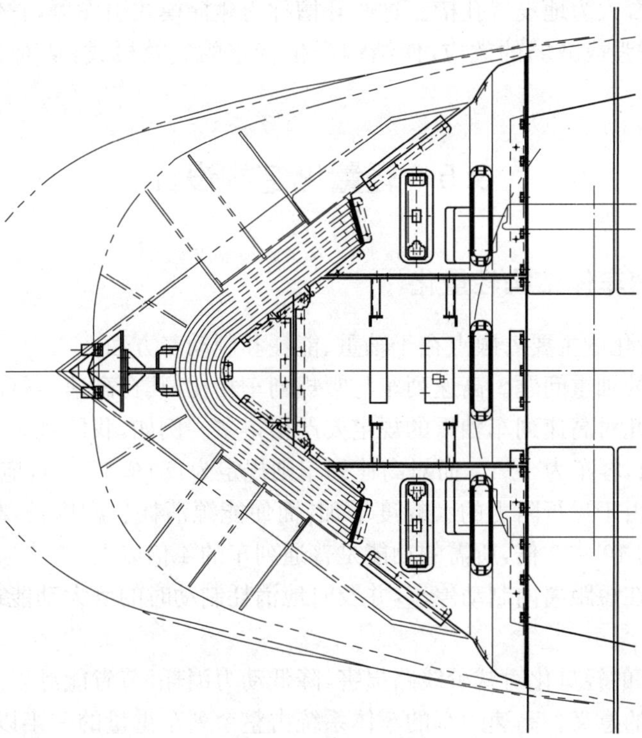

图 3.21　前部排障装置

客车车体端部的防碰撞结构设计方案和头车司机室端相似，该结构由车钩、压缩套筒、能量吸收装置组成。图 3.22 为国外一种典型的耐碰撞客车车体端部结构。车钩与压缩套筒连在一起。车钩缓冲器选用液压缓冲器，压缩套筒提供的变形距离为 300 mm，平均破坏压力为 1 300 kN。能量吸收装置由蜂窝状铝材制成，平均破坏压力为 2 000 kN，变形量为 0.4 m。

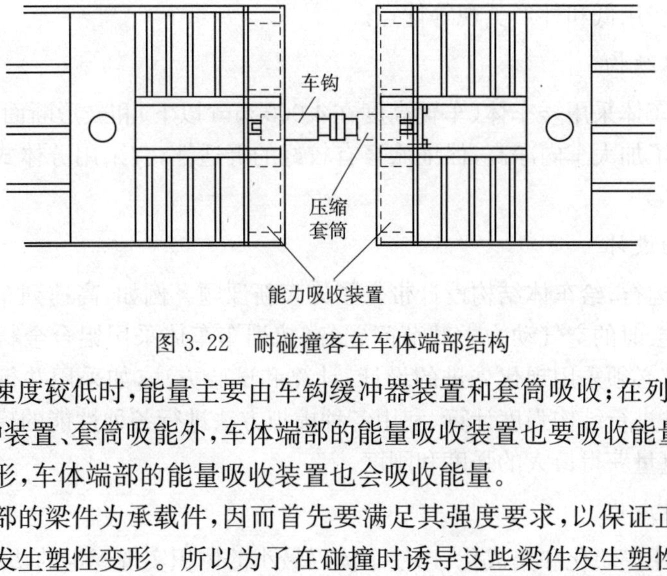

图 3.22　耐碰撞客车车体端部结构

在列车碰撞速度较低时，能量主要由车钩缓冲器装置和套筒吸收；在列车碰撞速度较高时，除了车钩缓冲装置、套筒吸能外，车体端部的能量吸收装置也要吸收能量，同时由于车体结构发生破坏变形，车体端部的能量吸收装置也会吸收能量。

由于车体端部的梁件为承载件，因而首先要满足其强度要求，以保证正常运行安全，通常这些梁件不易发生塑性变形。所以为了在碰撞时诱导这些梁件发生塑性变形，在列车设计时，常在某些位置人为地设置孔槽。这些孔槽称为碰撞模式引发器，它们的作用是对结构局部的刚度产生增强或减弱的效应，使结构产生特定的失效模式，从而有利于碰撞能量的吸收。

3.5 轻量化结构设计

3.5.1 高速车体结构轻量化

高速列车轻量化的主要着眼点在于轴重、能耗和制动三方面。

(1)高速列车的轴重问题。高速列车与常规列车相比，其在高速运行时对轨道的冲击和振动要大得多，因此对高速列车轴重的规定要严格得多。例如，我国规定一般货运机车车辆的最大轴重为 25 t，客车为 18 t。而对高速列车则规定为：动车 19.5 t，拖车 14.5 t。

(2)高速列车由于运行阻力的大幅度增加，而使能源消耗急剧增长，高速列车要客服的阻力是现有列车的 10～30 倍，所需的动能是普通列车的 4 倍以上。

(3)高速列车在短距离内制动停车，并及时地消耗制动时的巨大动能也是一个很困难的问题。

因此高速列车的轻量化对减少线路损害，降低动力消耗，节省能源以及减轻制动系统的负担，都具有重大的意义。高速列车的车体系统占整个列车重量的一半以上，因此高速列车轻量化的关键是车体的轻量化。车体的轻量化主要从以下几方面入手：

1. 采用新材料、新工艺

高速列车车体材料早已摒弃普通的钢质材料，耐候钢也已很少应用。近代高速列车主要采用不锈钢和铝合金材料，纤维复合增强塑料已在车体头部流线型部分和车体内装修中得到越来越多的应用。近些年来，由于多品种异型截面和中空大截面铝合金挤压型材的发展，而使铝合金成为高速列车的主导材料。这主要是由于铝合金具有重量轻、性能好、易制造、耐腐蚀、维修费用低和外形美观等优点。

2. 改变车体结构

高速列车的车体采用矮车体(车辆高度在 4 000 mm 以下)和鼓形断面，以减小车体重量和气动阻力。为了加大车内净高，保证旅客有较好的舒适性，宜采用分体式空调或诱导式空调系统。

3. 优化结构设计

列车的高速运行，给车体结构设计带来了许多新课题。例如，高速列车在隧道中运行或两列列车高速交会时的空气动力学载荷问题、高速列车车体采用铝合金材料而使整体刚度下降的问题等，都必须采用现代先进的设计、计算和试验方法，如采用并行设计方法进行设计、应用有限元法进行结构强度计算、利用各种虚拟方法进行各种性能的模拟和方案选择和优化，以最轻的重量获得最大的强度和刚度。

4. 模块化集成化

高速列车采用模块化和集成化，以使车体以最小的体积实现规定的功能。

3.5.2 铝合金车体的结构设计

铝合金车体是高速动车组车体发展的主流与趋势，铝合金车体承载结构的发展已有50余年的历史，随着各种铝合金材料的开发和制造技术的发展，车体结构也随之发生了一系列变迁。

1. 骨架外壳结构

最早的铝合金车辆以A5083合金和A6061合金作为外板和小型骨架，形成外壳框架方式。与钢制车结构相似，小部件通过焊接组装在一起，但车体结构的总装一般采用铆接。其车体结构如图3.23(a)所示。高强度焊接结构用铝合金A7N01开发成功后，逐渐应用于车体底架及上部车体结构骨架，车体大部件结构的总装可采用焊接。由于该型铝合金具有更优的挤压性能，部分外板和骨架的组焊结构可以制造为一体的挤压型材，从而达到了轻量化和减少组焊零件数量的目的，如图3.23(b)所示。

2. 薄型材(单壳)结构

虽然最初铝合金车体结构与钢制车体结构相似，但材料价格、制造加工费用较高，因而使车辆的制造成本较高。因此，通过减少零件数量和焊缝总长度使车体结构简化，以及通过焊缝的单一化提高焊接的自动化率，成为当时车体设计追求的目标。A6N01合金开发成功，使制造大型薄壁挤压型材及大型薄壁中空挤压型材成为可能。

初期铝合金车体以使用薄型材的单壳车体结构为主，车顶和侧墙外板采用带有加强筋的薄型材。同时，车体底架中部分结构采用中空型材，当时由于考虑中空型材比单壳的薄型材重，因此为达到车体轻量化设计目的而有限度地使用。以薄型材为主构成的车体结构称为单壳结构，高速车辆的单壳车体结构如图3.23(c)所示。

3. 中空型材(双壳)结构

以中空型材为主构成的车体结构称为双壳结构。双壳结构相对于单壳结构，车体质量稍重。但中空型材具有截面刚度高的特性，可以去掉在单壳结构中必须使用的加强材，从而减少零件数量，降低成本。但过度追求高速动车组的轻量化将对乘坐舒适性和列车空气动力学性能有不利影响。近年来，由于更加重视乘坐舒适性，车体结构也不单纯追求轻量化，而是合理控制车体结构的重量。因此，高速动车组的车顶及侧墙部车体结构均开始使用双壳结构，适当增加车体重量以改善车辆的舒适性。我国CRH380A型动车组车体即采用此种双壳结构，结构如图3.23(d)所示。

高速列车车体结构的设计趋向于采用大型轻薄的挤压型材组合构成的薄壁筒形整体承载结构，CRH系列动车组全部采用了筒形整体承载结构。经粗略论证，整体承载车体与底架承载车体比较，在具有相同的强度条件下，整体承载车体的重量(或材料消耗)仅为底架承载车体的30%。这也可以从一简单的例子得到理解，一块薄板，当它被卷成筒形结构后，其承受弯曲和扭转的能力就大大地增强了。

车体结构，按其底架形式可以分为两种，即有中梁和无中梁车体。无中梁车体的特点是在底架的两根枕梁之间取消中梁，而以金属波纹地板来代替，两枕梁的外端仍保留有牵引梁，这是安装牵引缓冲装置所必需的。理论与实践证明，整体承载结构中，保留强大的

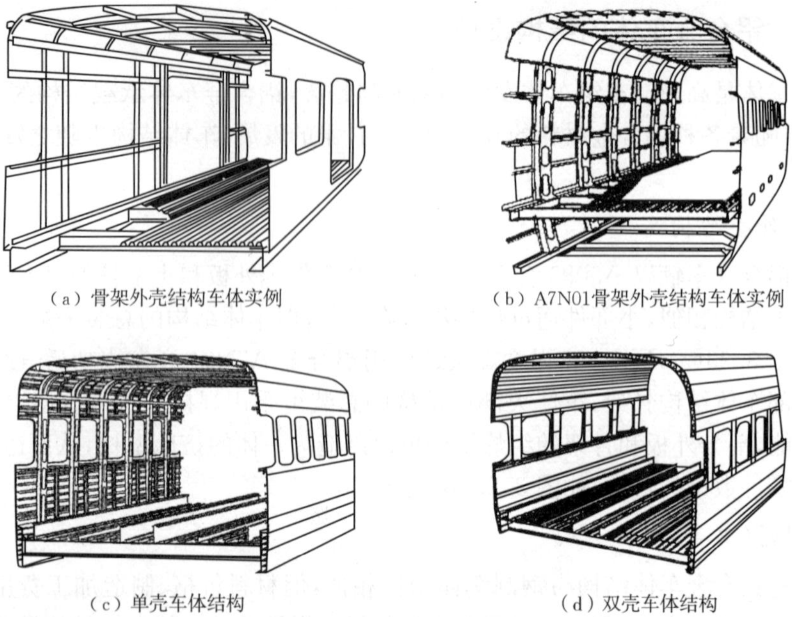

（a）骨架外壳结构车体实例　（b）A7N01骨架外壳结构车体实例

（c）单壳车体结构　（d）双壳车体结构

图 3.23　车体主要结构类型

贯通式中梁，往往不能充分发挥和利用侧墙和车顶构件的承载能力。在承受垂直载荷时，中梁除与整个车体一起变形外，还存在着中梁相对于车体的单独变形，这样就在中梁上产生了附加应力，从而减小了车体其他构件的应力，而在承受纵向载荷时，纵向力沿着贯通式中梁的轴线方向作用，故大部分纵向力由中梁承受了，而不能通过枕梁分配给车体其他构件，故有中梁的结构影响整体承载车体优越性的发挥，而中梁本身的应力分布也很不均匀(牵引梁接近枕梁部分的应力大于中梁中部)，结构没有得到充分利用。因此，采用无中梁车体，可以进一步发挥整个车体钢结构的承载能力，并使车体自重得以减轻，而且取消中梁以后，底架下部空间变大，有利于车下设备的布置和检修。无中梁底架的缺点是底架两端(牵引梁部分)的结构较复杂，需要有较强大的牵引梁补强板和斜撑，以保证作用在牵引梁上的纵向力能可靠地向侧墙传递。同时，波纹地板在拼接和检修时截换都较麻烦，而且波纹板的防腐蚀问题也须加以注意解决。总之，从技术发展来看，无中梁结构是高速车体的发展趋势。

美国 ANSYS、I-DEAS 和 NASTRAN 等有限元分析程序是目前世界上众多用户广泛使用的软件，该软件也包含有优化功能。目前我国铁路工厂和研究设计单位应用计算机进行设计和理论分析计算工作已相当普及，合理优化结构设计必将有效地减轻车辆结构的重量。

3.6　典型动车组车体结构

3.6.1　CRH380A 统型动车组车体结构

CRH380A 统型动车组车体为铝合金车体，为薄壁筒形整体承载结构，主要采用通长大型中空铝合金挤压型材组焊而成。动车组车体结构主要分为头车车体和中间车车体两种。头车车体由底架、侧墙、车顶、端墙、车体附件(车下设备舱、前罩开闭机构和排障装置)及司机室头部结构组成,中间车车体由底架、侧墙、车顶、端墙及车下设备舱组成。各型车体根据其功能、附属设备等不同而在车体结构上不尽相同,但其主要结构形式类似,如图 3.24、图 3.25 所示。其中,侧墙和车顶为超薄大型中空铝型材的拼焊结构;底架为边梁承载的无中梁形式,车下设备吊挂采用横梁承载、地板加强的滑槽式悬挂结构,牵枕缓使用高强度型材拼接,强化局部承载能力;空调风道布置在底架地板与车内地板之间;设备舱为全封闭的螺栓固结形式;司机室采用数控加工板梁、蒙皮拼接的结构。为达到减少车体的振动和降低车内噪声的目的,在局部的大型中空挤压型材内部壁上粘贴热熔减振材料。车体主要尺寸参数见表 3.2。

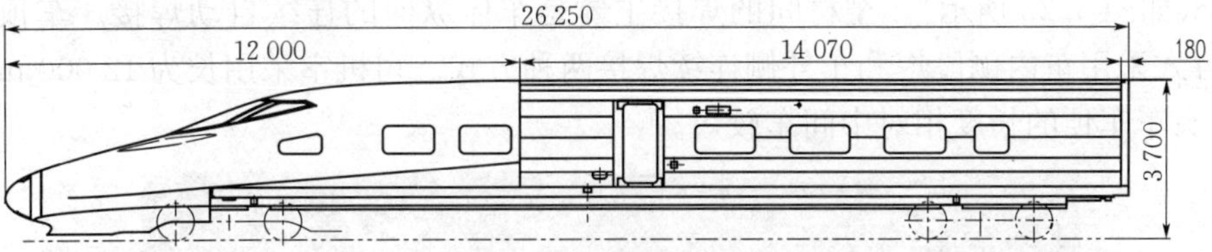

图 3.24 头车车体结构(单位:mm)

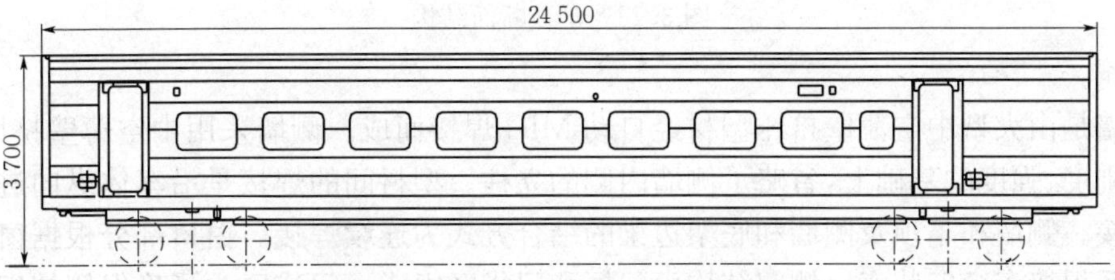

图 3.25 中间车车体结构(单位:mm)

表 3.2 车体主要尺寸参数 单位:mm

长度	26 250	头车
	24 500	中间车
宽度	3 380	
高度	3 700	
底架边梁上平面距轨面高度	1 220	
车钩高度	1 000	

1. 底　　架

底架主要由牵引梁、枕梁、缓冲梁、边梁、横梁、地板等结构组成(如图 3.26、图 3.27 所示),材料为铝合金型材或铝板。其中边梁及地板由长大铝合金型材纵向焊缝整体拼接而成。枕梁使用材料为 A7N01S-T5 的厚壁中空型材焊接构成宽 800 mm、高 200 mm 的箱状结构,来提高抗扭曲和弯曲的刚度。底架地板在横梁的上表面,作为气密地板是由双层中空型材拼焊而成,以增强地板的刚度和气密强度。

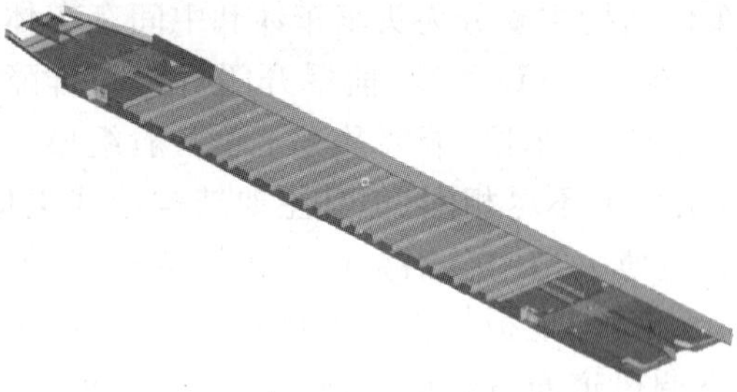

图 3.26　头车底架

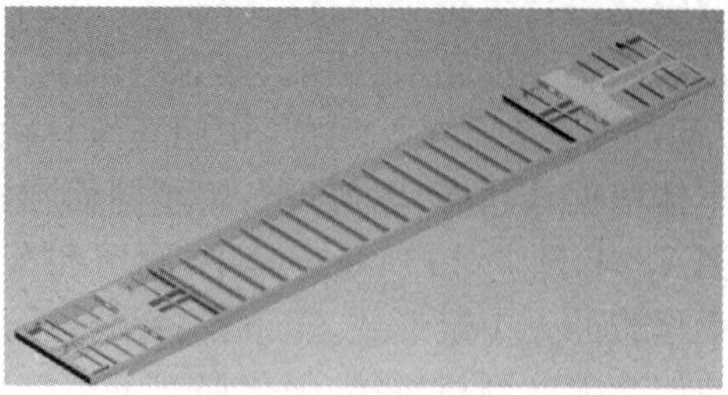

图 3.27　中间车底架

2. 车　　顶

车顶是由大型中空薄壁挤压型材构成，并且在双层型材间设置薄壁斜筋结构，材质为A6NO1S(如图 3.28 所示)。型材间的焊接主要是车体纵向的连续自动焊接。车顶与侧墙的结合方式采用车内侧段焊和车外侧连续焊接两种方式。司机室采用长为 12 000 mm 流线形设计，头车车顶的长度相对中间车较短。

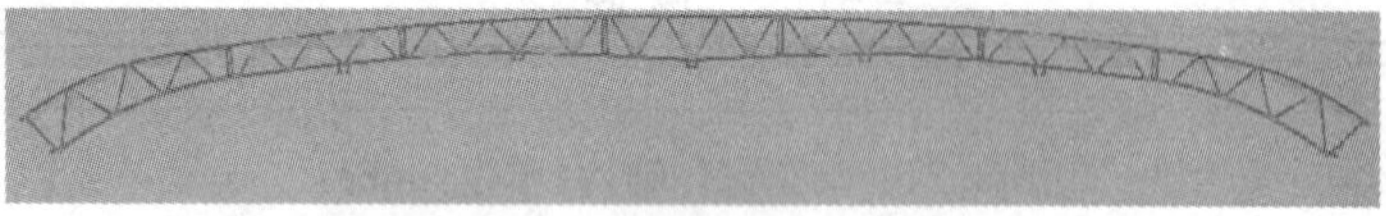

图 3.28　车顶断面结构

3. 侧　　墙

侧墙是由大型中空薄壁挤压型材经自动 MIG 焊接而成。侧墙采用中空薄壁挤压型材，在保证刚度、强度的基础上，省略了侧墙内侧的立柱。型材间的焊接是沿车体纵向进行自动连续焊接。侧墙和车顶及侧墙和底架边梁的结合方式为连续焊接。窗口部分根据窗的安装结构关系焊接车窗安装座。侧门结构由门框和门袋区组成。门袋区为了确保侧拉们的开启空间，同时保证车体的强度、刚度、气密强度，也采用厚度为 30 mm 的双层中空型材结构，由 5 块墙板组焊而成；门框由门立柱、上框、下框和 4 个门角铝拼焊而成，并在侧门出入口上方焊接雨檐，尽量延长雨槽的长度，以避免水滴从雨槽的两端流入进出入口(如图 3.29 所示)。

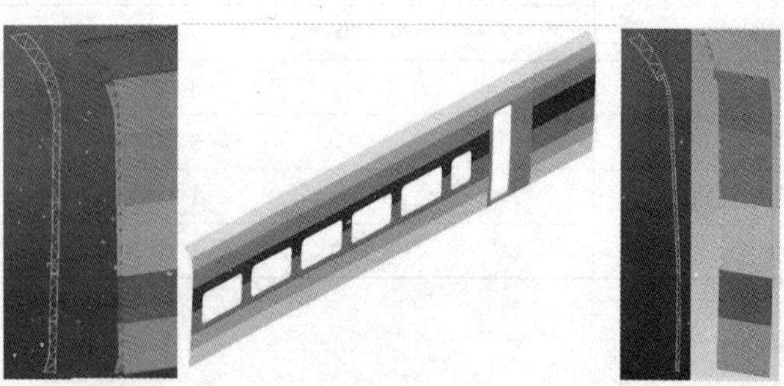

图 3.29　侧墙结构

4. 端　　墙

为提高端墙的刚度和隔声抗振能力，端墙采用中空型材结构，分为带活门的端墙结构和固定端墙结构。端墙主要由门框、端角柱、端顶弯梁、端墙板(中空型材)等组成。端角柱和门框为型材焊接结构，端顶弯梁为拼焊结构，中空铝型材之间相互插接，与端角柱和门口立柱间采用搭接结构，侧顶圆弧处端角柱采用拼焊结构。

端角柱与车顶连接的拱形梁材料为 A6N01S—T5；门口立柱、门上横梁和下部横梁均为挤压型材，材料为 A7N01S—T5。带活门的端墙设置有搬运卫生间模块的开口和可拆卸的结构盖板；开口处采用板梁和中空型材连接结构，结构盖板与固定端墙间采用螺栓连接并作气密处理(如图 3.30、图 3.31 所示)。

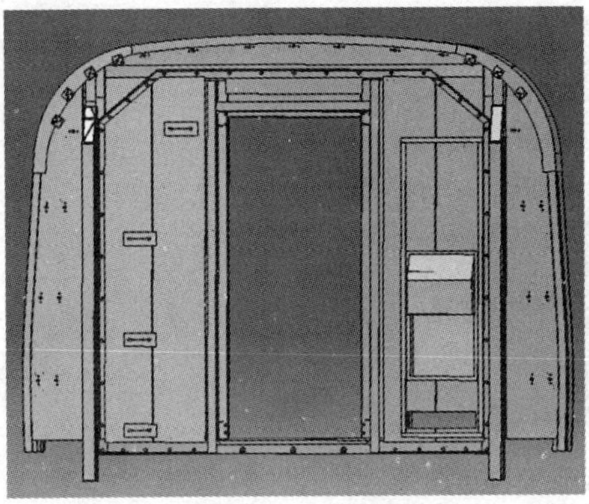

图 3.30 带活门端墙结构

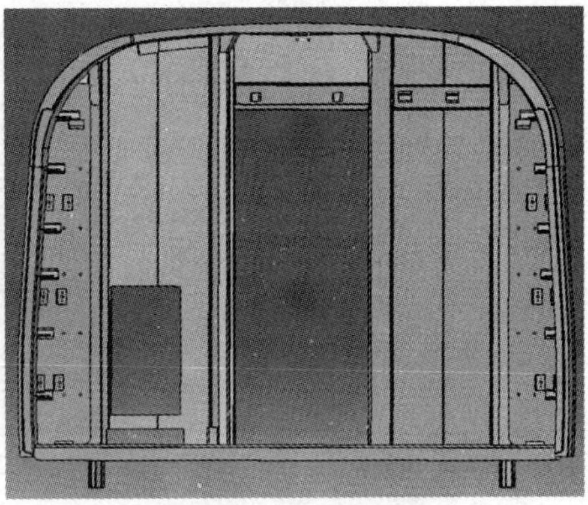

图 3.31 固定端墙结构

5. 司 机 室

动车组头部结构由沿着头部形状构成环状的纵骨架(厚 6 mm 铝板)和横骨架焊接而成司机室骨架，外部焊接外板(厚 4 mm)构成(如图 3.32 所示)。而且为了降低列车在进入隧道时由微气压波引起的噪声，把头部断面面积的变化率变得平缓。

司机室的车窗骨架是由铝合金挤压型材经加工后制成，呈曲面状。

6. 前头排障装置

前头排障装置由排障板、排障橡胶、排障板盖板、缓冲板、缓冲板支撑、缓冲板安装座等部件组成(如图 3.33 所示)。其中抗冲击结构外板为排雪犁及排障板；起到缓冲作用的为板弹簧结构铝合金缓冲板，通过两种铝合金板折弯叠加组焊而成，能有效承受周边冲击载荷。排障器中央底部能承受 137 kN 的静压力。在车辆正常位置时距轨面高度为 150 mm，排障器上的排障橡胶在车轮踏面磨耗允许范围内可调节高度。

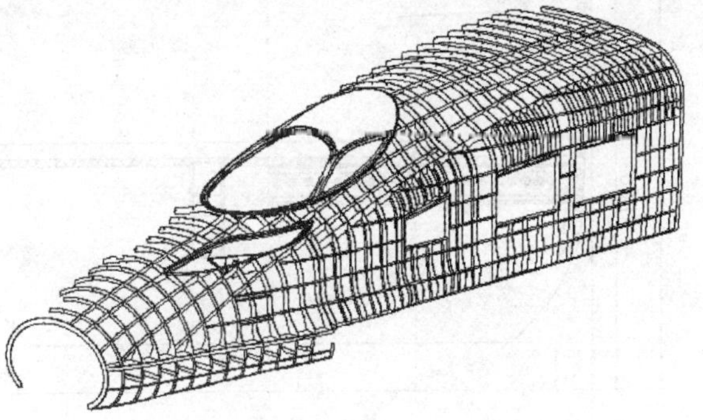

图 3.32 司机室骨架结构

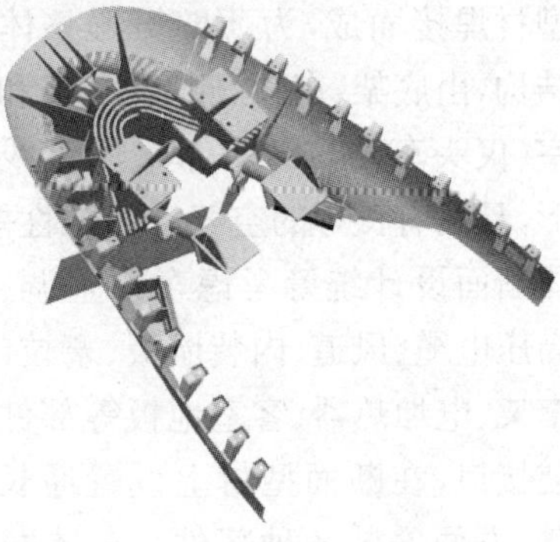

图 3.33 前头排障装置结构

7. 车下设备舱

为保护车下设备免受飞石和冬季冰雪的破坏，设置车下设备舱。设备仓外形采用平滑结构设计，以降低列车运行阻力及噪声。车下设备舱由底板、端板、裙板、骨架、防雪板组成（如图 3.34所示），断面外形与车体外形统一，设备舱下面安装底板，侧面安装裙板，端部安装端板，转向架上部安装防雪板，以骨架、车体下边梁以及车下设备为安装依托形成整体框架结构。

图 3.34　车下设备舱构造图

3.6.2　CR400AF 型动车组车体结构

CR400AF 型动车组车体系统包含车体骨架结构、车下设备舱、车体其他功能结构和车窗。其中，车体骨架结构为铝合金焊接结构，主要由司机室（仅头车）、车顶、侧墙、端墙和底架组成；车体其他功能组件由前端吸能装置和前头排障装置构成。前端吸能装置主要由主吸能结构和防爬单元组成，前头排障装置主要由排障板和内部骨架组成。车下设备舱主要由设备舱骨架、裙板、底板、端板、防护板组成。车窗分为司机室前窗、司机室瞭望窗、司机室逃生窗、观光区窗、目的地显示器窗和客室侧窗。

车体结构采用长大中空铝合金挤压型材焊接而成，为薄壁筒形整体承载结构，由底架、车顶、侧墙、端墙和司机室（仅头车）组成，头车采用流线化外形，且具有良好的空气动力学性能。车体断面设计统筹考虑车顶空调、车顶高压电缆、风道、内装墙板、塞拉门、行李架、电加热器、客室地板等部件的安装接口，在断面型材上设置通长 C 形槽，方便安装各种部件。车体断面如图 3.35 所示。

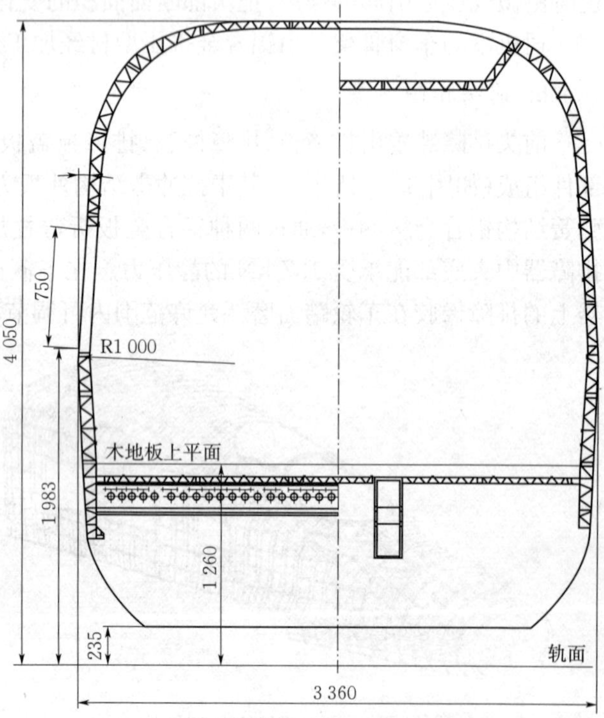

图 3.35　车体结构断面图（单位：mm）

根据车顶设备布置不同,分为头车、有受电弓中间车和无受电弓中间车三大类。头车车体结构如图 3.36 所示,有受电弓中间车车体结构如图 3.37 所示。

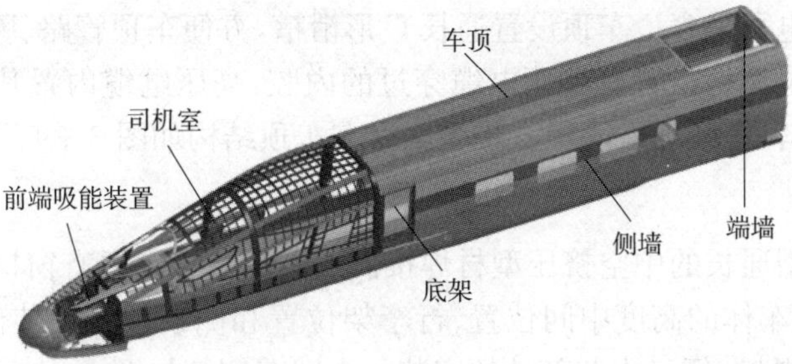

图 3.36　头车车体结构

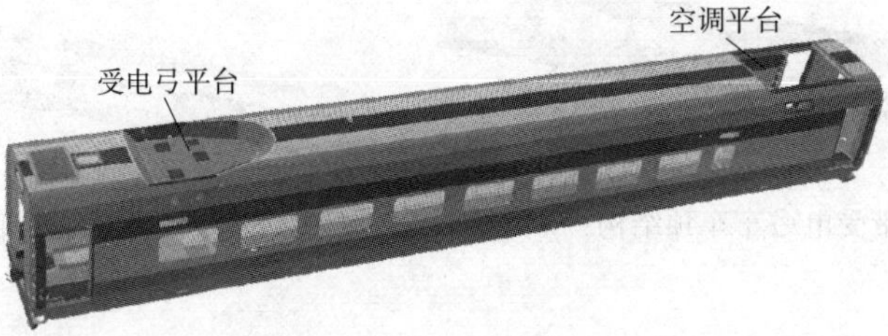

图 3.37　有受电弓中间车车体结构

车体强度满足 EN 12663－1－2010 P-Ⅱ类车体要求,增加扭转载荷 40 kN · m 要求,按 ±6 000 Pa 气动载荷考核车体气密疲劳强度。车体耐撞性满足 EN 15227－2008＋A1－2010 C-Ⅰ类车体要求,在标准的四种碰撞工况下均能为乘员生命安全提供有效保护。

车体结构主要尺寸见表 3.3。

表 3.3　车体结构主要参数

参　数	数　值	参　数	数　值
头车车体长度	27 200 mm	车辆定距	17 800 mm
中间车车体长度	25 000 mm	地板面距轨面高度	1 260 mm
车体宽度	3 360 mm	前端车钩中心高	1 000 mm
车体高度	4 050 mm	中间车钩中心高	935 mm

1. 司 机 室

司机室结构采用“承载型材弯梁＋板梁＋蒙皮”的结构,具有强度、刚度好、头型适应性强、工艺性好的优点。为满足碰撞要求,除采用小板梁插接的方式布置外,增加了纵向以及在断面上的型材弯梁,可以有效抵抗由于碰撞而带来司机室变形。在前窗以及侧窗的开口薄弱位置均形成了框架结构,提高了其强度和刚度。司机室结构如图 3.38 所示。

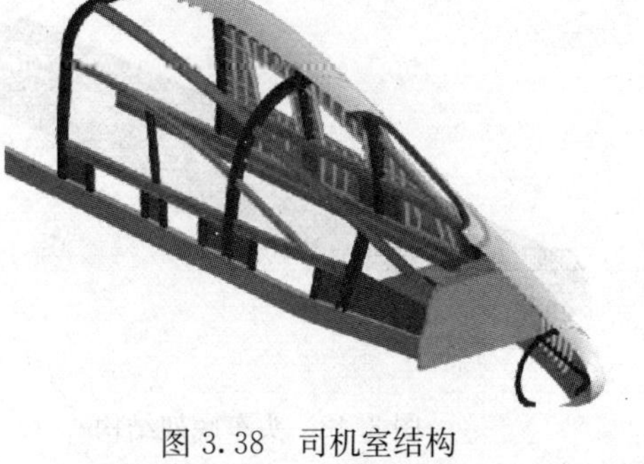

图 3.38　司机室结构

2. 车　　顶

车顶结构主要由 5 块大型通长的中空挤压型材焊接而成，每车均设空调平台，有受电弓车体的车顶设置受电弓平台。车顶设置通长 C 形滑槽，方便车顶管路、风道和顶板等内装部件的安装。侧顶部位型材设置有高压电缆穿过的内腔，高压电缆内置其中。车顶型材内壁粘贴热熔型减振材料，有效隔音降噪。带受电弓车车顶结构如图 3.39 所示。

3. 侧　　墙

侧墙由 5 块大型通长的中空挤压型材焊接而成。侧墙上设置有窗口、门口、车号及目的地显示器开口等，在车体的高度中间位置、行李架位置和侧顶板的安装位置，通长挤压型材上设置通长的 C 形滑槽，便于内装部件的安装。中间车侧墙如图 3.40 所示。

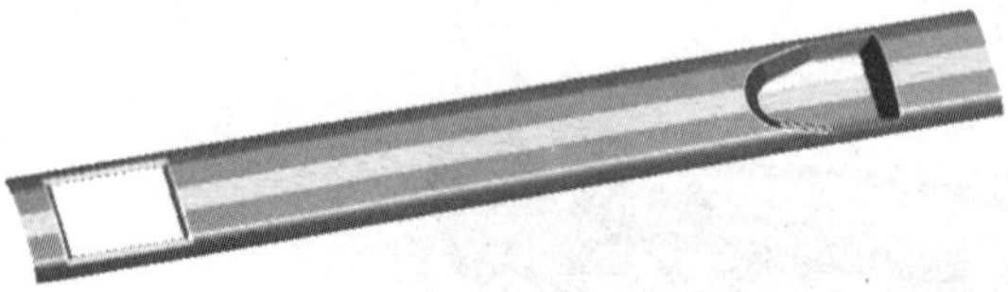

图 3.39　带受电弓车车顶结构

图 3.40　中间车侧墙

4. 端墙

端墙为大断面铝合金挤压型材焊接结构，主要由端角柱、端顶弯梁、端墙板组成。端墙板中整合了门立柱，端墙板之间相互插接组焊，端角柱、端顶弯梁和端墙板之间采用搭接结构，端墙和车顶、端墙和侧墙以及端墙和底架缓冲梁之间的连结采用车内侧断焊，车外侧气密焊接方式。端墙结构如图 3.41 所示。

图 3.41　端墙结构

5. 底　　架

底架结构主要由牵引梁、枕梁、缓冲梁、边梁、横梁、双层中空地板等结构组成，头车底架如图 3.42 所示，中间车底架结构如图 3.43 所示。边梁采用通长大断面型材结构，横梁采用类工字型梁结构，底架地板采用带有滑槽的大断面型材，端部底架由缓冲梁、牵引梁、枕梁构成。在距转向架中心线 1 000 mm 处的底架枕梁内侧边梁处设置四个顶车位。

图 3.42　头车底架结构

图 3.43　中间车底架结构

6. 车下设备舱

车下设备舱安装在车体下部，主要作用是保护车下设备免受飞石和冰雪的破坏，并为车下设备提供良好的通风环境。车下设备舱采用平滑结构，可以优化转向架区域和车下空气流场，降低列车运行阻力及气动噪声。

车下设备舱分为端部模块、中部模块、防护板和端板四大部分，其中端部模块位于枕外，中部模块位于枕内，防护板位于转向架区域车体地板下方，端板位于转向架前后部的端部骨架上，设备舱断面外形与车体统一。车下设备舱端部模块和中部模块采用模块化结构，每个模块包括骨架〔端部骨架、上边梁（或锁扣梁）、下边梁、弯梁、横梁〕、裙板和底板，通过骨架连接成整体模块结构，实现车下预组、整体安装。其中，中部设备舱模块由三个独立模块组成，可根据需要单独拆装。设备舱骨架、裙板、底板为中空挤压铝型材结构，端板和防护板为不锈钢板结构。车下设备舱结构如图 3.44 所示。

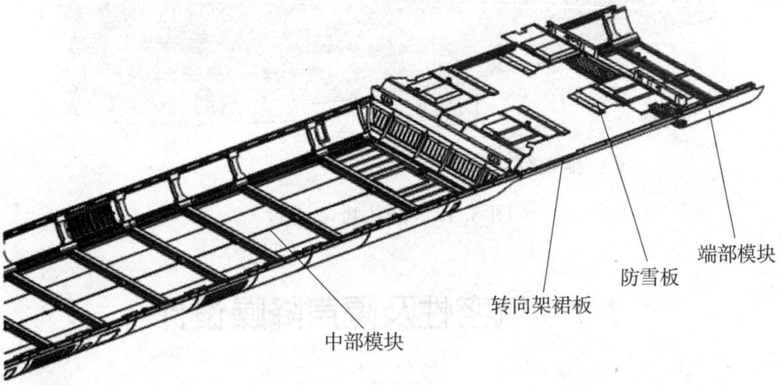

图 3.44　车下设备舱

7. 前端吸能装置

前端吸能装置安装于头车前端，主要作用是吸收碰撞能量，包含主吸能结构和防爬装置。主吸能结构由主吸能元件、导向部件、车钩安装座等组成。主吸能元件在碰撞过程中产生稳定、有序、可控变形吸收能量。导向部件为吸能元件稳定、有序压溃提供支撑。车钩安装座为活动刚性墙，可将纵向冲击力有效传递到主吸能元件。主吸能结构如图 3.45 所示。

防爬装置采用双压溃管形式，充分利用头车前端空间增加吸能量，在碰撞过程中能有效抑制爬车。防爬装置如图 3.46 所示。

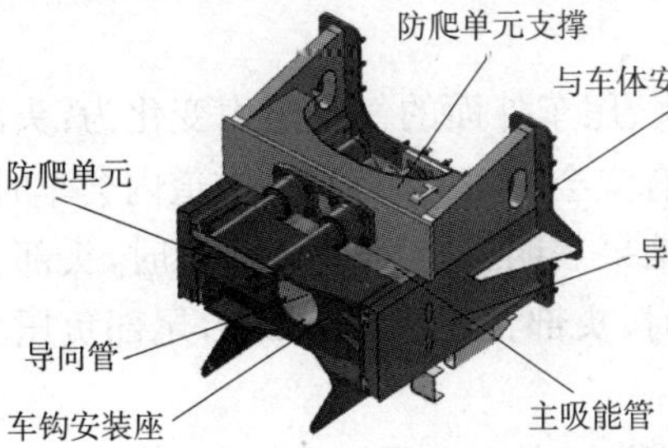

图 3.45　主吸能结构

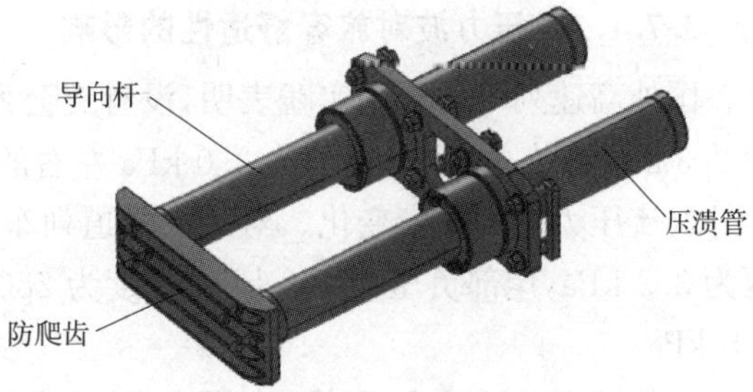

图 3.46　防爬装置

8. 前头排障装置

前头排障装置安装于司机室前端，与司机室曲面共同形成了头车及尾车优美的流线外形。其结构如图 3.47 所示。前头排障装置的气动外形可以优化头车前端空气流场，降低气动阻力，抑制气动升力，静强度满足 137 kN 压缩载荷要求。排障装置主要由排障板、内部骨架、排障橡胶及紧固件等组成，排障板主要作用是排除运行前方轨道上的低矮障碍物。排障板距离轨面 145 mm，随着轮缘磨耗，高度可调节。辅助排障器的排障橡胶距离轨面 20 mm，主要功能是排除轨面上的小型障碍物，排障橡胶高度可调节。

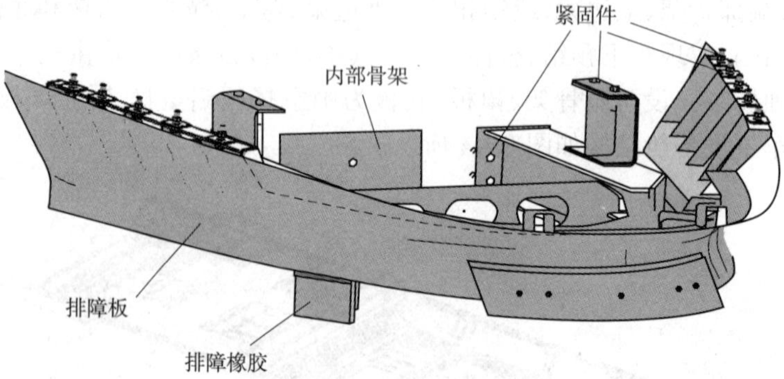

图 3.47　前头排障装置

3.7　气密性及隔声降噪设计

3.7.1　车体气密性

随着列车运行速度的提高，列车运行中的空气动力学问题越来越引起人们的重视。其中，列车的气密性是研制高速列车的关键技术之一。

整车气密性是指在列车完成整备状态(即在安装厕所、供水系统、车窗和车门等等之后)和关闭列车与外界相通的所有开孔(包括通过门和空调设备的开孔)，车内压力相对车外压力变化的密封性能。影响气密性的因素，除了端门、侧门、车窗的结构和工艺外，还与车体钢结构焊接情况、车端连接结构、地板上的各种电缆、管道通过孔及排水孔、污物处理装置和通风换气装置的具体结构有关。

3.7.1.1　压力波对旅客舒适性的影响

国外高速列车的运用实践表明，没有交会列车时，头、尾车外面的气流压力变化为：头部为 2.5 kPa 左右的正压，尾部为 2.0 kPa 左右的负压。有交会列车时，特别在隧道内会车时，车外气流压力会大幅度变化。对进入隧道列车的测定结果表明：速度 200 km/h 时，头部正压为 3.2 kPa，尾部负压为 4.9 kPa；速度为 280 km/h 时，头部正压为 3.9 kPa，尾部负压为 5.5 kPa。

车外压力的波动会反映到车厢内，使旅客感到不舒服，轻者压迫耳膜，重则头晕恶心，甚至造成耳膜破裂。许多国家先后在压力波对旅客舒适性的影响方面进行了研究。英国经研究于 1973 年提出压力波的暂定指标，见表 3.4。

表 3.4 压力波对旅客舒适性的影响

压力变化(kPa)	生理学现象	压力变化(kPa)	生理学现象
2	可忍受	8	很痛
3	开始不舒适的平均值	>9	强烈疼痛
4	非常不舒服	>13	耳膜可能有破裂
5	不舒服的上限，开始有耳痛	>23	几乎肯定耳膜有破裂

日本铁路近年来采用图 3.48 的舒适度耳感极限图来规定舒适程度。其中横坐标为压力变化幅值，纵坐标为压力变化率，斜线以下部分为舒适区，斜线以上部分为非舒适区。

德国的试验研究表明，压力波对旅客舒适度的影响取决于空气压力波变化的幅度(Pa)、压力上升或下降的梯度(Pa/s)以及发生该波动的频繁性。图 3.49 中的曲线为大多数乘客"正好还没有不舒适感觉"的压力变化与所需时间的关系。

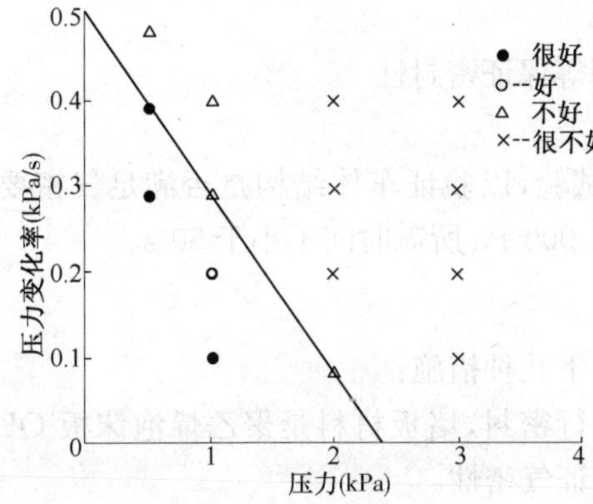

图 3.48 舒适度耳感极限图

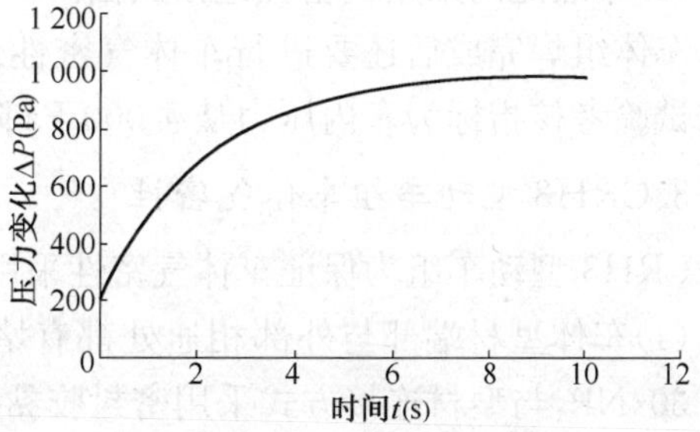

图 3.49 耳感不舒适度评定

3.7.1.2 对车体密封性的要求

为了减少压力波的影响，保证旅客的舒适度，需要采取措施提高车辆的密封性能。各国对高速列车都提出了自己的要求。

日本高速列车密封试验，要求将车体所有开启部位堵塞，车内压力由 4 000 Pa 降至 1 000 Pa的时间必须大于 50 s。

欧洲高速列车要求压力从 4 000 Pa 降至 1 000 Pa 的时间大于 50 s(车辆通过台和空调设备关闭)。现在，德国、意大利等国家要求达到压力从 3 600 Pa 降至 1 350 Pa 的时间大于 18 s。

我国在《200 km/h 及以上速度级列车密封设计及试验鉴定暂行规定》中要求：整车落成后的密封性能试验，要求达到车内压力从 3 600 Pa 降至 1 350 Pa 的时间大于 18 s；车体钢结构要求压力从 3 600 Pa 降至 1 350 Pa 的时间大于 36 s；组成后的车窗、车门、风挡应能在±4 000 Pa的气动载荷作用下保持良好的密封性。

3.7.1.3 典型动车组车体气密封考虑

1. CRH1 型动车组车体气密性

CRH1 型动车组要求单车通过隧道时，车内压力产生的变化不得超过 2 000 Pa/4 s，为达到这一要求，车体上所有因布线或铺设管路而造成的孔洞或切口都必须打胶密封。另外，由于车体采用电阻焊，所以在影响气密性的电阻焊搭接接头也全部打胶密封。

2. CRH2 型动车组车体气密性

CRH2 型动车组为保证车体气密性采取了以下几种措施：

(1)CRH2 型动车组车体采用连续焊缝，侧墙及车顶结构为通长中空大型铝型材构成，型材外部采用气密焊接，以保证其气密性。

(2)车窗采用整体密封式，在车体结构上安装车窗时，采用密封胶条和密封胶进行压力密封。

(3)侧门采用密封式结构车门，关闭后与车体接触部位采用密封胶条保持密封性。

(4)车内连通到车外的各种电缆、电气管路和其他风水管路采用密封结构并采用密封材料或密封胶进行封堵密封。

(5)直接对车内的风水管路设置水封、逆止阀等保证密封性。

(6)车厢之间采用气密性连接风挡。

车体组焊完成后还要进行车体气密性例行试验，以验证车体结构是否满足气密要求。气密试验考核指标为车内压力从 4 000 Pa 降至 1 000 Pa 所需时间不小于 50 s。

3. CRH3 型动车组车体气密性

CRH3 型动车组为保证车体气密性采用了以下几种措施：

(1)车体型材端部与外部相通处都有堵板进行密封，堵板材料是聚乙烯泡沫板 QUAL HH 30/NP，与型材连接方式采用密封胶黏接，保证气密性。

(2)车体上的工艺孔在不再使用后进行封堵。

(3)车体各部位都有用于过线、排水、通风等用途的开孔。为保证气密性，开孔部位所用连接部件都采用密封胶进行黏接密封。

(4)所有其他与外界有联系处的缝隙通过密封胶密封。

气密性试验主要是通过往车内加压，然后测试车体保压时间来确定指标值。

(1)车内压力由 4 000 Pa 降到 1 000 Pa 的时间不少于 50 s。

(2)车间连接气密性规定，压力从 4 000 Pa 降到 2 200 Pa 大于 60 s。

4. CRH5 型动车组车体气密性

CRH5 型动车组各车型在门窗关闭及空调设备对外的新风口、废排风口关闭的情况下，测试车内外压力差由 4 000 Pa 降至 1 000 Pa 的时间不应小于 40 s。

CRH5 型动车组主要密封措施包括：

(1)车体结构采用连续焊缝以消除焊接气隙；对不能施焊的部位，用密封胶密封。

(2)采用一体化车窗，车窗的组装工艺要保证密封的可靠性和耐久性。

(3)侧门采用高压密封的塞拉门。

(4)端墙门采用橡胶条。

(5)厕所、洗脸室的水不采用直排式,而是通过真空集便装置将粪便排到车下的污物箱内。

(6)对直通车下的管路和电缆孔采取密封措施。

3.7.2 车体隔声降噪

列车在高速运行时,将产生很大的噪声。随着列车速度的增加,其级别声压和响度都极快增大。其噪声可分为固有噪声和外在噪声。固有噪声是长期存在的,如轮轨黏着声、受电弓与电网气流的摩擦声、气体与车体的摩擦声等。外在噪声主要是由于列车进出隧道产生的压缩波及反射波所产生的。

3.7.2.1 高速列车的噪声源

列车行驶时的噪声一般可以按照发生源分为以下四类:

①滚动噪声(轨道和车轮的振动发出的噪声)。

②建筑物噪声(高架桥等建筑物发出的噪声)。

③集电系统噪声(接触网、受电弓系统的机械振动发出的摩擦音,离线电弧发出的火花音,受电弓的风鸣声)。

④车辆空气噪声(车体表面空气流引起的声音)。

其中,车辆空气噪声按照声源可以分为车辆上部(包括车头部)空气噪声、车辆下部空气噪声以及集电系统(受电弓)空气噪声。

高速列车的噪声传到车内,影响旅客的舒适度,同时造成铁路沿线的环境污染(扰民)。因此,削弱噪声源、提高车体的隔声性能也是发展高速铁路中必须要解决的关键技术。

若要降低列车噪声,就需要从影响大的噪声发生源开始依次采取相应措施。尤其是空气噪声受速度的影响比较大。随着列车运行速度的提高,噪声也将增大。一般,速度每提高10 km/h,噪声相应增加1~2 dB(A)。因此,随着列车的高速化,降低空气噪声的措施显得相对更加重要。

1. 车辆上部(包括车头部)空气噪声

图3.50所示是利用大型低噪声风洞对新干线电车车头部(1/5模型)空气噪声的发生部位及其大小进行调查的例子。

从图中可以看出,车辆上部(车头部)的空气噪声是由车体结构上的突起部分产生的。因此,尽量减少车体表面凹凸对降低噪声很有帮助。现在,车辆上部已经设计得相当平滑,剩下的主要声源是百叶窗结构、车辆间隙以及制造上的小凹凸和间隙。

2. 车辆下部的空气噪声

近年来,各种高速车辆通过集电系统的改良、车辆上部的平滑化设计改善了集电系统噪声及车辆上部的噪声,因此,车辆下部空气噪声的影响就变得相对大了。

通过“镜像法”风洞试验发现,车下噪声中转向架的噪声较大。图3.51对有无转向架盖板时的噪声值进行了比较。另外,从位于车辆运行方向测量点的比较可以看出,头车前转向架的噪声特别高,如图3.52所示。

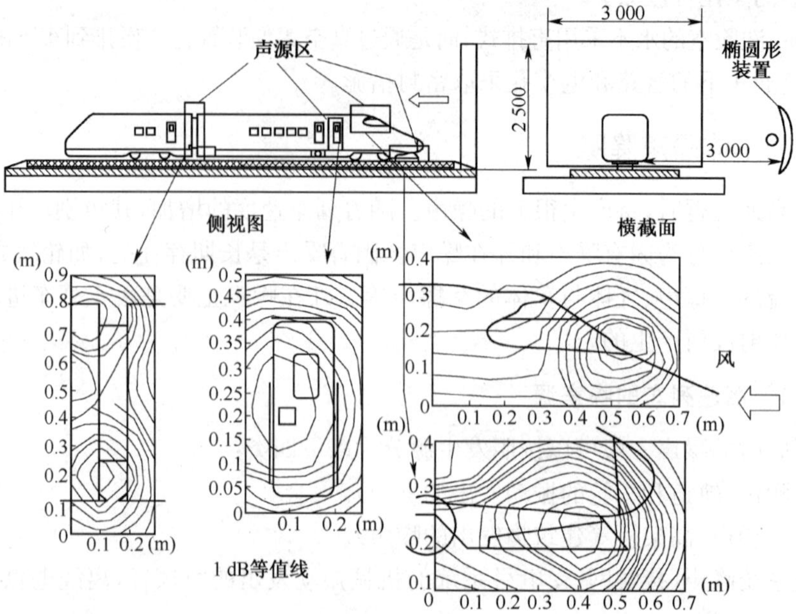

图 3.50 新干线电车 1/5 模型车头空气噪声的音源分布举例

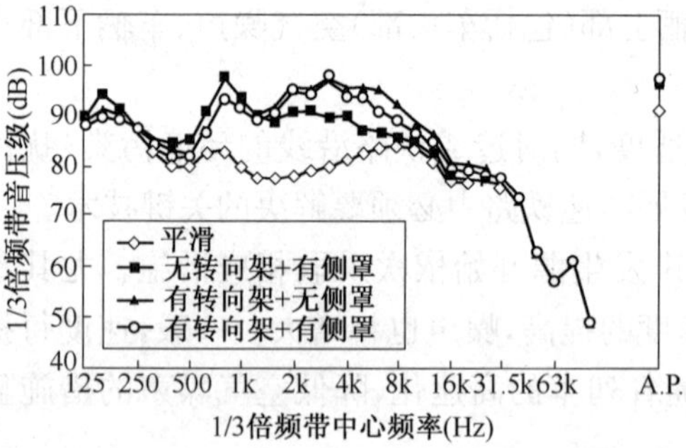

图 3.51 转向架部的比较(头车前转向架)

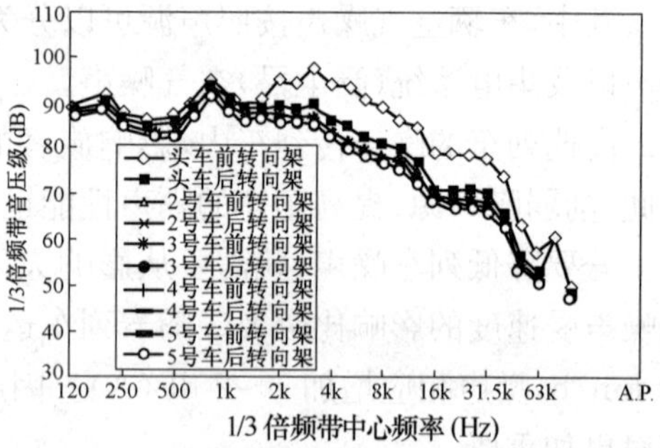

图 3.52 测量点的比较(转向架+有侧罩)

3. 受电弓部的噪声

高速车辆的代表性噪声可以说是集电系统噪声。集电系统噪声是由发生原因不同的三种噪声组合而成的。

①受电弓在接触网上滑动时发出的摩擦声。

②受电弓离线时发出的电弧声。

③受电弓在空气中高速移动时发出的空气噪声。

关于摩擦声、电弧声,可以通过减少受电弓的数量、用高压母线互相连接来减少声源数量等措施来解决。由于空气噪声与速度的 6～8 次方成正比例增大,因此随着列车高速化的发展,如何解决空气噪声的措施,逐渐成为重大课题。

降低空气噪声的方法之一是降低碰撞受电弓的气流的速度。如上所述,空气噪声与速度的 6～8 次方成正比例,因此,如果能把气流速度降低一半,则噪声水平可降低约 20 dB。受电弓整流罩可将受电弓前的空气弹向上方,减缓碰撞到受电弓的空气流,由此达到降低空气噪声的目的。这样，集电系统的噪声可以降低 4～6 dB。但是，当行驶速度超过 300 km/h 时，受电弓整流罩本身的噪声会变大，并且受电弓整流罩所承受的空气力会造成车辆摇摆。为解决这一系列问题，在不断进行了各种各样的研究后，目前，流线型的长形受电弓整流罩已成为主流，如图 3.53、图 3.54 所示。

图 3.53　受电弓整流罩设置例(E2 系列)

图 3.54　受电弓整流罩设置例(500 系列)

新型受电弓主要采用缩减零部件数量、使构成部件的形状平滑设计等措施，实现低空气噪声化。另一方面，通过研发新型受电弓，对受电弓自身形状进行大幅度改良也可以降低空气噪声。

3.7.2.2　国外高速列车运行噪声的控制

德国在联邦铁路城间特快列车 ICE 技术任务书中，对高速列车运行噪声作了技术规定：距铁路中心线 25 m 处，当列车运行速度为 250 km/h 时，列车通过的最大声级不得高于 88 dB(A)；列车运行速度为 280 km/h 时，通过的最大声级不得高于 89 dB(A)。日本多年来投入了大量人力物力财力降低新干线铁路噪声，效果显著。目前日本新干线距铁路中心 25 m 处列车通过最大声级为：高架桥和高路堤区段 65～75 dB(A)、路堑区段 60～75 dB(A)，达到了新干线环境噪声标准限值〔居民宅室外的最大噪声级≤70 dB(A)，工业、商业区或有少量居民居住混合区的室外≤75 dB(A)〕。

国外高速铁路噪声水平见表 3.5。

表 3.5　高速铁路噪声水平(最大声级)

国家	车速(km/h)	不同年代声级水平[dB(A)]		测点位置
		20 世纪 80 年代	20 世纪 90 年代	
日本	200	87	67	距离铁路中心线 25 m，距地面高度 1.2 m
	250	90*	73	
	300	92*	77	
法国	200	90*	87	
	270	97	92	
	300	97	94	
德国	200	86	84	
	250	90	87	
	300	93	90	

注：* 表中声级水平为计算值，其余为实测值。

3.7.2.3 车内噪声的标准极限值

车内噪声一般由以下几部分组成：

(1)车体外部传入车内的噪声，一般称之为空气声。

(2)由于各种原因导致的车体内表面结构振动，特别是薄壁结构振动产生的辐射声，一般称之为结构振动噪声。

(3)各种车内设备、系统(如空调通风系统，各类管道等)作为振源、声源所产生的噪声。

(4)上述各类噪声在车厢内部传播与反射所形成的混响声等组成。

车内噪声的标准限值，德国铁路规定，速度为250 km/h时一等车噪声不超过65 dB(A)，二等车不超过68 dB(A)；国际铁路联盟(UIC)规定，客车车内噪声应小于65 dB(A)，在隧道里噪声可宽限5 dB(A)，在过道、厕所噪声水平不能超过75 dB(A)。

3.7.2.4 车体噪声分析控制

1. 车体结构的隔声设计

隔声设计的主要作用在于降低车内空气声。采用单层车体结构的隔声效率要比采用双层结构为差。所以，一般应当采用双层结构。所谓隔声设计即是对已有结构设计以及通过强度分析等形成的设计(包括对厢壁、门、窗进行隔声分析)，当不满足隔声要求时，要做适当的设计修改或者附加必要的隔声处理设计。例如，在蒙皮上粘贴阻尼材料或蜂窝板，在中间隔层铺设吸声纤维材料等。一般而言，进行这种设计必须以大量的隔声分析与试验研究为依据。

2. 车体结构的振动控制设计

这一设计的目的主要是控制车厢内的振动及其产生的结构声。列车结构是由各个分结构系统组成的，例如车轮结构系统、转向架及外部车体结构系统、车体结构系统等，因而这是一个组合结构的振动控制设计问题。一方面要对各分结构进行振动控制设计。另一方面要在整体分析基础上进行整体结构动力学优化设计，同时也要针对其中关键部件如车轮、车厢壁板及各联接结构等附加针对性的振动控制处理措施。

3. 具体措施

为了降低车内噪声，一方面要削弱噪声源发出噪声的强度，另一方面要提高车体的隔声性能。

(1)削弱噪声源发出噪声强度的措施

①在车轮上安装消音器和开发弹性车轮，可有效地降低轮轨噪声。

②优化头型方案设计，减少气动噪声；车体表面平整、光滑有利于减小空气与车体的摩擦声；对外露在车体表面的天线座进行平顺化结构优化；车顶上部增加整体导流罩。

③采用橡胶风挡，可减小撞击声。

④在空调系统上安装消音器，降低牵引电机风扇的噪声、驱动装置等设备的振动噪声。

(2)提高车体隔声性能的措施

①采用双层墙结构，可增加隔声量4～5 dB(A)。所谓双层墙，就是指地板、侧墙、车顶等多层结构，在层间采用橡胶垫隔开，一方面起隔振作用，同时使声波不能通过金属螺钉(声桥)传递，有效地提高了车体的隔声性能。日本同时在铝制双壳型材的内部进行减振处理，该减振材料包括发泡类型与沥青类型两种。经减振处理后型材的断面如图3.55所示。

②地板采用浮置式设计，即由固定在底架横梁上的减震元件支撑，尽可能减少振动，地板同时具有较好的隔音效果。

③在车体金属（如地板）表面涂刷防振阻尼层，使钢结构的声频振动转化为热能消散，减少了声波的辐射和声波振动的传递，从而减少车内噪声。

④采用双层车窗，减少从侧面传入车内的噪声。

⑤车内内装选用吸声效果好的高分子聚合材料。

⑥提高车体气密性的措施，同样可以起隔声作用。

图 3.55　填充减振材料后车体型材

⑦采用双层折棚风挡。

⑧受电弓区域设置隔声罩。我国 CR400AF 型动车组在受电弓平台设置隔声罩（如图 3.56 所示），提高受电弓区域车体隔声量，降低该区域客室内噪声。隔声罩为外层不锈钢板、内层发泡隔音材的“三明治”结构，使用螺栓安装在焊接于受电弓平台的安装座上。

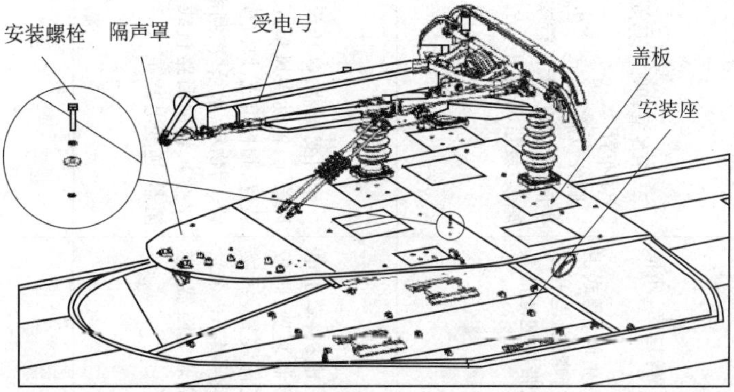

图 3.56　受电弓平台隔声罩安装图

3.8　动车组类型

和普通客车不同的是，动车组均采用动力分散交流传动方式，运用速度为 200 km/h 及以上，可在铁路既有线路（指定区间）或客运专线上运行。通常情况下动车组采用 8 辆编组，其前后两端都设有驾驶室，列车通常运行时在前端的驾驶室内进行操作。在特定情况下，两列动车组可联挂运行。

3.8.1　CR400AF 型动车组的总体布置

CR400AF 型动车组设置了 VIP 观光区、一等座车及二等座车。其中 1 号车（TC01）为带观光区的一等座车，8 号车（TC08）为带观光区的二等座车，4 号车（MHO4）为带残疾人使用设施的二等车，5 号（MB05）车为带有厨房的二等座车，其余为普通二等座车。

各车车内、车下、车顶设备配置见表 3.6。列车编组情况如图 3.57 所示。

表 3.6 CR400AF 型动车组车辆主要设备配置

车号	1 号车(TCO1)	2 号车(MO2)	3 号车(TP03)	4 号车(MHO4)
车型	一等/商务座车、拖车	二等座车、动车	二等座车、拖车	带残疾人设施二等座车、动车
定员	28/5 人	90 人	90 人	75 人
车内设施	司机室:单司机座椅+辅助座椅 VIP 客室:5 个座席,座椅 1+1 和 1+2 布置 一等客室:28 个一等座席,座椅 2+2 布置 服务设施:服务操作台、坐式卫生间、盥洗室、大件行李间、电开水炉、垃圾箱、配电柜、储藏柜、工具柜、乘务员专座等	二等客室:90 个二等座席,座椅 2+3 布置 服务设施:坐式卫生间、蹲式卫生间、盥洗室、大件行李间、电开水炉、垃圾箱、配电柜、带拖把池洁具柜等	二等客室:90 个二等座席,座椅 2+3 布置 服务设施:坐式卫生间、蹲式卫生间、盥洗室、大件行李间、电开水炉、垃圾箱、配电柜、洁具柜等	二等客室:75 个二等座席,座椅 2+3 布置,客室端部设残疾人座椅存放及扶手等设施 服务设施:残疾人坐式卫生间、蹲式卫生间、盥洗室、大件行李间、电开水炉、垃圾箱、配电柜、工具柜、客运备品柜等
车外设施	STM 轨道信号接收装置(2)个、ATP 大线、TMIS 天线、充电机(2 个)、蓄电池(2 个)、制动控制装置、BP 救援转换装置、阀板组成、风缸模块、废排装置、污物箱、水箱、司机室空调室外机、辅助回路拉线箱、控制电路接线箱、逆变电源、撒砂装置、过分相装置等	牵引变流器、牵引电机、牵引电机冷却风机、制动控制装置、阀板组成、风缸模块、废排装置、污物箱、水箱、控制电路接线箱(2 个)、辅助回路接线箱、接地电阻器、逆变电源等	牵引变压器、高压设备箱、主供风单元、辅助供风单元、制动控制装置、阀板组成、风缸模块、废排装置、污物箱、水箱、控制电路接线箱(2 个)、辅助回路接线箱、接地电阻器、逆变电源等	牵引变流器、牵引电机、牵引电机冷却风机、制动控制装置、阀板组成、风缸模块、废排装置、污物箱、水箱、控制电路接线箱(2 个)、接地电阻器、逆变电源、接触器箱、外部电源连接器、安全联锁盒、撒砂装置等
车顶设施	地震 GSM-R/GPS 天线 2、地震 GSM-R/GPS 天线 1、WTD 天线、CIR GSM-R 语/GPS 天线、CIR 450/800/900 天线、CIR GSM-R 数/GPS 天线、ATP GSM-R2 天线、ATP GSM-R1 天线、空调装置	空调装置	空调装置、受电弓、高压接头箱、高压接头及跳线	空调装置、高压接头箱、高压接头及跳线

车号	5号车(MB05)	6号车(TP06)	7号车(M07)	8号车(TC08)
车型	餐座合造车、动车	二等座车、动车	二等座车、拖车	二等/商务座车、拖车
定员	63人	90人	90人	40/5人
车内设施	二等客室:63个二等座席,座椅2+3布置,客室端部设设1组3人座椅 服务设施:厨房、小卖部、乘务员室、机械师室、大件行李间、垃圾箱、配电柜、工具柜、客运备品柜、储藏柜、乘务员专座等	二等客室:90个二等座席,座椅2+3布置 服务设施:坐式卫生间、蹲式卫生间、盥洗室、大件行李间、电开水炉、垃圾箱、配电柜、洁具柜等	二等客室:90个二等座椅2+3布置 服务设施:坐式卫生间、蹲式卫生间、盥洗室、大件行李间、电开水炉、垃圾箱、配电柜、带拖把池洁具柜等	司机室:单司机座椅+辅助座椅 VIP客室:5个座席,座椅1+1和1+2布置 二等客室:40个二等座席,座椅2+3布置 服务设施:服务操作台、坐式卫生间、盥洗室、大件行李间、电开水炉、垃圾箱、配电柜、储藏柜、工具柜、乘务员座
车外设施	牵引变流器、牵引电机、牵引电机冷却风机、制动控制装置、阀板组成、风缸模块、废排装置、污物箱、水箱、控制电路接线箱(2个)、接地电阻器、逆变电源、辅助回路接线箱、外部电源连接器、撒砂装置等	牵引变压器、高压设备箱、主供风单元、辅助供风单元、制动控制装置、阀板组成、风缸模块、废排装置、污物箱、水箱、控制电路接线箱(2个)、辅助回路接线箱、接线电阻器、逆变电源等	牵引变流器、牵引电机、牵引电机冷却风机、制动控制装置、阀板组成、风缸模块、废排装置、污物箱、水箱、控制电路接线箱(2个)、辅助回路接线箱、接地电阻器、逆变电源等	STM轨道信号接收装置(2个)、ATP天线、TMIS天线、充电机(2个)、蓄电池(2个)、制动控制装置、BP救援转换装置、阀板组成、风缸模块、废排装置、污物箱、水箱、司机室空调室外机、辅助回路接线箱、控制电路接线箱、逆变电源、撒砂装置、过分相装置等
车顶设施	空调装置、高压接头箱、高压接头及跳线、GPS天线、EM天线	空调装置、受电弓、高压接头箱、高压接头及跳线	空调装置、WIFI天线	地震GSM-R/GPS天线2、地震GSM-R/GPS天线1、WTD天线、CIR GSM-R语/GPS天线、CIR 450/800/900天线、CIR GSM-R数/GPS天线、ATP GSM-R2天线、ATP GSM-R1天线、空调装置

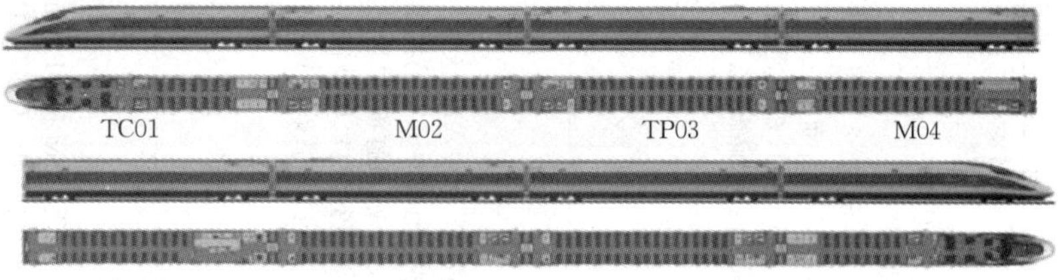

图 3.57 CR400AF 动车组编组图

3.8.2 观光区

1 号车及 8 号车端部靠近司机室部位各设置一个观光区。观光区主要设置了 6 个观光区边柜、3 个单人 VIP 座椅、1 个双人 VIP 座椅。观光区布置参如图 3.58 所示。VIP 座椅分为单人座椅和双人座椅两种;根据人机工程学原理进行设计,具备可座可躺功能,座躺任意切换。软垫采用高档真皮蒙面,具备宽敞、舒适的座位空间。座椅带有宽大的私密罩壳,具备一定的私密空间,受外界影响小,同时配有电视、小桌板、电源插座、阅读灯等配套设备,满足乘客旅途休息、娱乐、就餐及办公等需求,为旅途提供一个温馨、舒适的乘坐环境。

图 3.58 观光区

3.8.3 一等车

头车设有一等座席,座椅采用 2+2 布置,座椅数为 28,布置效果如图 3.59 所示。

3.8.4 二等车

2~8 号车客室为二等客室,4 号车为带残疾人区域的二等客室,座椅采用 2+3 布置,主要设施包括座椅、行李架;侧墙设有衣帽钩、广播系统用扬声器、烟感、温度传感器等设施;车厢内两端内端墙设置信息显示器、车号显示器、禁烟标记、厕所有无人显示灯、紧急警报开关及内端门用光电传感器,端墙设置了小茶桌。车顶设 LED 照明灯带,应急灯安装在 2、3 位角及客室中部,如图 3.60 所示。

图 3.59 一等车车内布置效果图

图 3.60 二等车车内布置效果图

3.8.5 餐座合造车

5 号车为餐座合造车。一位端为餐饮区，设有立食台、小卖部、送餐小车放置处及储藏室。二位端为二等车客室，座椅采用 2＋3 布置，共 63 座，另外还设有乘务员室、机械师室、大件行李室等设施。大件行李室为敞开式结构，分为上下两层，中部设置隔板，用于旅客放置大件行李，隔板及门上头下方设置密码锁，用于锁闭乘客行李箱。餐饮区及大件行李室效果如图 3.61、图 3.62 所示。

图 3.61　餐饮区及小卖部效果图

图 3.62　大件行李室

动车组座椅均采用可旋转 180°的结构，使乘客总是可以面对车行方向乘坐，这种结构充分体现了人性化设计，提高了乘坐的舒适度。座椅靠背可手动控制最大到 22°(二等车座椅最大到 24.5°)任意角度轻松调节和锁定，而且保证靠背的倾斜不会干扰后面乘客的活动空间。各座椅都设有供乘客使用的小桌，且侧窗窗台设有放置饮料瓶的台面。

3.9 动车组供排水与卫生装置

动车组供排水与卫生装置主要包括供水装置、饮水装置及卫生装置。作为服务设施，它是乘客和工作人员在饮食、卫生方面不可缺少的，与车辆的用途、运营区间、环境保护和车辆整体风格的关系密切。供水装置主要用于向列车提供各种用水，如洗漱用水、饮水装置供水、冲洗便器、洗手池用水；饮水装置的主要功能是提供符合卫生标准的冷/热饮用水；卫生设施为旅客及司乘人员提供如厕、洗漱等服务，并收集排泄污物。

3.9.1 典型供水装置的组成及工作原理

动车组的供水装置为用水设备(卫生设施、饮水装置等)提供水源和供水通路。

1. 供水原理

根据水箱的位置以及主要输水设备的不同,动车组的供水方式可以分为三类:

(1)重力供水

水箱位于通过台或走廊顶板上方,利用重力将水从水箱输送到各用水点,CRH1 型和 CRH3 型动车组主要采用重力供水方式,如图 3.63 所示。重力供水方式结构简单、系统可靠性好;但系统重心高、水箱容积小(如 CRH1 型动车组的车上水箱的有效容积为 430 L 和 200 L,CRH3 型动车组的车上水箱的有效容积为 300 L 和 160 L),持续使用时间一般不超过 8 h,因此注水间隔时间短,增加了注水操作工作量。

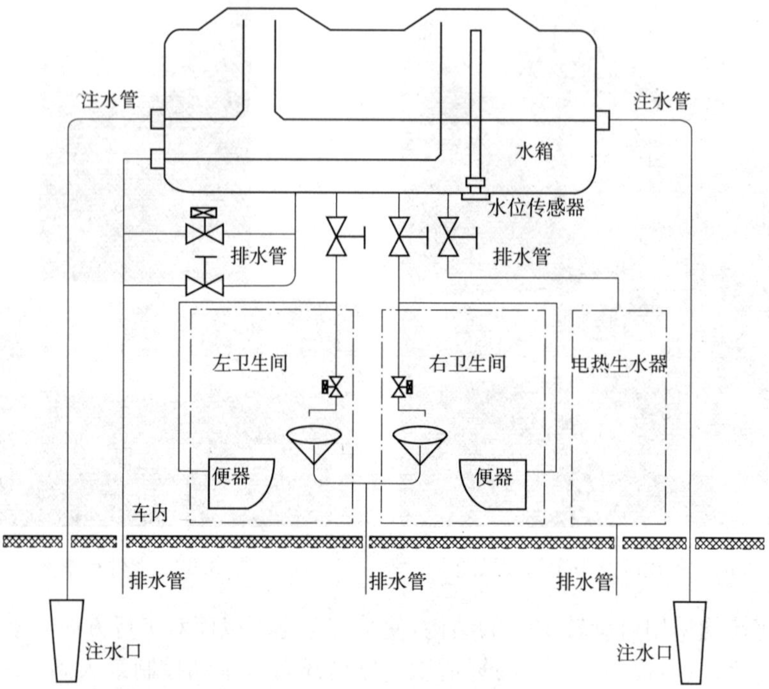

图 3.63　重力供水原理示意图

(2)压力供水方式

压力供水的储水箱一般设置在车下底架设备仓中,水箱和用水点的距离较远,需由电动水泵或压缩空气实现水的提升与输送。压力供水的系统控制方式为低压启动、高压停止,即当用水点用水时,供水系统管路内的压力下降,当供水系统内压力小于一定值(如 50 kPa),压力传感器发出信号,泵水系统启动,给用水点补水;当用水点停止用水后,供水系统内压力达到一定值(如 180 kPa),压力传感器发出信号,泵水系统停止。供水系统内存在一定压力,可满足部分用水设备对水压的需求,如制冰机。压力供水方式的特点为系统重心低、水箱容积大(容积一般不小于 600L),适合长途持续使用,因此注水间隔时间较长,可适当减轻注水操作工作量,但系统较为复杂。CRH3 型动车组餐车和 CRH2 型动车组的给水装置均采用压力供水方式,如图 3.64 所示。

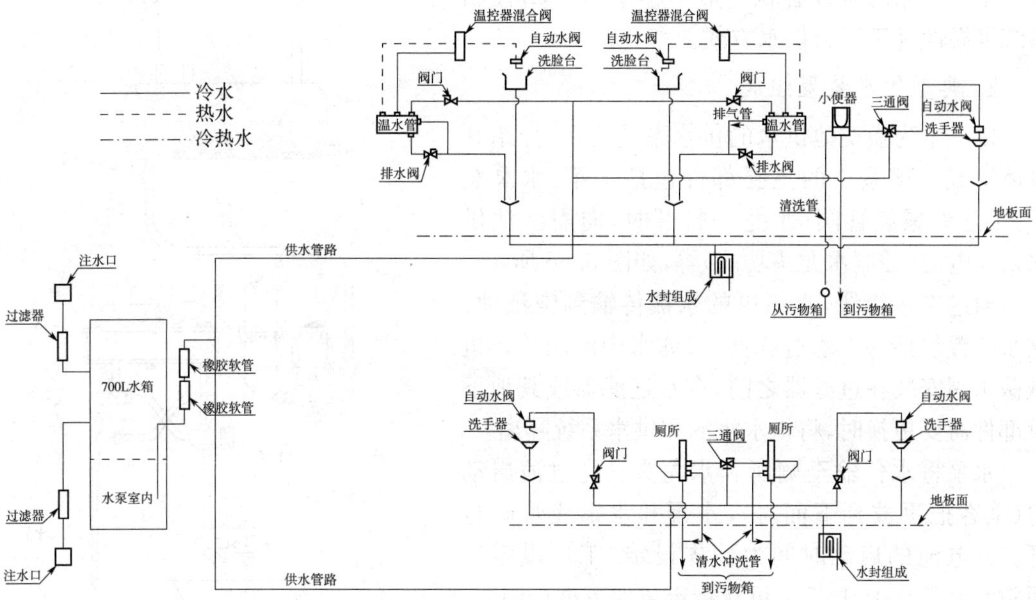

图 3.64　压力供水原理示意图(1 号车为例)

(3)压力-重力混合供水方式

储水箱位于底架设备舱中，利用水泵将水输送到位于通过台或走廊顶板上方的中间水箱，中间水箱通过重力向各用水点输送净水，CRH5 型动车组即采用混合供水方式，如图 3.65 所示。压力-重力混合供水方式供水特点为水箱容积大，系统重心较低；但系统复杂、管路较

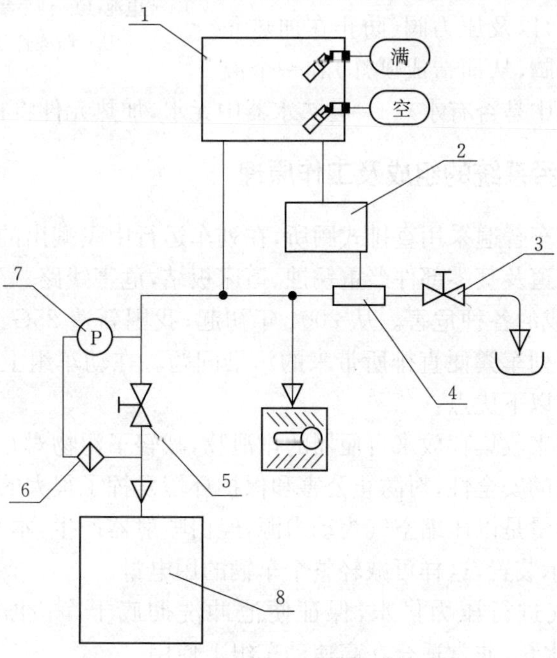

图 3.65　压力-重力混合供水系统原理图

1—中间水箱；2—温水箱；3—水阀；4—温控混合阀；5—防冻排水阀；6—过滤器；7—水泵；8—净水箱

多。车下水箱的有效容积一般不小于600 L,控制系统可靠性优于压力供水方式。

2. 典型供水装置组成

以一个为盥洗池供水的供水系统为例,介绍其具体组成。该系统的主要部件包括水箱、水泵装置、水龙头螺旋管阀(水龙头打开时,向盥洗池供水)、光电池(控制水龙头功能)等,如图3.66所示。

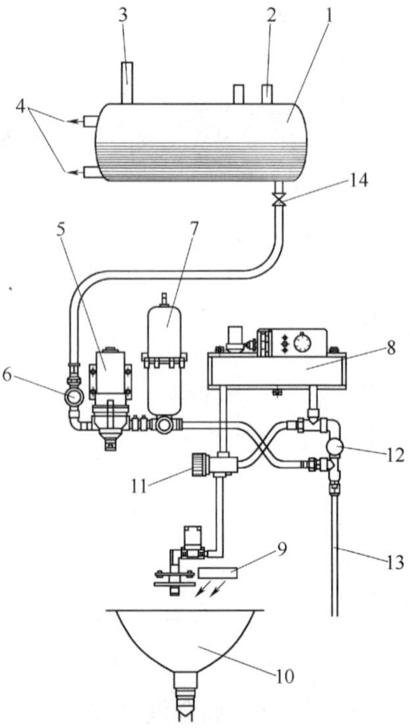

图3.66 供水系统结构原理图

1—水箱;2—注水口;3—排空;4—水位传感器;5—水泵;6—水过滤器;7—集水箱;8—热水器;9—光电池;10—洗手盆;11—混合阀;12—减压阀;13—防冻管/水管;14—截水阀

通过供水管线,水箱里的水被传输到盥洗池。供水装置包括一个水过滤器,过滤水中的杂质。机械截水阀安装在过滤器之前,在水过滤器或其他下游部件需要更换时,将供水水源和供水系统隔离。

水泵将水传输至厕所和水龙头。光电池启动时(乘客把手放到下面时),水泵和水螺线管阀打开。光电池的启动时间为预先设定(工厂设定)。通常水流是0.15 L/5 s,可在特定条件下进行调节。

该系统可安装防冻自动排水系统和机械水阀门,方便列车工作人员在电力或压缩空气中止时清空水箱。

热水器容积1 L,直立安装。热水器包括一个500 W加热元件(AC 240 V)、温控器和一个过热保护装置(均可手动清零)以及压力阀(防止在加热元件失灵时,闭路引起沸腾,从而造成爆炸)和一个液位传感器(检测热水器中是否有水)。一旦热水器中无水,加热元件将自动关闭。

3.9.2 卫生排污系统的组成及工作原理

长期以来,铁路客车普遍采用直排式厕所,在列车运行中飞溅出的粪便不仅污染铁路沿线的环境,而且造成轨道及其零部件严重锈蚀、道床板结,危害线路。列车速度的提高,更加加剧了直排式厕所造成的各种危害。从2004年初起,我国新造25G、25T型铁路客车全部加装了集便器,解决了列车粪便直排所带来的污染问题。在动车组上也采用了各种形式的真空集便装置,其具有以下优点:

(1)采用了污物箱来收集存放来自便器的排泄物,减轻了污物对车下设备和转向架的影响,保证了动车组运营的安全性,对防止公害和保护环境发挥了很大的作用。

(2)所需的真空能量是以压缩空气为动力源,经由喷射器产生,本身不需电力供应,用电处仅仅是电磁阀和显示装置,这样可减轻整个车辆的用电量。

(3)通过压缩空气进行压力供水,保证便池冲洗彻底干净;冲洗用水降到每次小于0.5 L,大大降低了用水量,非常适合在高速动车组上使用。

(4)采用了真空吸引式的最佳除臭方法,使臭味被空气净化单元过滤;同时,便器底部积满存水,保证臭味不会传至卫生间内。

(5)在系统内部无压力空气,故卫生间排污管路没有污水回流的危险。

(6)系统自动化程度较高,更易操作,具有极高的可靠性。

(7)系统为封闭结构,满足高速动车组的气密性的要求。

真空集便装置工作原理为在特定的空间内通过真空发生装置产生真空,将便器内的污物在压力水冲洗后通过压差送入污物箱内。动车组的集便装置均采用真空喷射器作为真空发生装置。真空喷射器利用"文丘里管(Venturi)"式原理获得特定空间的真空度要求。"文丘里管"是利用流体力学的伯努利能量方程和连续性方程理论制造的,根据"在流体通过的管道中利用收缩的小管径,能在其入口断面与最小断面处产生压强差"的原理,通过小孔径的喷射口喷射压缩空气对入口断面产生的压强差,达到一定真空度。利用"文丘里管"抽真空的优点是没有任何运动的部件,工作不受润滑、振动等条件的限制,结构简单、工作稳定可靠、故障率低、使用寿命长等;缺点是达到负压的能力受到一定限制,不可能无限制的得到很低的真空度。通过大量试验研究表明,集便装置的特定空间的负压在−45～−27 kPa的范围内,污物抽吸效果最佳。

真空集便装置因真空产生的位置不同来定义,主要有在线式、保持式、推拉式等三种类型。CRH1型动车组采用在线式,CRH2、CRH3和CRH5型动车组采用推拉式,CRH380系列动车组采用推拉式真空集便器。

除真空集便装置,动车组上还使用过喷射式非真空的集便器。

1. 真空保持式集便器

美国MONOGRAM公司生产的真空保持式集便系统是代表产品之一。该系统在客车运行状态下,车下污物箱一直保持有一定的真空度(至少达到−18 kPa),工作时便盆内的污物在污物箱内真空的作用下通过排泄阀抽至污物箱中。另一个代表产品是瑞典EVAC公司生产的2000系列真空集便器。其原理图如图3.67所示。这两种类型的集便器在我国列车上都有使用。由于污物箱采用了真空保持式工作方式,有效消除了冲洗时的抽真空等待时间,数个便器可共用污物箱,便器冲洗效果十分理想,排污效率高,管路污垢较少。

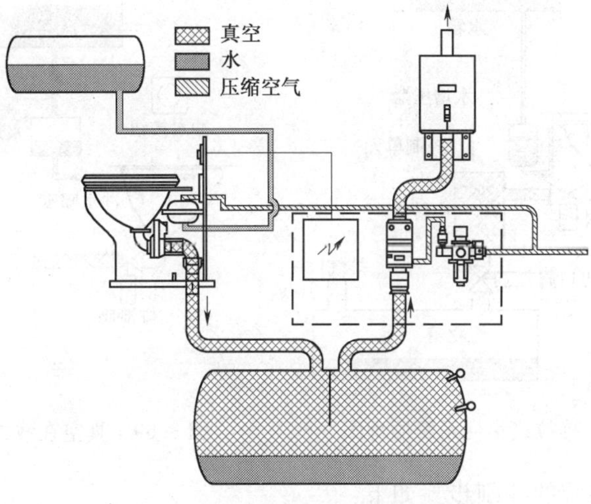

图3.67　真空保持式集便器原理图

2. 真空推拉式集便系统

真空推拉式集便系统在便盆和污物箱之间增设了用于暂存污物的中转箱，喷射器只在中转箱中产生真空，污物箱没有真空。使用时，水增压器产生的冲洗水冲洗便盆，便器内中转箱产生真空，中转箱前后各有一个阀，进口阀打开，便器中的污物在水压和中转箱负压作用下被吸到中转箱内，进口阀关闭，污物进入到中转箱后，气源处理装置在中转箱内充入压缩空气，使中转箱内形成正压，出口阀打开，污物在正压作用下被压到污物箱中。对于真空推拉式坐便器，其真空喷射器、中转箱、冲水控制系统都安装在坐便罩内，空间紧凑，检修非常方便，拆换一个坐便器仅需 15 min，因此，这种便器又称紧凑型集便器，如图 3.68 所示。一旦该便器某个部件出现故障，可整体拆下来换上新的便器，换下来的便器入库检修。其检修方便，占用空间小，可兼做污水箱的特点使得该集便器应用越来越广泛。另外，因这种集便系统的污物箱没有真空，卫生间内洗手等废水也可以排到污物箱中，节省了污水箱，避免了列车污水外排腐蚀轨道和转向架，对保证车辆的密封性也起到了关键作用。为了节约空气耗量，改进后的系统增大了中转箱的容积，采用多次冲洗集中排放的工作方式，在多次使用后(例如 CRH380A 型动车组集便系统的中转箱容积为 20 L，连续使用 6 次或中转箱内液位到达到 7 L 时)，才一次将中转箱内污物排入污物箱。

3. 真空在线式 On-line 集便系统

真空在线式集便器和真空推拉式集便器有些类似的地方。它的污物箱也是常压的，使用时，利用水增压器产生压力水冲刷便盆，这时，安装在排污管路中的喷射器使从便器排泄阀到喷射器这段管道产生约 −35 kPa 的真空，排泄阀打开，污物被抽到排污管路中，在经过喷射器的压缩空气的带动下，污物被推进常压下的污物箱，如图 3.69 所示。该系统将直接污物运输系统的可靠性和常压污物箱的灵活性相结合，具有可靠性高、抗破坏、防止使用不当等特点，它的冲刷等待时间和单次冲刷循环时间很短，不受污物箱容量限制。

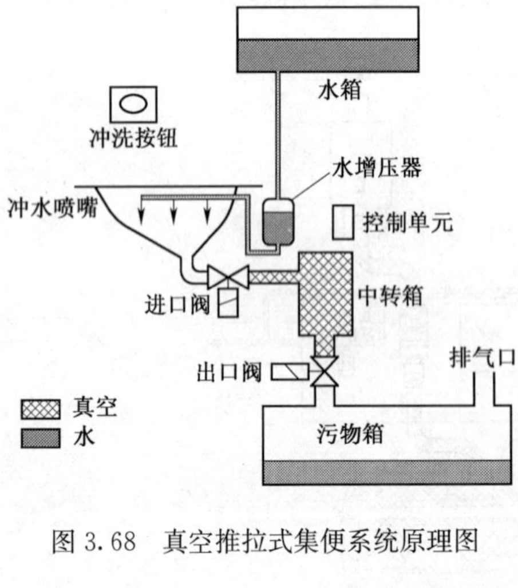

图 3.68　真空推拉式集便系统原理图

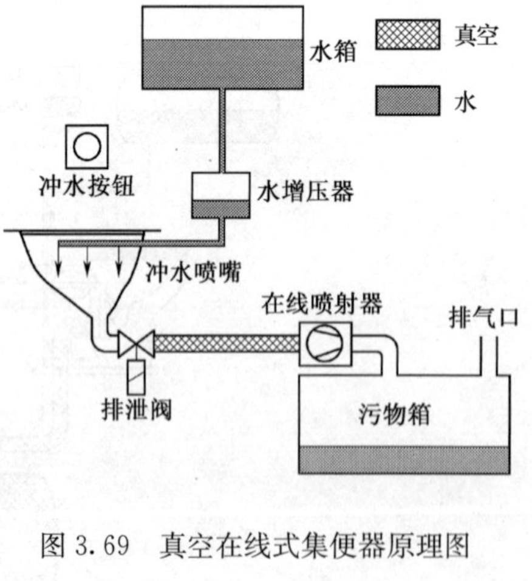

图 3.69　真空在线式集便器原理图

该在线式集便系统的冲刷步骤如下：

(1)第一步，在线喷射器启动。当乘客按下便器冲刷按钮后，滑动闸式阀上的电磁阀打开气压缸，压缩空气进入在线喷射器，在线喷射器启动。压缩空气从在线喷射器排气口流向污物箱并在排气口后面形成间隙式真空。系统在便池和污物箱之间的管道系统上设有压力开关等安全设备，这个开关保证系统在管内压力过大的情况下关闭。

(2)第二步，冲刷便器。同时，水增压器罐的冲刷水从分流器出口喷射进入便器进行冲刷。

(3)第三步，排泄阀门打开。当便器单元中的高位传感器探测到便器内的污物达到规定高度值时，便打开排泄阀门，由于间隙式真空的作用，便器内的污物经过在线喷射器抽吸端口——排气口自动流向污物箱，而后间隙式真空消失。

(4)第四步，排泄阀门关闭：间隙式真空消失，排泄阀门自动关闭系统处于待令状态。

4. 喷射式集便器

该系统是日本在300系高速列车上采用的一种清水冲洗式的厕所，其污物冲洗、排送功能比真空式差，普及率不高。作用原理如图3.70所示。

该集便器冲洗工作步骤包括：

(1)开始工作。使用后，乘客将手伸到光电开关处，便器开始进行一连串的冲洗环节动作。

(2)冲洗水筒加压工作。为了节水，冲洗使用加压冲洗水。在水箱里由压缩空气加压，变成加压冲洗水。冲洗水筒加压用电磁阀打开，向冲洗水筒中充入压缩空气。

(3)污物异味排出部件工作。因为系统不是真空系统，为了防止污物的臭气进入厕所内，设置有通风扇，将厕所空气抽向空调系统的废排风道。平常通风扇不动作，只有在卫生系统使用时才动作。在卫生间与废排风道间设置有开闭装置，开闭切换装置用电磁阀打开，将卫生间与废排风道间挡板打开，同时通风扇开始工作。

(4)挡风阀打开工作(冲洗前工作)。为了防止污物的臭气进入厕所内，在便器下方设有挡风阀。打开挡风阀可将排便从污水管排出。挡风阀开闭用电磁阀打开，使压缩空气进入，挡风阀被打开。

(5)便器冲洗工作。为了提高便器的冲洗效果，由安装在便器前侧的主冲洗喷嘴(约140 mm宽)以及左右各一个安装在侧面的辅助冲洗喷嘴冲洗便器。最先由辅助喷嘴喷水，然后由主喷嘴喷水，最后由所有的喷嘴喷水。辅助喷嘴用电磁阀打开，加压的冲洗水从辅助喷嘴喷出，冲洗便器侧面内壁。主喷嘴用电磁阀打开，加压的冲洗水从主喷嘴喷出，冲洗便器底面。稍后辅助喷嘴用电磁阀打开，加压的冲洗水从辅助喷嘴喷出进行冲洗。

(6)挡风阀关闭工作异味排出完毕工作。便器的冲洗动作完了，挡风阀关闭，同时除臭用通风扇的动作停止。瓣阀开闭用电磁阀关闭，瓣阀关闭。同时开闭切换装置用电磁阀关闭，卫生间与废排风道间开闭切换装置关闭，通风扇停止。

(7)排污管冲洗工作。为了使排污管内污物顺利排出，排污管上部(便器挡风阀下部)设置有排污管冲洗喷嘴。当光电开关的感应次数达到第9次时，排污管用电磁阀打开，附加下水管冲洗功能开启。被加压的冲洗水由排污管冲洗喷嘴喷出，从排污管上部对排污管内部进行冲洗。

(8)冲洗水供水工作(冲洗循环完毕)。冲洗动作终了后，水箱内给水，冲洗环节完成。供水电磁阀打开，冲洗水筒内注入清水，直至注满。

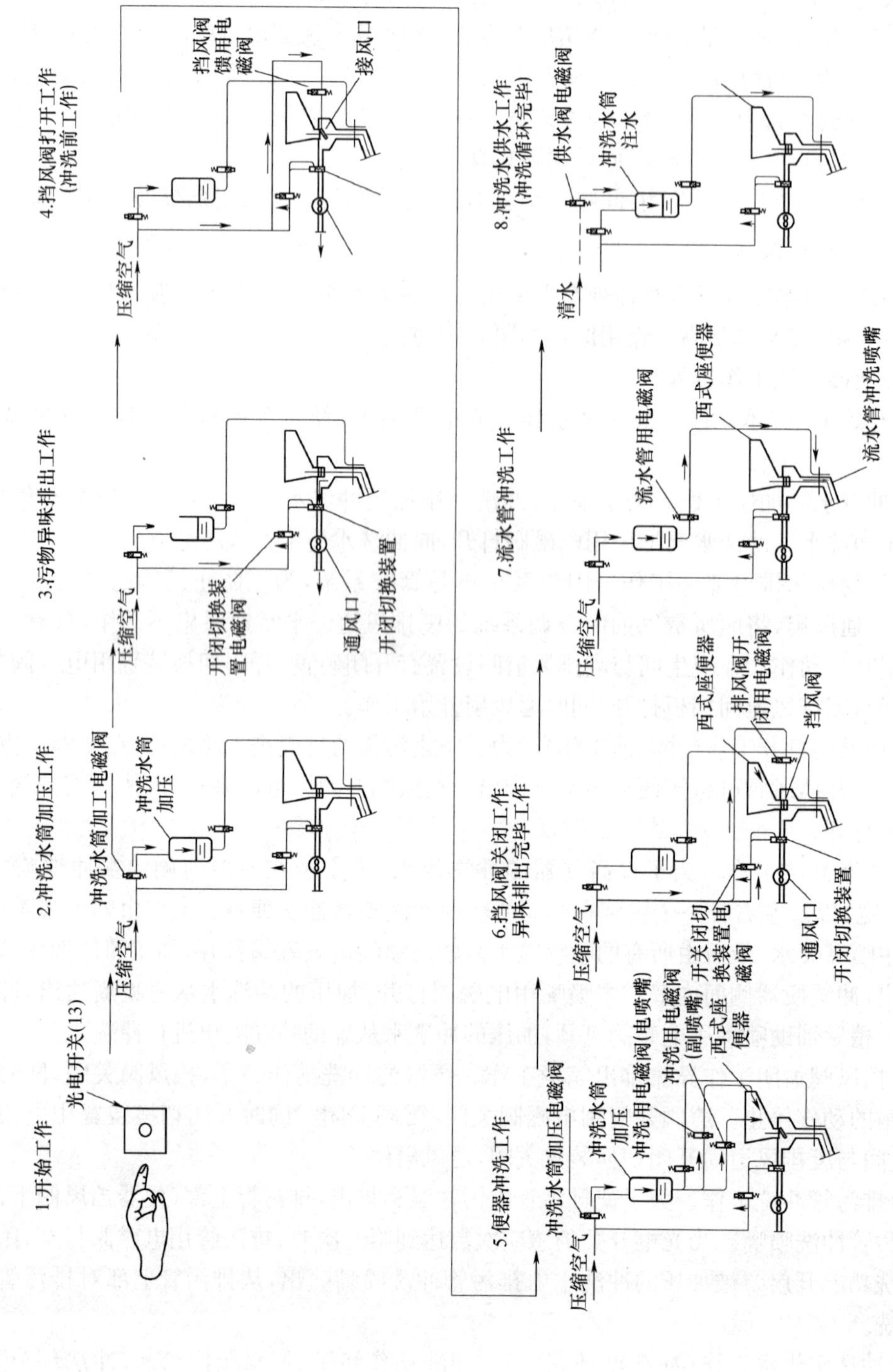
1.开始工作
光电开关(13)
2.冲洗水筒加压工作
压缩空气
冲洗水筒加工电磁阀
冲洗水筒
加压
3.污物异味排出工作
压缩空气
开闭切换装
置电磁阀
通风口
开闭切换装置
4.挡风阀打开工作
(冲洗前工作)
压缩空气
挡风阀
馈用电
磁阀
接风口
5.便器冲洗工作
压缩空气
冲洗水筒加压电磁阀
冲洗水筒
加压
冲洗用电磁阀(电喷嘴)
冲洗用电磁阀
(副喷嘴)
西式座
便器
6.挡风阀关闭工作
异味排出完毕工作
压缩空气
开关闭切
换装置电
磁阀
通风口
开闭切换装置
西式座便器
排风阀开
闭用电磁阀
挡风阀
7.流水管冲洗工作
压缩空气
流水管用电磁阀
西式座便器
流水管冲洗喷嘴
8.冲洗水供水工作
(冲洗循环完毕)
清水
供水阀电磁阀
冲洗水筒
注水

图3.70 冲洗工作流程

复习思考题

1. 简述高速列车车体结构设计应该注意的主要问题。
2. 简述车体轻量化可采取的主要途径。
3. 简述铝合金车体结构的演变过程。
4. 列车高速运行时一般有哪些需要考虑的空气动力学问题?
5. 动车组一般可采用哪些措施来保证列车的气密性?
6. 动车组采用了哪些类型的集便系统?

第4章

动车组司机室

4.1 概　　述

铁路运输的核心是安全，安全的保障需要有良好的装备与素质优良的人员。作为人员与装备的直接界面，司机室可以认为是一个最重要的安全装备，因此，它的设计要考虑充分的人-机-环境因素，是一个包括力学、声学、光学、传热学、美学和人机工程学等各学科门类在内的综合性课题。

4.1.1 司机室与人机工程

动车组是一种全新概念的铁路旅客列车，它所使用的通信与信号系统、全数字化的网络控制、全球定位系统等计算机技术使得它的司机室具有与传统的铁路机车的司机室不同的特点。动车组司机室是整个列车的控制中心、信息中心和检修中心，它必须充分满足作为高速列车的各种性能，即应在运行性能的基本使命的基础上，全面考虑确保安全运行的高位置、宽视野的监视条件，创造考虑乘务员疲劳因素且操作性、舒适性良好的环境空间。

动车组司机室安装有各种设备，包括运行中需要经常操作或者监视的重要设备（主要有主操控设备的主控制器、制动控制器）、监控用的速度表、压力表、电压表、各种指示灯、经常操作的运行安全保证装置（车载无线装置及无线话筒、运行调度专用电话）以及各种按钮等。

设备配置上有必要考虑符合人因工学的合理方案。保证司机工作时能够时常保持适度的紧张状态，但不能妨碍其操作范围内的活动，不能使司机产生过度疲劳。尤其是影响到视点的仪表盘的倾角，更应在充分研究的基础上确定。仪表盘内部必要的指示灯和重要的仪器、按钮等应集中配置在视野以内。另外为便于维护保养作业，还有必要充分考虑设备的安装方法和结构。设备安装方式上，除了司机直接操作的必要部分以外，应将其他各种设备均镶嵌在司机台面板内，以减少凹凸不平的配置，给人以整齐、平整、舒适的感觉。

司机室内设计上，必须考虑提高舒适度、减轻司机疲劳，特别要注意环境相关的色彩、照明、换气、空调设备、噪声等问题。在照明方面，仪表照明尤为重要，应避免漏光直接刺眼以及前窗玻璃的反射。驾驶室内安装的各种设备，从结构上必须使得驾驶室整体简洁明快，因此在设备本体的设计上及总装上需要进行充分的考虑。

现代动车司机室设计的一般流程如图 4.1 所示。

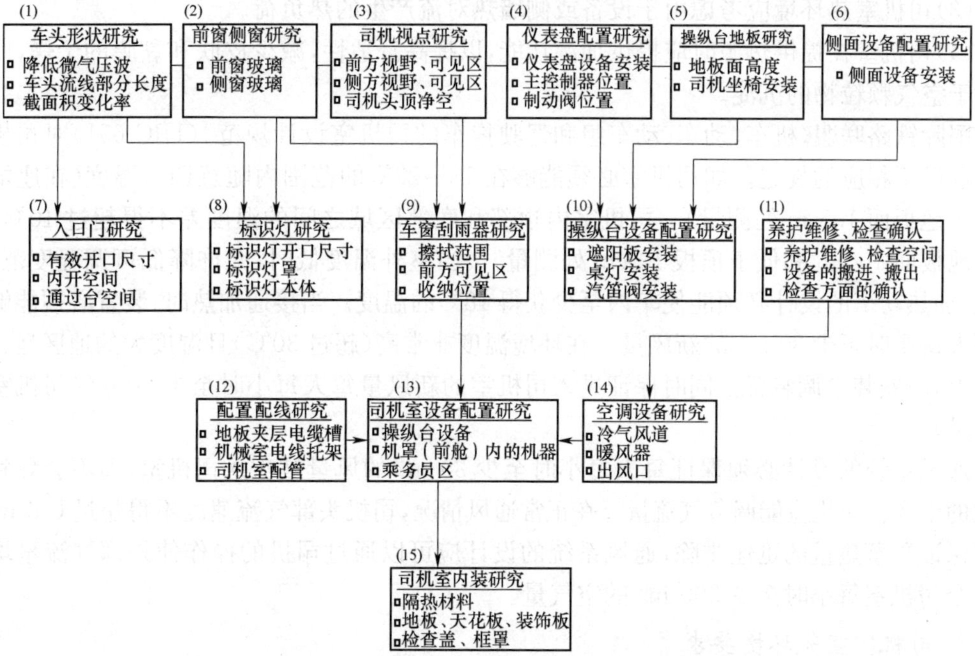

图 4.1　动车组司机室设计的一般流程

司机室设计原则上应按照图 4.1 所示流程进行。但实际设计流程并非只由一个要素单方决定，是在多个要素不断协调的基础上推进的。

可以看到现代动车组司机室是一个以人为中心的设计，其界面技术主要内容见表 4.1。

表 4.1　司机室界面技术

序　号	内　容	序　号	内　容
1	人体测量学的评估	8	列车管理系统（TMS）接口界面设计
2	驾驶作业任务分析	9	列车控制系统（TCS）接口界面设计
3	3D CAD 工作场所建模	10	人的错误分析（HEA）
4	显示和控制面板设计	11	工作负荷及人力资源研究
5	牵引/制动控制器（TBC）设计	12	培训需求分析（TNA）
6	警告/警惕性系统的规范	13	危险与操作性研究
7	警示设计	14	健康与安全风险评估

4.1.2　司机室环境界面

4.1.2.1　司机室空调环境

1. 司机室热环境要求

（1）司机室的加热装置必须能维持最低温度 18℃，该温度是指距离座椅中心 61 cm 高度的位置温度，加热装置维持此温度的最短时间不能小于 3 h。

（2）司机室风挡玻璃在恶劣环境下不应该影响司机室热环境。

(3)司机室热环境应考虑由于设备或侧墙热对流产生的热负荷。

(4)司机室在提供热源时应提供加湿功能,以提高舒适性,减少皮肤和黏膜的干燥,同时有助于空气颗粒物的沉淀。

国际铁路联盟《机车、动车、动车组和驾驶拖车的司机室设计规范》(UIC 651)对司机室热环境做了相应的规定。如司机室必须能够在18~23℃的范围内随意调节温度(在座椅周围高于地板面1.5 m处测量)。司机室内顶部和底部区域之间的温度差不得超过10℃(在高于地板面10 cm和低于顶板10 cm处测量)。当室外温度低时,允许降低可调温度范围。但是,加热功率的设计必须能使车内至少获得18℃的温度。当接通加热时,装置必须能够供给每人每小时至少30 m^3 的新风量。在环境温度非常高(超过30℃)且湿度大的地区运行的车辆上,应安装空调装置。同时保证进入司机室的新风量每人每小时至少30 m^3(司机室正常定员)。

通风系统的设计必须保证每人每小时至少30 m^3 的风量被吹入司机室,而不会导致不舒服的干燥。司机应能调节气流量。在正常通风情况,司机头部气流速度不得超过0.3 m/s。为了保证积蓄热量的迅速排除,通风系统的设计应可以通过司机的操作使外部气流量增加到每个司机室每小时至少300 m^3 的空气量。

2. 司机室空气环境要求

(1)空调应使得司机室温度维持在29℃以下。

(2)在高温和高露点的环境下司机室空调具有除湿功能是十分重要的。

(3)空调环境下温度从地板面到人头部位置的温度差不应超过5℃。

(4)加装的司机室空调系统不应该导致司机室使用空间的减少。

(5)司机室风窗应提供可移动的遮阳装置或防晒膜,以减少外界热辐射。

(6)采用空调系统后应能减少开窗和通风系统的使用,以减少内部噪声。

在UIC 651中规定司机室所有各侧必须完全封闭。车门、车窗、管路走线和电缆走线、检查活门及任何通风活板必须密封,防止液体、废气和灰尘进入。司机室内可以有轻微的超压。

当列车会车或驶过隧道时,尤其是在高速情况下,必须保护司机免受可能发生的突然的和较大的气压波动。

在一横断面为90 m^2 的隧道中的压力变化应符合下列值:绝对压力变化:≤1 000 Pa;在1秒内的压力变化≤400 Pa。

司机室(尤其是地板和车顶),应进行隔热设计。排气系统的设计必须保证废气不会经通风回路再循环。

4.1.2.2 司机室噪声环境

1. 司机室噪声环境要求

司机室噪声建议控制在75 dB以内。

2. UIC 651机室噪声环境的规定

司机室内须保持尽可能低的噪声水平,通过采取适当的措施限制噪声源。动车组以≤160 km/h的速度运行时,在司机室内30 min测量的等价连续噪声水平不得超过

78 dB(A)。当车速更高时，应当尽各种努力使噪声水平数值维持在 78 dB(A)以下。

噪声测量应在如下的条件下进行：

①车门、车窗必须关闭。

②良好的运行状态，由铁路业主规定轨道特性。

③牵引载荷必须至少等于最大允许值的 2/3。

④最高行车速度维持的时间至少为测量时间的 90%。

为了满足上述条件，所规定的测量时间可以分成几个短的时间段。测量应在司机耳部平面高度、从司机室前窗伸展到后部墙壁的水平面中心处进行。

4.1.3 司机室空间界面

4.1.3.1 司机室的尺寸和布局

司机室必须宽敞。在站立位置可接近的任何一点处，净空高度应不小于 1 850 mm。在坐姿位置时，沿司机就座时视线平面纵向测量，前窗内表面与处于司机座椅后面的最近物体(墙、门、橱等)之间必须有 1 500 mm 的最小深度，此深度值是最小的允许值。在该水平高度上宽度要保持至少 2 000 mm，确保有更大的深度值。从司机眼睛到司机座椅前部前窗的距离必须在 500 mm 和 1 200 mm 之间。司机室的宽度应保证乘务员可以通过侧窗来观察列车两侧，而不用看后视镜或采取探出身子的方式来观察。司机室内的空气体积至少为10 m^3。

在结构性安全性能方面，司机室侧墙、地板和车顶的设计必须使它们在受外力作用时有足够的抗压、抗弯强度。司机室尽可能与牵引单元车底架牢固连接，这样可以承受任何来自前面的以及可能来自司机室下面的冲击所造成的变形。特别重要的是司机室前端应充分地嵌入底架中，这样在车头和车窗下边之间如果发生碰撞就可以产生足够的抵抗力。

司机室的结构在无永久变形的情况下承受的压应力见表 4.2。

表 4.2 司机室的结构在无永久变形的情况下承受的压应力表 单位:kN

部 位	机车和驾驶拖车	动 车	注 释
在风挡玻璃下边缘的底下	300	300	均匀分布
在缓冲梁水平面	2 000	1 500	分布在两个缓冲器上
	2 000	1 500	沿自动车钩的中心线

此外，建议牵引装置的前面部分用能够吸收冲击能量的材料制造。

为了防止车辆内部的惯性影响，司机室内部装备的设计必须满足在速度突变时，乘务人员不被锋利的边缘、突出的物体等弄伤。如果无法避免，这些物体必须用减振材料覆盖。对车内安装设备和其他零部件固定的设计必须满足在正面受冲击的情况下，承受至少 3 g 的加速度。

为防止其他危险源司机室不得有任何可能对乘务人员构成危险(爆炸、火、电击或有毒蒸汽等)的设备。车顶安装的金属、不带电零部件必须与车辆构架连接。此外，它们必须正确接地，以保证接触线或受电弓的带电部分落在车顶时可起保护作用。在车辆端部的司机室必须至少有一个门或通道，使工作人员在紧急情况下易于到达通向车辆另一端的纵向走廊。如果采用的是门，则必须是从司机室向外开的门并且必须尽可能有良好的气密性。并且，须仅以推或其他简单和快捷的方式就能开启。如存在任何阻塞(行李、乘客)危险，必须采用回转门(向外和向内开)或滑动门。出口对司机来讲必须易于到达。相应地，座椅不得成为妨碍乘务人员到达出口的主要障碍。乘务人员必须能安全、毫不困难地撤出司机室，并且至少撤出 2 m 的距离。出口高至少 1 800 mm，宽至少 500 mm。门的净空至少为 1 700 mm×430 mm。

每个司机客室门的设置应保证可以从两侧毫无危险地进入。因此每侧应设有一个门，可以直接从司机室或通过相邻的隔间来到外部。这些门和在位于司机室前面的车钩端部之间的距离不得超过 8 m。司机室侧墙上的门必须仅向内打开。通往司机室外部的车门必须有一个至少 1 875 mm×500 mm 的净空。具有地板平面通道的司机室车门必须允许一个至少1 750 mm×500 mm 的净空(无脚蹬)。

司机室上车脚蹬须在同一垂向平面且彼此之间间隔等距。脚蹬之间的距离不得超过 450 mm。底部的脚蹬高度必须为限界允许的最低值。脚蹬的宽度须相同，最小为 300 mm，并且最小深度应为 150 mm。脚蹬必须防滑。

在通往司机室的车门和脚蹬的每一侧必须备有一扶手。从扶手的下端到上端的距离不得超过 1 250 mm。从扶手的顶端到司机室地板平面的距离不得小于 1 200 mm。

扶手必须为圆形且不得有任何锋利的边缘，并把两端固定在机车侧。扶手与车辆侧墙之间的间隙至少为 40 mm，并且如果限界允许，底部的间隙应增加到 60 mm。此外，扶手清洁起来应毫不困难。如果从地面上够不到司机室车门外部的开门把手，须在车门较低部位备一个额外的把手。把手的旋转轴须在距车门下边缘至少 80 mm，距车门侧边至少 50 mm 处。80 mm 的距离也适合于固定式门把手。把手与车门表面之间的间隙须至少为 50 mm。把手长至少 120 mm 且为圆形。

司机室的地板必须平坦。司机室的地板必须覆盖防滑且易清洁的材料。

司机室前窗的尺寸必须适合司机在规定条件下，能够正确地观察轨道和(视觉)信号。因此，从前窗顶部边缘或加热二级窗顶部边缘(若设置的话)到司机站立地板的距离不得小于 1 800 mm。

每侧侧墙或每侧侧门必须至少有一个车窗，当车窗开启时，乘务人员可以探身出去观察列车。各司机室内每侧的侧窗中至少有一个的尺寸必须满足这样的要求，即在紧急情况下，如果没有其他合适的办法，乘务人员能在打破车窗玻璃之后经车窗撤出司机室。司机室内所有车窗位置的安装必须参考外部视觉信号和内部光源等情况，使乘务人员处在正常工作位置时不被反光误导或因反光引起不便。

司机室内所有车窗必须采用有特别的、不能擦掉的标记的安全玻璃。用于司机室前窗和任何加热车窗(车窗被加热，防止结霜)的安全玻璃类型不得改变信号颜色，当玻璃(通常夹层玻璃)被击打或打破时，玻璃应仍留在原来位置，为乘务人员提供安全保护和足够的可见度，以使列车继续行驶。

前窗必须安装可调遮阳帘、窗帘或其他装置，使工作人员可保护自己不被阳光、前灯等照射。如果使用透明嵌板则不得改变信号颜色。此外，前窗必须包含尺寸合适的车窗风挡刮雨器及防冻和除雾装置。

4.1.3.2 司机室的可见度

司机以松弛坐姿坐在座椅上和站立操作时通过前窗的瞭望条件应符合 UIC 651 的规定。司机以松弛坐姿坐定在座椅上，瞭望前方时，至少在水平视线左右各 35°范围内，前窗结构应对视觉不产生干扰。司机坐在座椅上，在最佳视角范围内，透过侧窗几何中心进行瞭望时，司机头部转动的角度不得超过 60°。雨刷对前窗的刮扫面积，应能确保对前方的瞭望。

在 UIC 651 中规定，当以坐姿或站姿驾车时，司机眼睛的位置以一个参照表面来描述，参照表面的中心位于操纵台纵向轴上，如图 4.2 所示。对于不同的驾驶姿势，其参照表面的上限和下限是由所考虑的最矮和最高司机的实际的眼睛位置决定的。

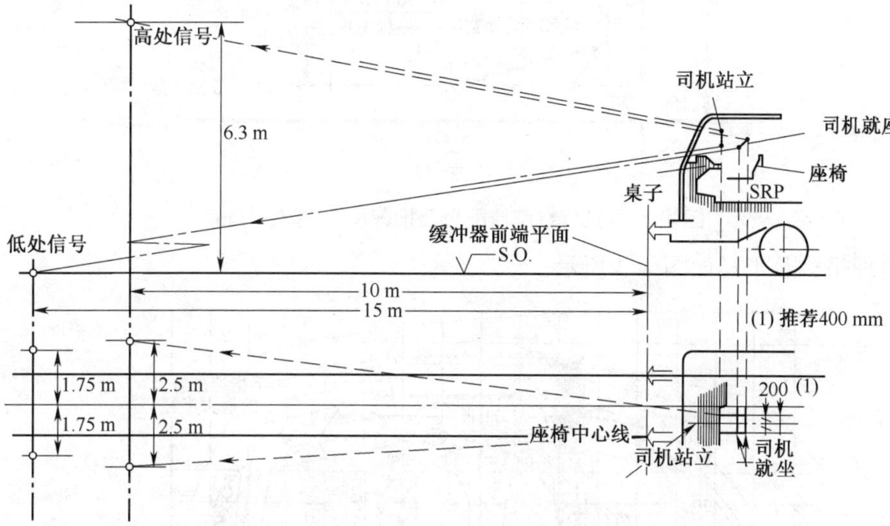

图 4.2 眼睛的参照表面位置和信号可见度条件

司机室可见度条件如下：

(1)高处信号的可见度

从参照表面内的每一点处必须能看见距车头端部前部平面 10 m 或 10 m 以外的线路中央右侧或左侧 2.5 m 处的高处信号和线路上方高达 6.3 m 的高处信号。

(2)低处信号的可见度

从参照表面内的每一点处必须持续可见距车头端部前部平面 15 m 或 15 m 以外的线路中央右侧或左侧的低处信号、运行平面内的低处信号和线路上方高达 1.75 m 的低处信号。如有可能应尽可能降低能看见低处信号的最小距离。

4.1.3.3 司机室的操作域

司机室操纵台的设计以及操作设备和控制系统的布置、形式和动作方向首先是以司机的人体(工程学)测量值为基础，其次是以执行的确切任务(设备的运转和监视)为基础。操纵台及其操作设备和控制系统的布置必须能使司机保持正常姿势，不妨碍其自由活动。

操纵台的形状和尺寸必须允许司机易于接近其座椅，并且腿和膝盖活动起来有足够的自由度。

关于司机操纵台和座椅的尺寸和公差值，建议以图 4.3 中给出的数值作为最常用的配置。

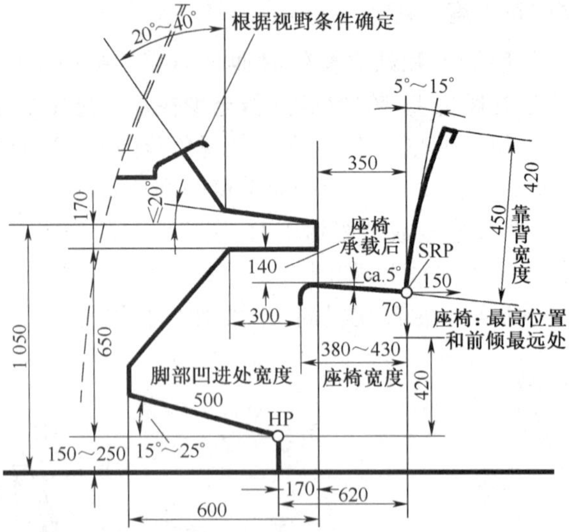

图 4.3　司机台/座椅配合及推荐尺寸(单位:mm)

手的理想触及半径如图 4.4 所示。

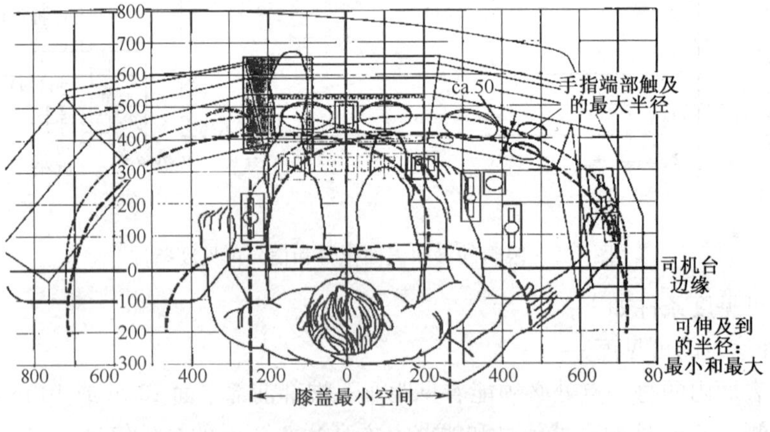

图 4.4　手的理想触及半径(单位:mm)

4.1.3.4　司机室中的座椅

高速列车司机承受着很大的工作负荷,司机室环境的噪声、不利的照明条件、天气以及线路和信号的影响。这些因素会直接关系到司机的健康状况和工作效率。司机驾驶座椅与乘客座椅相比除了要考虑可调整性以外,还应该考虑下面一些因素,如身体姿态(脊柱和关节的位置,肌肉张力)、能否够到操作元件、视野条件、自由活动范围以及发生事故时的求生区间。

高速动车组司机座椅必须满足如下要求:

(1)座椅必须牢固安装,以便充分稳定(例如,固定在地板上或侧墙上)。

(2)座椅应有充分的纵向调节度或者当规定司机以站立姿势驾驶时,座椅应收起。

(3)必须能使工作人员迅速离开。

(4)应配备减振装置,座椅的阻尼必须尽可能于车体阻尼相适应。

(5)尽可能地扩大人与座位之间接触面的支撑面积,调整座位长度和靠背高度,使工作时肌肉得到放松并降低接触面压力,防止血流受阻。

(6)靠背可自由调节,使对容易受到损害的腰部、颈部前凸区域形成支撑作用,以免椎间盘畸形。

(7)操纵器件便于使用:次序、辨认难度、开启时间需要的力量等方面充分考虑人机工程学的要求。

座椅配件中的座位和靠背用多孔材料覆盖,多孔材料能使人体正常排汗;靠背/座位组件固定或者可以调节;当有肘靠时,肘靠应相距 450 mm 以上,且易于收起。

座椅尺寸从生理学观点来讲,座椅必须能让司机保持正确的姿势,并且座椅易于调节,以适用于不同高度的乘务人员。

为了解决带搁板的操纵台的问题,图 4.3 中推荐了尺寸和调节范围。当乘务人员就座时,靠背应在高于座位 180～230 mm 的地方有 10～20 mm 的向前弯曲。

座椅安装时必须有宽度最小为 500 mm 的凹进处供乘务人员放脚和腿。当使用旋转座椅时,凹进处的宽度必须足以让乘务人员移动腿,而膝盖不受任何阻碍。图 4.3 给出了建议的凹进处尺寸示例。在脚板必须覆盖防滑衬套,动警戒装置的踏板应与搁脚板相结合。

4.1.3.5 司机室的色彩

司机室色彩必须在人因工学标准的基础上选择色彩设计方案。司机室中乘务人员的手和腿不断或重复接触的零部件不得含有一种“寒冷金属”感觉。这些零部件应该套上使皮肤感觉舒适的材料或者采用表面加热,同时司机室表面结构不得产生镜面效果(发光表面)。

色彩的反射系数(反射也可用亮度系数表示,亮度系数=反射系数×100)必须符合下列数值:

①控制台 0.3～0.5,可视显示板除外。

②可视显示板最大值为 0.15。

③侧墙和车门为 0.3～0.7。

④地板至少为 0.15。

⑤顶板至少为 0.5。

反射光线必须被散射,不能聚集。必须尽力使紧靠车窗附近的区域(可视显示板除外)有较高级别的亮度,这将减少耀眼的效果。

4.1.4 司机室操作界面

4.1.4.1 司机室操纵台布置的人机工程准则

1. 司机室操纵台布置应遵循的人机工程准则

(1)重要性原则,即将最重要的器件布置在最佳位置上。

(2)频次性原则,即将使用频率最高的器件布置在最佳位置上。(1)与(2)综合,重要度×频度=链值,即将链值最高的器件布置在最佳位置上。

(3)功能性原则,即将功能上相关的控制器或显示器布置在邻近位置上,按功能组布局或按功能分区布置。

(4)顺序性原则,即器件的布置应与操作的逻辑保持一致。

(5)可达性原则,即对于不能按功能和使用顺序来组合,而又经常使用或最重要的器件,则应布置在最容易接近的位置上。用于系统维护目的控制器-显示器组应布置在可达性小于用于操作目的控制器-显示器的位置上。

2. 控制器与显示器的相互关系与布局

(1)关系

控制器和与之相关的显示器以及显示器和控制器之间的关系应是明显和不模糊的。控制器应邻近相关的显示器,通常在其下方或右方,这样才能使控制器和司机操作控制器的手不会挡住显示器。

(2)布局

控制器和显示器相互之间的位置,应有助于司机判断哪些控制器与哪些显示器一起作用,每个控制器影响哪些设备以及每个显示器显示哪些设备的状态。

司机操纵台上的可视显示板、司机台的其他部位、周围环境的亮度比(L_{max}/L_{min})应分别为1∶3∶10。如果亮度比(L_{max}/L_{min})高于10,乘务人员会觉得司机室压抑,当亮度比小于3时,司机室变得昏暗。司机室内应避免太深或带有红色调的色彩,因为它们的热吸收系数高,将引起司机室内温度上升。

4.1.4.2 操纵台主要操作设备及控制系统

操作设备和控制系统必须以实用和合理的方式布置。司机理想的操作和视觉范围必须只包含在运用中或者在危急情况下需要操作或监视的操作设备和控制系统,这是为了避免不必要地将司机的注意力从对线路的观察中转移开。因此这些设备和系统的设计必须使司机不仅能准确无误地识别这些设备和系统的位置并进行操作(即使在黑暗中),而且在白天或夜间也能毫不困难地(例如,没有目眩的危险)读取设备。

应当对操作设备和控制系统进行清晰标记。当没有图形符号说明时,有关的文字说明必须简短且明确。必须在紧靠司机处、并在其视觉范围内应设一时间表夹(架)。

此外操纵台设置中尽可能地避免操作设备的动作方向和相关控制系统动作方向之间的相互矛盾。对于采用不同牵引形式为动力的车辆,应实现操作设备和控制系统布置的标准化。经常操纵的手把,还有与手和前臂接触的表面要衬着不传热材料。

操纵台上的换向器应由一单臂控制杆组成。控制杆的旋转轴应与控制台顶部垂直或者与车辆的纵向轴水平且垂直。

主控制器或主控制器制动转换组必须采用轮的形式或控制杆的形式。采用轮的情况下,轮的旋转轴应该垂直于司机或稍微向司机倾斜。采用控制杆的情况下,控制杆的旋转轴位置与上述情况相同,否则与车辆的纵向轴水平且垂直。在后一种情况下,控制杆可以在枢轴上最大转动150°,并且对控制杆弧形部分的定位应使控制杆的操作尽可能容易。主控制器应该以司机容易确定控制设备位置的方式布置。

在使用主控制器/制动转换组的地方,用于牵引和制动的凹槽分别被布置在中间位置的每一侧。同时应采取适当的设计方法防止从一种模式到另一种模式的意外动作(例如在中间位置安装一定位器)。

高速列车牵引装置中的主控制器应设计成控制杆,并且应设有一用于紧急制动的额外位置(EB 位置)。通过将控制器的控制杆拉向司机来达到 EB 位置。紧急制动凹槽应该明显区别于控制杆上其他位置的凹槽。控制机构的设计应使它易于从某一中间位置拆卸下来。当采用轮时,建议中间位置的标注设在六点钟的位置。

对于其他控制机构,如果应用分路控制器,相应的操作装置应为单臂控制杆,并且其旋转轴应与主控制器或主控制器制动转换组的旋转轴平行。如果应用速度显示调整器(调速控制器),操作装置可以是一旋转的球形手把、滑动手把,或控制杆,其旋转轴应与主控制器的旋转轴平行。

操作设备应包括旋转轴垂直于司机或稍向司机倾斜的单臂手把和/或下列设备:

(1)旋转轴与车辆纵向轴水平且垂直的控制杆。当用控制杆时,其转动范围不得超过150°,并且控制杆弧形部分的定位应使控制杆的操作尽可能容易。

(2)用于停车制动的操作设备:如果停车制动是一手闸,操作设备采用轮的或曲柄手把;轮的旋转轴或曲柄手把的旋转轴应水平或垂直;手闸的操作设备应能固定在制动位置。

如果停车制动是弹簧闸,必须清楚标明"制动缓解"或"制动"的位置。例如,当闸的控制杆带有棘轮机构或转换开关时,在杠杆相应的极限位置给出文字说明;当使用按钮控制杆或转换开关时,利用可见显示。

换向器-主控制器制动转换组动作方向如下:

(1)换向器

当控制装置推向前窗(离开司机)时,车辆向前运行;当控制装置向后拉即朝向司机时,车辆向后运行。

(2)主控制器或主控制器制动转换组

假如使用轮子,顺时针转动轮子,增加牵引力。如果转换组是主控制器/制动型,通过自中间位置逆时针转动轮子获得制动力。

假如使用控制杆,向前推控制手把(不考虑旋转方向),增加牵引力。如果转换组是主控制器/制动型,通过将控制手把自中间位置拉向司机身体获得制动力。

对于其他操作设备介绍如下:

(1)调运控制器

当调运控制器采用独立开关时,象主控制器那样,以同一方向移动控制杆增加牵引力。

(2)速度显示调节器(调速控制器)

速度显示调节器(调速控制器)的动作方向必须与对应设计的主控制器的动作方向一致,牵引力的增加只与速度的增加相匹配。

(3)自动连续制动、直接作用制动和动力制动的控制

有关自动连续制动和直接作用制动的动作方向采用《司机制动阀的制造条例》(UIC 541—03)的规定。

当动力制动备有独立控制时,动力制动也采用规程 UIC 541-03 的规定。

(4)停车制动控制

当停车制动是手闸时,通过顺时针转动轮子或手把来施加停车制动。

主要的控制应该设置在司机的左侧或右侧，这样即使当司机透过最近的车窗观察其列车的后部或观察调车信号时也能操作主控制器和制动控制器。制动控制器必须设置在该车窗的同一侧。

如果在上述观察位置(例如，在调车移动中)，司机不能操作主控制器和/或制动设备，则必须在近侧窗处安装与主控制器和/或制动设备完全相同的辅助控制器。

停车制动控制器，包括其视觉指示器(如有)应安装在司机室内易于接近和清晰可见的地方。

为高速列车设计的牵引装置上的前部信号装置必须具备如下功能：关；侧灯弱光；侧灯强光；前灯弱光；前灯强光。

每组灯束中心线中的信号亮度应符合表 4.3 中的数值。

表 4.3　灯束中心线中心信号亮度　　单位：cd

灯组位置	侧灯弱光	侧灯强光	前灯弱光注	前灯强光
低处前灯	100	300/700	12 000/16 000	50 000/70 000
前部灯	50	150/350	12 000/16 000	12 000/16 000

注：光束的上限是在与水平中心线成向下 5°30′的位置。

建议采用开关来选择发光强度，开关应带有一控制机构，控制机构可以与开关一体，也可以不与开关一体，可以用开关在前灯强光或弱光之间或侧灯强光或弱光之间迅速选择。

操纵台中的自动警戒装置应为 UIC 641.0 中所示的四种设备提供一个(或两个)带两个位置的踏板。

本章将以目前广泛使用的 CRH380A 和 CRH380D 两款车型司机室为例进行介绍。

4.2　CRH380A 型动车组司机室

驾驶设施是司机获取信息、做出决策并对有关系统进行指令控制、驾驶动车组完成各种任务的主要设备。CRH380A 型动车组驾驶设施主要布置在动车组两端的车头最前侧的司机室内，是司机对动车组的主要操控平台。动车组在运行过程中，司机根据线路信号状态和周边情况，操作相应的驾驶设施，完成动车组牵引和制动控制；同时根据运行需要，控制动车组各车厢的空调、车门和广播等设备。

4.2.1　组成及布置

驾驶设施主要由操纵设施和驾驶配套设施组成。操纵设施主要包括显示器、仪表、指示灯、开关按钮、通讯电话、牵引控制器、制动控制器等，这些设备集中安装在操纵台上，共同完成操控动车组的操作；驾驶配套设施主要包括电气边柜、刮雨器、风笛、前照灯、遮阳帘、座椅等。

CRH380A 统型动车组司机室采用单人驾驶模式，驾驶设施在司机室内据此布置：司机室前窗设置有刮雨器和遮阳帘；前窗下方设置前照灯；司机室侧窗下方设置电气边柜，左后电气边柜处设置辅助座椅；司机室中部设置操纵台和司机座椅；司机室顶板设置司机室灯；

气密隔墙上设置风笛等等。CRH380A 统型动车组驾驶设施在司机室里的布置如图 4.5 和图 4.6 所示。

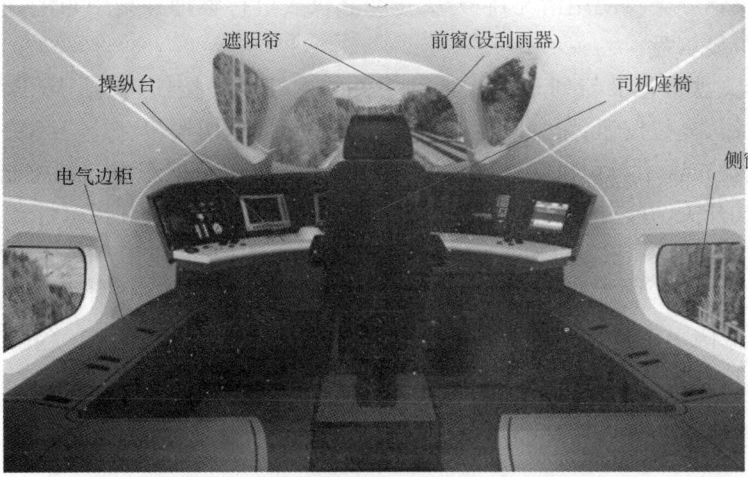

图 4.5　司机室驾驶设施总体布置效果图

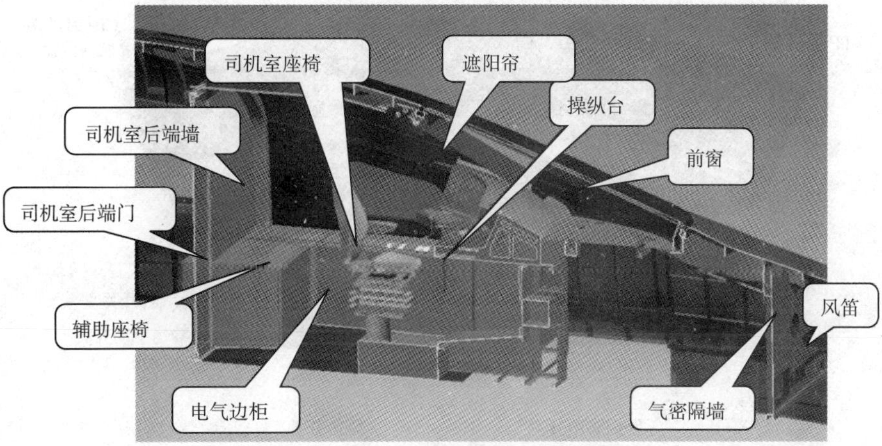

图 4.6　司机室驾驶设施剖面布置图

4.2.2　操纵设施

4.2.2.1　操纵设施分类

操纵设施主要包括显示器、仪表、指示灯、开关按钮、通讯电话、牵引控制器、制动控制器等。根据各设备的主要功能特点和动车组控制通信原理，对操纵设施分类如下：

(1)显示控制类，包括 ATP 显示器(2 个)、TCMS 显示器(2 个)、CIR 显示器。

(2)仪表指示类，包括故障显示器、关门灯、电压表、双针压力表、空调运行状态指示灯、警惕报警灯等。

(3)主控操作类，包括牵引控制器、制动控制器(含主控钥匙)、紧急制动开关、VCB 合按钮、VCB 断按钮、降弓按钮、复位按钮、紧急复位按钮、恒速按钮、恒速切按钮等。

(4)联络类，包括无线打印机、无线话筒、广播话筒等。

(5)辅助类,包括刮雨器开关、开关左右门类按钮、司机室灯开关、头灯减光开关等。

(6)其他,包括监视器扬声器开关、司机室空调控制类开关、暖风机开关等。

根据操纵设施分类及使用情况,将开关按钮和仪表进行整理并集中布置,形成了 3 个集中开关盘和 2 个显示盘。

(1)中央开关盘布置了与列车运行紧密相关的主控制类按钮,包括 VCB 合按钮、VCB 断按钮、降弓按钮、复位按钮、紧急复位按钮、恒速按钮、恒速切按钮、撒砂开关。

(2)左开关盘布置了与司机室空气环境有关的开关按钮及列车左门的控制按钮,包括 2 个司机室电暖气开关、开左门按钮、关左门按钮、空调控制类开关及其指示灯。

(3)右开关盘布置了司机室灯和列车灯的控制开关、列车右门的控制按钮和监控器扬声器开关。

(4)仪表显示盘布置了广播话筒、无线打印机、电压表、风压表、刮雨器开关。

(5)CIR 及故障显示器盘布置了 CIR 显示器、故障显示器、无线话筒、关门灯。

4.2.2.2 操纵设施布置

操纵设施在操纵台上的布局如图 4.7 所示。

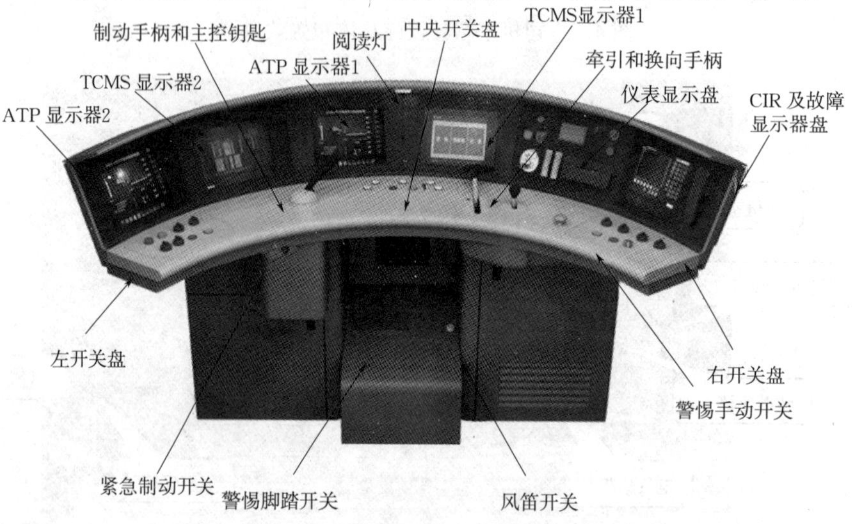

图 4.7 操纵台操纵设施布置示意图

操纵台采用单司机操纵模式,操纵台功能区主要由仪表盘和台面构成,仪表盘功能区主要布置各系统显示设备等,仪表盘功能区由 6 块区域组成,从左至右分别为 ATP 显示器 2、TCMS 显示器 2、ATP 显示器 1、TCMS 显示器 1、仪表显示盘、CIR 及故障显示器盘。

台面功能区主要布置牵引、制动控制器手柄,行车过程中重要的操作开关等。台面功能区左手侧布置制动控制手柄、右手侧布置牵引手柄、方向手柄,同时设置左、中、右三个开关盘。

另外,操纵台上还设有紧急制动开关、风笛开关等。

操纵设施在司机室的最终布局如图 4.8 所示。

图 4.8 司机室驾驶设施

4.2.2.3 主要操纵设施功能

1. ATP 显示器

ATP 显示器是列车运行控制(ATP)车载设备的显示终端,显示地面信息和 ATP 车载设备的控制状态。司机在注视前方的同时监视 ATP 显示器,通过显示器或者前方线路状况来操作牵引手柄和制动手柄,控制列车的加速、减速。同时,司机还可以根据需要通过按压显示器画面上的开关进行确认操作和警戒操作等。

ATP 显示器的基本功能:

(1)为乘务员提供必需的显示、数据输入及操作,并能够以字符、数字及图形等方式显示列车运行速度、允许速度、目标速度和目标距离。

(2)能够实时给出列车超速、制动、允许缓解等显示以及设备故障状态的报警。

(3)乘务员输入装置应配置必要的开关、按钮和有关数据输入装置。

(4)具有标准的列车数据输入界面。

2. TCMS 显示器

TCMS 显示器是车辆信息控制系统与司机之间的主要人机界面。通过它对列车运行及车载设备动作的相关信息进行集中管理,可以有效地实现对司机和乘务员的辅助作用、加强对设备的保养和提高对乘客的服务质量。

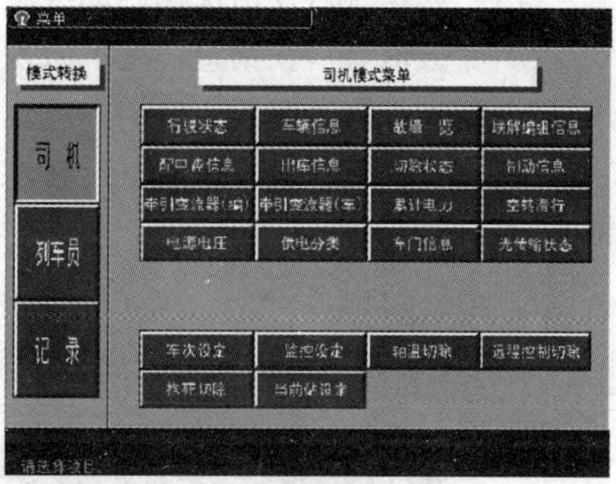

图 4.9　TCMS 显示器显示界面示例

通过它,可以实现运行里程的检测、车辆检查信息的显示(变流器、受电弓状态、VCB 等)、监视器信息的修改和输入、运行状态的显示(列车号、各单元状态等)、安全装置动作状态、编组形式、空调的控制、室内灯广播等的控制、发生故障时的状态记录、故障的实时显示及处理的指南、电力累计、运行或试运行中车辆性能信息的收集等近 60 项功能。

TCMS 显示器的显示模式可细分为司机模式、列车员模式和记录模式,如图 4.9 所示。

(1)司机模式,可以查看列车行驶状态、车辆信息、出库信息、制动信息、电源电压、配电盘信息、车门状态及车次设定等项功能。

(2)列车员模式,可以查看车门信息、空调状态、实现对服务设施、广告显示、空调模式等项目的设定等项功能。

(3)记录模式,可以实现各运行信息的记录下载以及试运行功能的实现。

3. CIR 显示器、话筒及打印机

CIR 显示器、话筒及打印机是机车综合无线通信设备(CIR)与司机的人机交互界面,如图 4.10 所示。通过 CIR 显示器,可以实现调度通信功能,包括列车调度通信、牵引变电调度通信、其他调度及专用通信、站场通信、应急通信、施工养护通信和道口通信等。同时也可以实现车次号传输与列车停稳信息的传送,调度命令传送,列尾装置信息传送、调车机车信号和监控信息系统传输、列车控制数据传输功能。

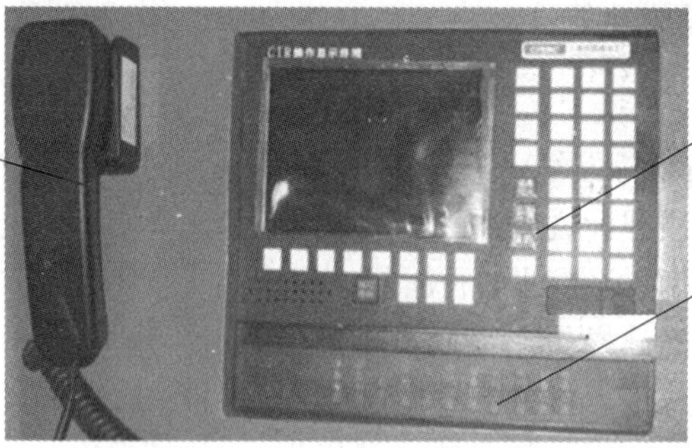

图 4.10　CIR 显示器、话筒

4. 制动控制器

制动控制器是司机发出制动指令的操纵设施，如图 4.11 所示。其主要作用是设定制动力的大小，分运行、制动(B1-B7)、快速、拔取位。

(1)制动控制器功能

①在“运行”位，与牵引控制信号连锁，生成牵引指令条件，牵引指令有效。

②在“制动”位，发出“1～7”级常用制动。

③在“快速”位，发出快速制动级位指令。

④在“拔取”位，在紧急情况下激发快速制动。

(2)制动控制器解锁

确认制动手柄处在“拔取”位，将主控钥匙插入制动手柄钥匙孔，向逆时针方向旋转，解锁制动控制器。

5. 牵引控制器

牵引控制器是司机发出方向指令和牵引指令的操纵设施，如图 4.12 所示。

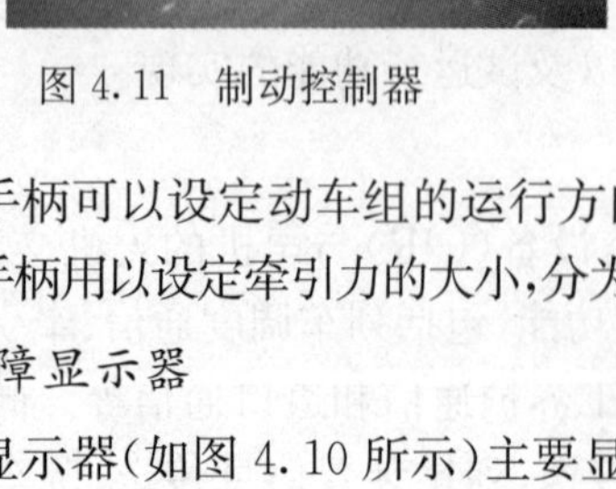

图 4.11　制动控制器

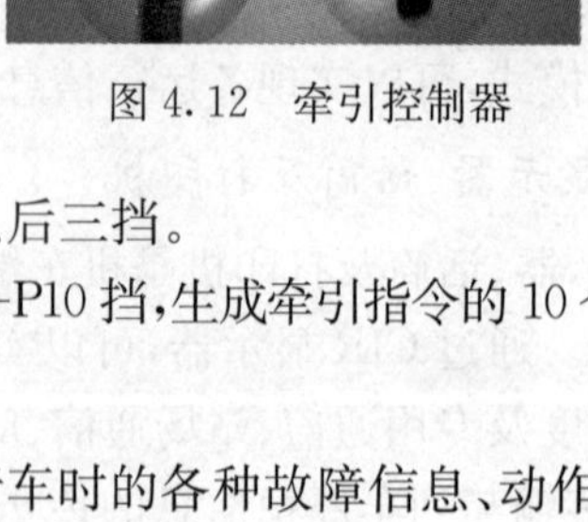

图 4.12　牵引控制器

方向手柄可以设定动车组的运行方向，分前、关、后三挡。

牵引手柄用以设定牵引力的大小，分为 OFF 挡、P1-P10 挡，生成牵引指令的 10 个级位指令。

6. 故障显示器

故障显示器(如图 4.10 所示)主要显示动车组行车时的各种故障信息、动作信息和动力单元信息，并用于快速定位动车组系统设备故障。通过其显示模块的状态指示灯的点亮，可方便快捷准确地定位故障位置和原因，节约故障排查时间，提高故障处理速度和效率。

4.2.3 驾驶配套设施

驾驶配套设施主要包括电气边柜、刮雨器、风笛、前照灯、遮阳帘、座椅等。

4.2.3.1 电气边柜

电气边柜位于司机室的左右两侧，如图 4.13 所示。驾驶列车所需的电子和电气、空气和机械的设备设于司机室柜中。设备组件按功能分组安装。电气边柜按位置划分为四部分：右前电气柜、右后电气柜、左前电气柜、左后电气柜。

右前电气柜主要布置了联解控制盘、司机室电暖气、24V 电源、EOAS 数据转储装置、熔断器（仅 1 车）等设备以及 QE 连接器和接线端子台等电气元件。

右后电气柜主（如图 4.14 所示），主要布置了司机室配电盘 1、联解试验开关盘、保护接地开关、IC 卡控制装置、QE 连接器、司机室配电盘 2、司机室端子排盘、接地开关盘、接线端子台、大型端子台等设备。

图 4.13 右前电气柜

图 4.14 右后电气柜

左前电气柜（如图 4.15 所示），主要布置了显示控制装置、刮雨器控制装置、压力开关、感烟探测器、司机室转换开关盘 2、QE 连接器等电气设备。

左后电气柜（如图 4.16 所示）主要布置了辅助座椅、救援切换开关、司机室控制放大器、司机室转换开关盘 1、灭火器、前照标识灯接触器盘、EOAS 主机、QE 连接器、LJB 接线端子盘 1、LJB 接线端子盘 2 等电气设备。

图 4.15 左前电气柜

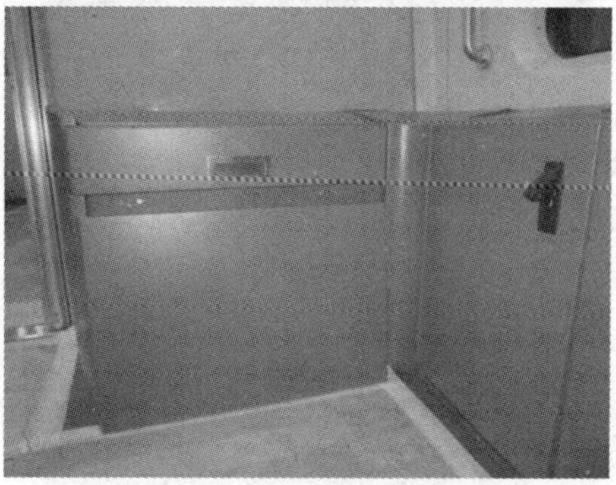

图 4.16 左后电气柜

4.2.3.2 刮雨器

驾驶室前窗安装有电控式刮雨器装置。刮雨器装置包括电机驱动装置、刮臂组成、刮片组成、控制箱、水泵、刮雨器开关、连接器组件、穿墙体接头、水位开关及软管，如图 4.17 所示。通过设置在操纵台仪表显示盘上的刮雨器开关，实现启动(关闭)刮雨器、调整刮雨器动作速度、喷水等功能。

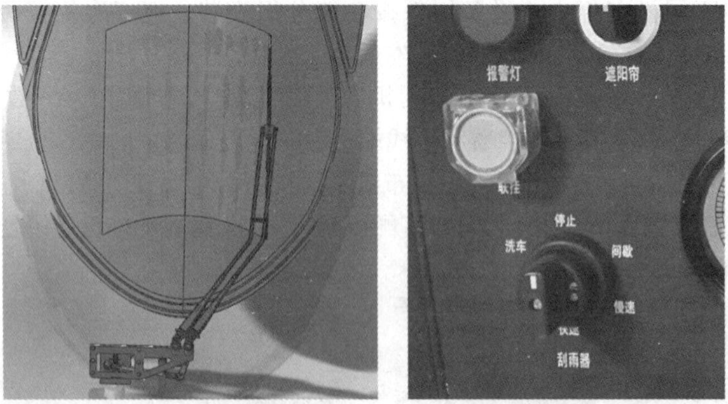

图 4.17　刮雨器装置总成示意图

4.2.3.3 风笛

风笛分为高音风笛和低音风笛(如图 4.18 所示)，安装在司机室气密墙外，操纵台右开关盘上设有“风笛选择”开关，通过对双控笛阀控制，实现高、低音的选择。通过设置在操纵台搁脚台上的风笛脚踏开关(如图 4.7 所示)，实现对鸣笛的控制。

4.2.3.4 前照灯

司机室前窗玻璃下方左右两侧布置有前照灯，如图 4.19 所示。车辆在起动状态时，前照灯就会自动打开。制动手柄解锁侧车头点亮，反向车头为红色标志灯。两侧操纵台的制动手柄都未开锁的场合，两侧都为红色标志灯。

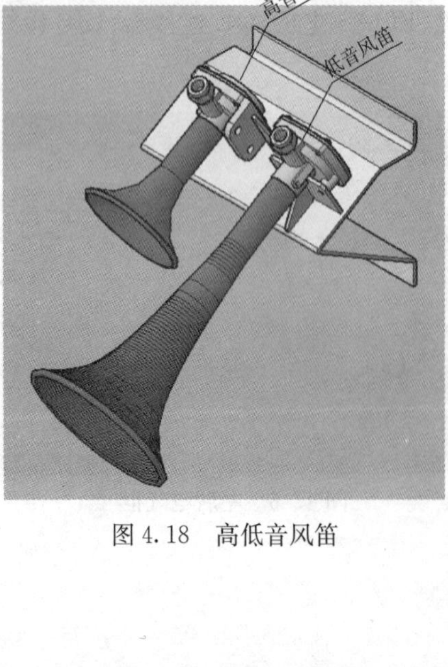

图 4.18　高低音风笛

图 4.19　前照灯

操纵台右开关盘[如图 4.20(a)所示]上有前照灯开关，能够进行前照灯强光、弱光的选择。主控钥匙未插入状态，需要强制点亮前照灯时，可操作司机室转换开关盘[如图 4.20(b)所示]上的前照灯强制开关。

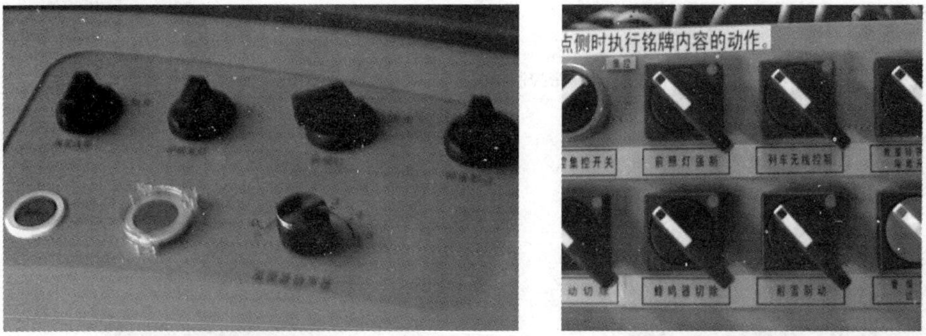

（a）右开关盘　　（b）转换开关盘

图 4.20　操纵台开关盘及转换开关盘

4.2.3.5　遮阳帘

在司机室前窗玻璃内侧设置电动遮阳帘。遮阳帘由遮阳系统、滑轨导向系统、电动驱动系统三部大分组成，如图 4.21 所示。遮阳帘通过设在操作台上的开关(如图 4.22 所示)控制，即按即行，松开即停。

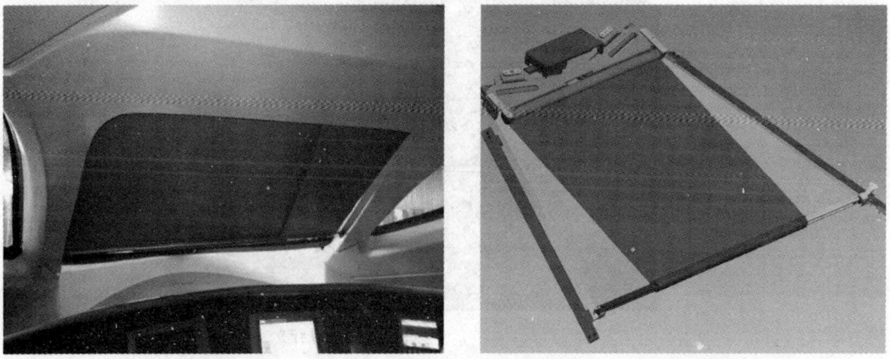

（a）遮阳帘外观　　（b）遮阳帘结构示意图

图 4.21　遮阳帘结构示意图

4.2.3.6　座椅

CRH380A 统型动车组司机室座椅包括司机座椅和辅助座椅。

1. 司机座椅

司机室座椅采用格拉默的 MSG85/822 座椅，由头靠、靠背、扶手、座垫、减震系统等组成，如图 4.23 所示。该座椅采用剪刀架式减振系统。减振系统外部采用皮裙包装，不易被外来污水污物污染侵蚀。减振系统的减振行程可以达到 100mm。悬浮系统同时具备高度调节功能，调节简单，舒适性高。

图 4.22　遮阳帘控制开关

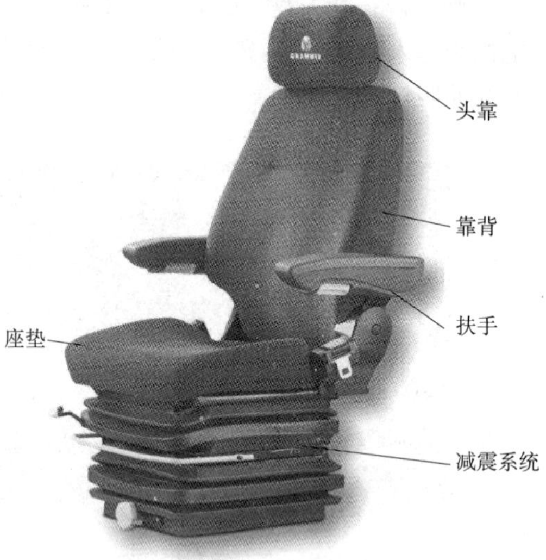

图 4.23　司机室座椅示意图

2. 辅助座椅

在司机室左后电气边柜处设置辅助座椅，为其他司乘人员提供休息场所。辅助座椅为折叠式结构，由靠背、靠垫、坐垫、撑杆组成，如图 4.24 所示。

图 4.24　司机室辅助座椅

4.3　CRH380D 型动车组司机室

CRH380D 型动车组的驾驶设施旨在为司机提供一个安全的、符合人类工效学的工作环境，便于操作和维护。将驾驶设施分为操纵设施和辅助操纵设施两部分。操纵设施为司机直接操作的用于驾驶列车的各类设施，全部位于司机室内，按照其功能合理分布于司机周围，所有设备设计为一人操作；辅助操纵设施为辅助司机驾驶列车的各类设施，主要分布于司机室内以及司机室外区域，为司机安全驾驶提供各类支持。驾驶设施的设计主要围绕司机的驾驶操作需要而设定，既要保证这些设施便于司机的操作，也要考虑环境变化对司机驾驶操作的影响，确保驾驶操作的安全性，保证列车的行车安全。

CRH380D 从型号上可以细分为 CRH380D 1501-1570 和 CRH380D 1571-1585 两款。这两款在操纵设备布置、操纵台组成、控制组件 5 和 7、指示灯组件 2、辅助操纵区和司机警惕装置组成等方面存在着一定的差异，但差别不大。以脚踏为例，CRH380D 1501-1570 的脚踏有三个位置，自由位、中间位和下踏位，中间位为激活位，而 CRH380D 1571-1585 脚踏有两个位置，自由位和下踏位，下踏位为激活位。本章以 CRH380D 1501-1570 为例进行阐述。

4.3.1 操纵设施

4.3.1.1 组 成

CRH380D 型动车组操纵设施由操纵台、辅助操纵一区和辅助操纵二区组成，操纵台包含操纵台框架以及安装在操纵台上的监控和操作设备及按钮防护罩；辅助操纵区包含控制面板、按钮和选择开关等设备。

操纵设施包括司机控制器、各种按钮、开关、指示灯、仪器仪表、手持机及显示器，是一个集控中心，司机可以通过操纵设施获取列车运营信息、发出运行指令和完成各种驾驶任务。

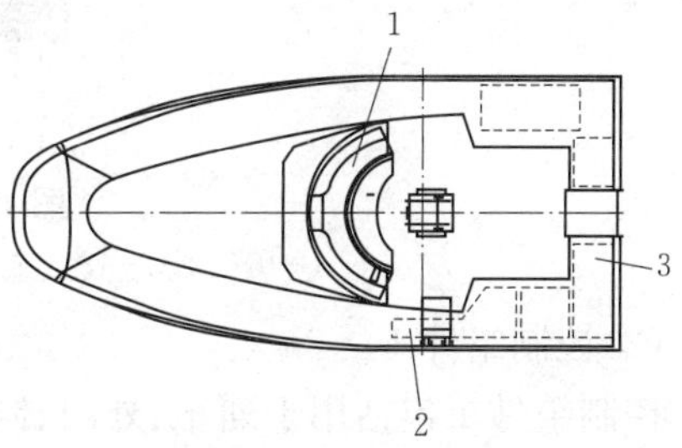

图 4.25 CRH380D 型动车组司机室设备布置

1—操纵台；2—辅助操纵一区；3—辅助操纵二区（电气柜内）

4.3.1.2 设备布置

操纵设施分布在司机室的内部，包括司机操纵台和辅助操纵区，如图 4.25 所示。

4.3.1.3 主要部件结构与功能

1. 操纵台

司机室操控台是一个集控中心，包括司机控制器、控制面板、操纵台框架及附件；按钮及指示灯按功能归类布置，有些按钮带有指示灯，有些具有自锁功能，如图 4.26 所示。司机可以通过操纵设施获取列车运营信息、发出运行指令和完成各种驾驶任务。

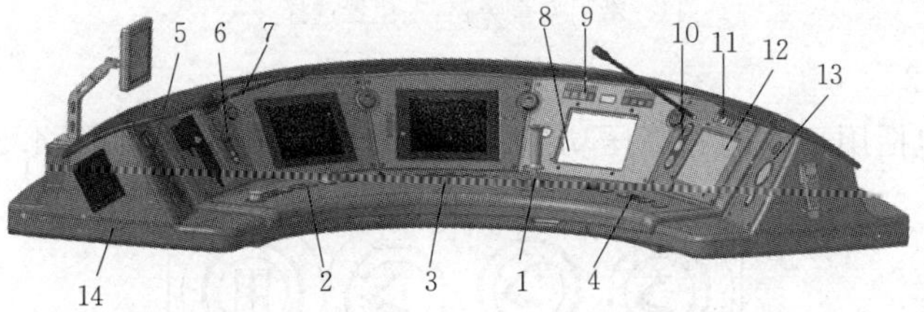

图 4.26 操纵台组成

1—司机控制器；2—控制组件 1；3—控制组件 2；4—控制组件 3；
5—控制组件 4；6—控制组件 5；7—阅读灯；8—主网络显示器（IDU1）；
9—指示灯组件 1；10—控制组件 6；11—指示灯组件 2；12—冗余网络显示器（IDU2）；
13—控制组件 7；14—操纵台框架及附件

(1)司机控制器

CRH380D 型动车组司机控制器是单手柄操作模式，具有 16 个操作档位，是司机操作列车的主要界面。司机通过司机制器实现列车的起动、加速、减速、匀速、制动和紧急制动。司机控制器主要由编码器、紧急制动开关、操作手柄及机械定位机构组成，如图 4.27 所示。

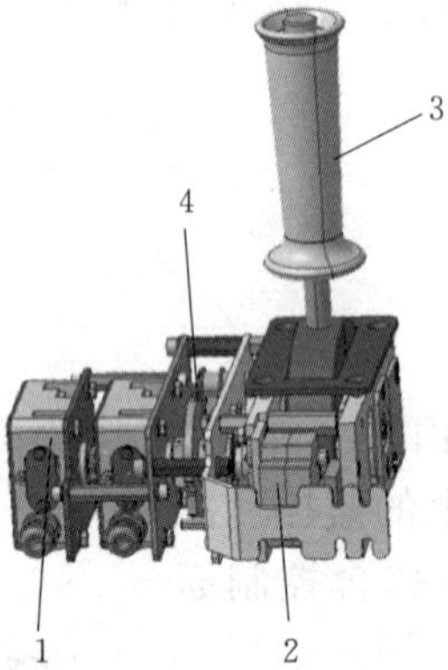

图 4.27　司机室控制器

1—编码器；2—紧急制动开关；3—操作手柄；4—机械定位机构

(2)控制组件 1

控制组件 1 包括用于列车、外门、制动、安全的控制按钮和开关，从左至右布置如图 4.28 所示。

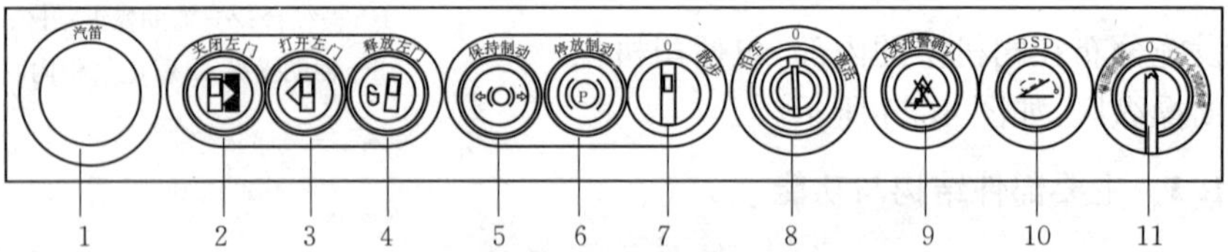

图 4.28　控制组件 1

1—风笛：黄色蘑菇头按钮；2—关闭左门：绿色带指示灯按钮；3—打开左门：红色带指示灯按钮；
4—释放左门：黄色带指示灯按钮；5—保持制动：绿色带指示灯按钮；6—停放制动：绿色带指示灯按钮；
7—撒砂：选择开关(适用于 $CRH_{380}D$ 1571-1585)；8—主控钥匙开关；
9—A 类故障报警确认：黄色带指示灯按钮；10—司机警惕确认：黄色带指示灯按钮；
11—牵引安全旁路：三位置选择开关

(3)控制组件 2

控制组件 2 包括用于外门和高压功能的按钮，从左至右布置如图 4.29 所示。

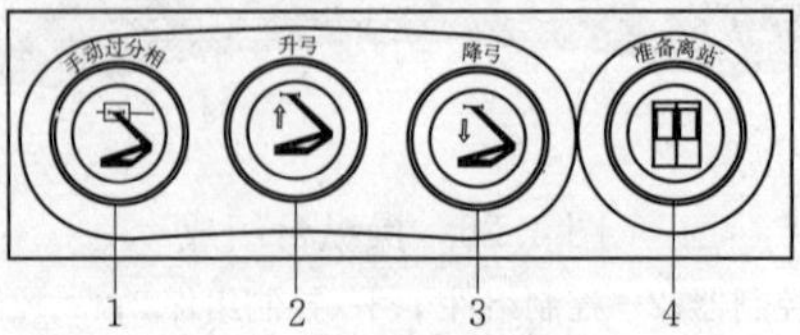

图 4.29　控制组件 2

1—过分相：绿色带指示灯按钮；2—升弓(启动高压)：绿色带指示灯按钮；
3—降弓(切断高压)：黄色按钮；4—准备离站：绿色带指示灯按钮

(4)控制组件 3

控制组件 3 包括用于列车、外门和空调的按钮及开关，从左至右布置如图 4.30 所示。

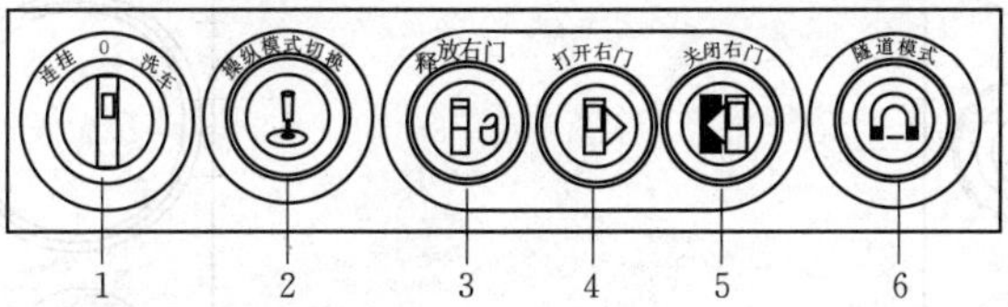

图 4.30　控制组件 3

1—联挂/洗车：三位选择开关；2—操纵模式切换：白色按钮；
3—释放右门：黄色带指示灯按钮；4—打开右门：红色带指示灯按钮；
5—关闭右门：绿色带指示灯按钮；6—隧道模式：绿色带指示灯按钮

(5)控制组件 4

控制组件 4 包括用于司机室和制动的按钮及开关，如图 4.31 所示。

(6)控制组件 5

控制组件 5 包括用于列车、灯、安全和火警的控制按钮及开关，如图 4.32 所示。

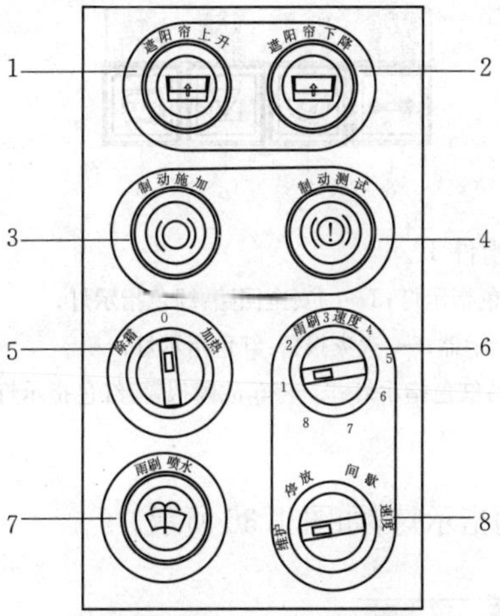

图 4.31　控制组件 4

1—遮阳帘上升：绿色按钮；2—遮阳帘下降：绿色按钮；3—制动施加：红色指示灯；4—制动试验：绿色带指示灯按钮；5　前挡风玻璃除霜/加热：三位选择开关；6—雨刷速度：八位选择开关；7—雨刷喷水：绿色按钮；8—雨刷模式：四位选择开关

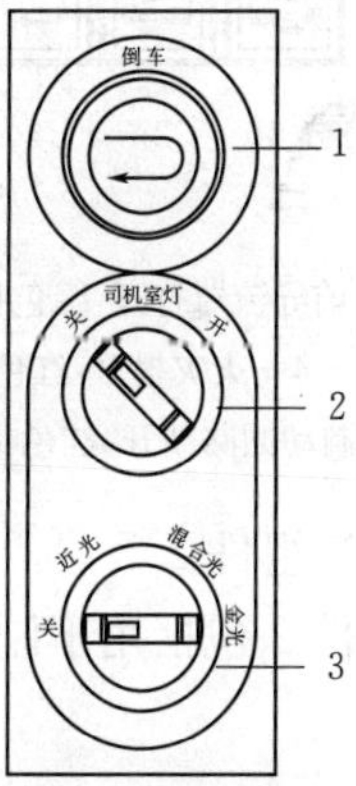

图 4.32　控制组件 5

1—倒车：红色带指示灯按钮；2—司机室灯：两位选择开关；3—前照灯开关：多功能选择开关

(7)控制组件 6

控制组件 6 包括用于 PIS 的按钮，从上到下布置如图 4.33 所示。

(8)控制组件 7

控制组件 7 包括用于制动和火警的按钮及压力表，如图 4.34 所示。

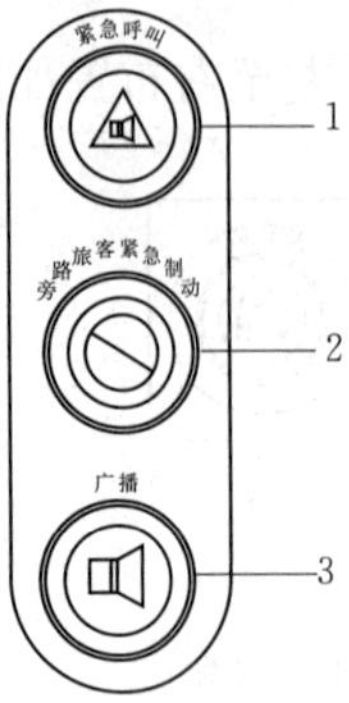

图 4.33　控制组件 6

1—紧急呼叫:红色带指示灯按钮;2—旅客紧急制动旁路:红色带指示灯按钮;3—广播:绿色按钮

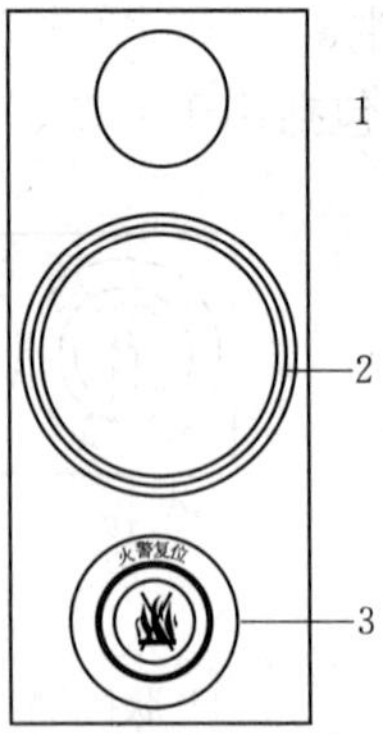

图 4.34　控制组件 7

1—紧急停车按钮:红色蘑菇头按钮;2—双针压力表;3—火警复位:白色带指示灯按钮

(9)指示灯组件 1

指示灯组件 1 包括用于列车控制、制动、火警、转向架、外门的指示灯及目标速度/级位显示器,如图 4.35 所示。

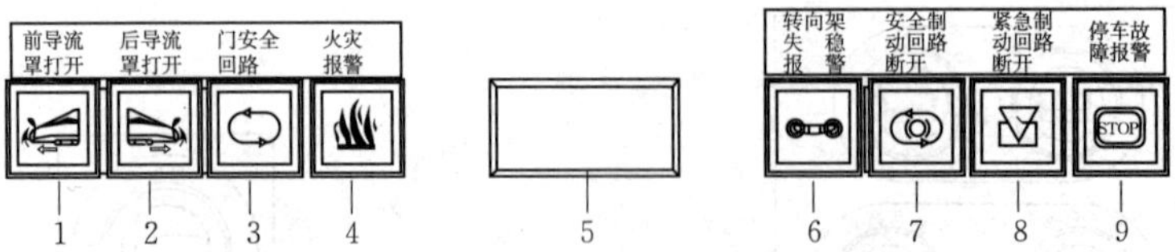

图 4.35　指示灯组件 1

1—前导流罩打开:绿色指示灯;2—后导流罩打开:绿色指示灯;3—门安全回路:绿色指示灯;4—火灾报警:红色指示灯;5—目标/速度级位显示器;6—火灾报警:红色指示灯;7—安全制动回路断开:红色指示灯;8—紧急制动回路断开:红色指示灯;9—停车故障报警:红色指示灯

(10)指示灯组件 2

指示灯组件 2 包括用于制动、转向架及司机室的指示灯,如图 4.36 所示。

图 4.36　指示灯组件 2

1—占线:绿色指示灯;2—挡风玻璃加热:黄色指示灯;3—乘客紧急制动请求:红色指示灯;4—轴温/非旋转轴报警:红色指示灯

(11)目标速度/级位显示器

目标速度/级位显示器由三位七段数码显示器组成,牵引模式下用来显示列车的设定速度或牵引功率级位;制动模式下用来显示制动级位,如图 4.37 所示。

(12)网络显示器(IDU)

网络显示器(IDU)用来显示列车各种系统的数值和状态以及向网络系统输入指令。包括

图 4.37　目标速度/级位显示器

主网络显示器(IDU1)和冗余网络显示器(IDU2)。它还具有警报的显示、查询和确认功能,如图 4.38 所示。

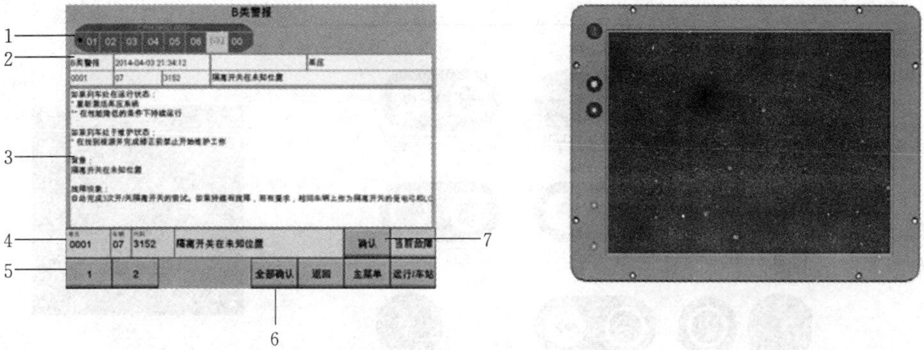

图 4.38　网络显示器

1—发生故障的车;2—事件发生信息;3—补救措施描述;4—事件描述;5—页面选择;
6—确认所有警报的按钮(只有维护人员可用);7—特定警报的确认按钮

(13)阅读灯

阅读灯是操纵辅助设备,当司机室内光线不足影响司机正确操作时,打开阅读灯用来照亮开关、按钮使司机避免误操作,如图 4.39 所示。

(14)压力表

CRH380D 型动车组压力表是双针压力表,分别显示总风管压力和制动管压力,如图 4.40 所示。

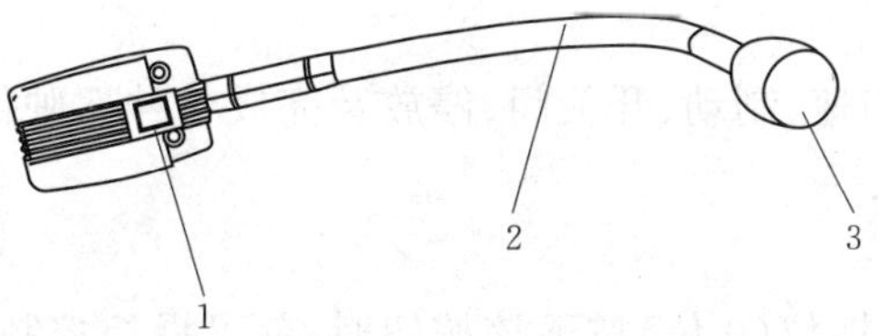

图 4.39　阅读灯

1—阅读灯开关;2—可弯曲颈;3—LED 灯

图 4.40　压力表

1—总风管压力指针;2—制动管压力指针

2. 辅助操纵区

辅助操纵区包括辅助操纵一区和辅助操纵二区，包括按钮、指示灯和选择开关。列车正常行车过程中不需操作，当处理列车故障或列车静止状态下需操作。

(1)辅助操纵一区

辅助操纵一区包括用于列车控制、安全、空调、制动、电源、ATP、故障处理等的按钮、指示灯和选择开关，如图 4.41 所示。

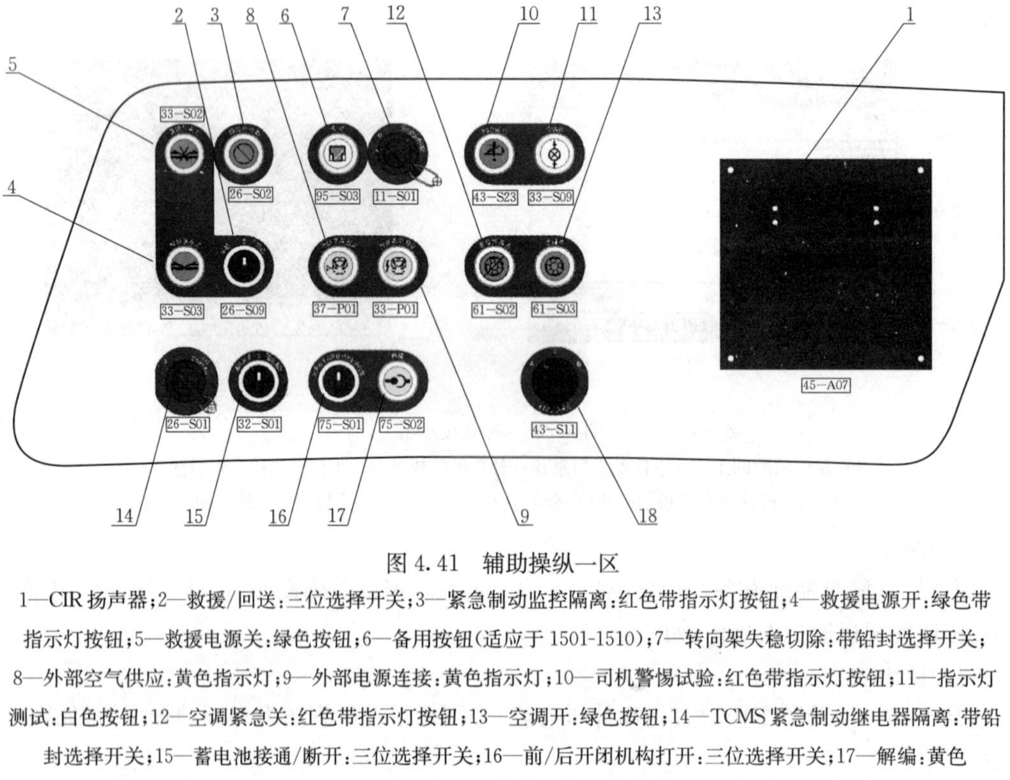

图 4.41　辅助操纵一区

1—CIR 扬声器；2—救援/回送：三位选择开关；3—紧急制动监控隔离：红色带指示灯按钮；4—救援电源开：绿色带指示灯按钮；5—救援电源关：绿色按钮；6—备用按钮(适应于 1501-1510)；7—转向架失稳切除：带铅封选择开关；8—外部空气供应：黄色指示灯；9—外部电源连接：黄色指示灯；10—司机警惕试验：红色带指示灯按钮；11—指示灯测试：白色按钮；12—空调紧急关：红色带指示灯按钮；13—空调开：绿色按钮；14—TCMS 紧急制动继电器隔离：带铅封选择开关；15—蓄电池接通/断开：三位选择开关；16—前/后开闭机构打开：三位选择开关；17—解编：黄色指示灯按钮；18—ATP 冗余开关：(适用于 1501-1520)ATP 电源开关：(适用于 1521-1570)

(2)辅助操纵二区

辅助操纵二区包括用于列车、安全、ATP、网络系统的按钮和选择开关，如图 4.42 所示。

4.3.1.4　基本使用操作

操纵设施用来控制列车的加速、减速、匀速、制动、开关门、停放及完成各种驾驶任务并保证列车的安全运行。

(1)司机控制器

司机控制器顶部有一个锁定按钮，在空挡位(0 位)按下该按钮时，就可操控控制器“向前驱动”了。自“匀速位”向前推是加速，向后拉是减速。将操控杆从 0 位向后拉到 7 位可实施常用制动，向后拉过 7 位后即启动紧急制动，如图 4.43 所示。

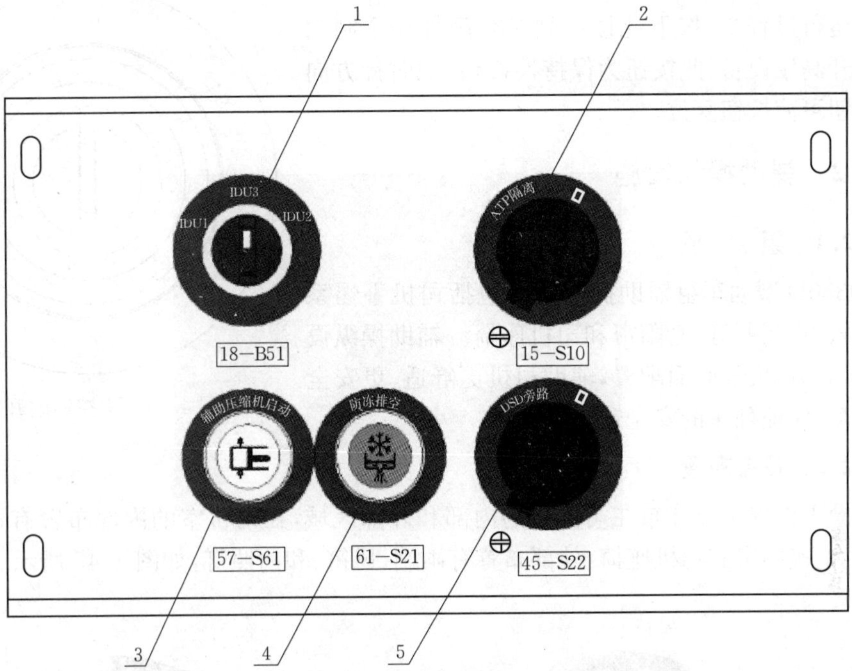

图 4.42　辅助操纵二区

1—网络显示器(IDU)选择:三位选择开关;2—ATP 隔离:带铅封选择开关;
3—辅助压缩机启动:白色带指示灯按钮;4—防冻排空:绿色带指示灯按钮;5—司机警惕旁路:带铅封选择开关

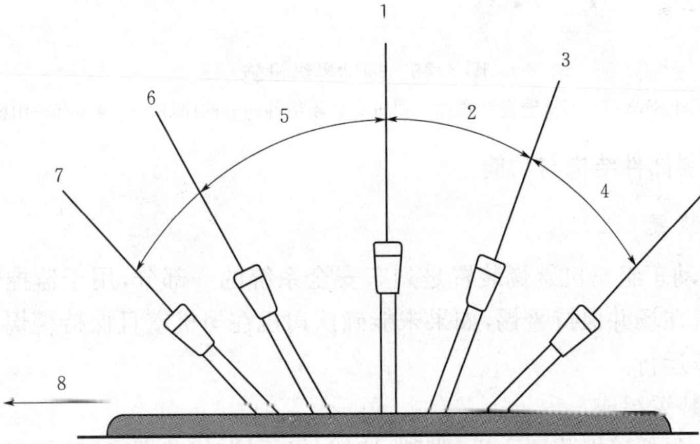

图 4.43　司机控制器

1—空档("0");2—速度递减三步幅,自动弹回到"匀速"位;3—匀速位;4—速度递增三步幅,
自动弹回到"匀速"位;5—常用制动七步幅;6—常用全制动;7—紧急制动;8—朝司机方向

(2)主控钥匙开关

把主控钥匙打到激活位激活当前司机室,打到 0 位失活当前司机室,打到泊车位激活列车泊车模式,如图 4.44 所示。

(3)紧急停车按钮

列车运行过程中,按下此按钮列车会施加安全制动并同时断开高压设备;此按钮为保持性按钮,顺时针方向旋转此按钮可使按钮复位。

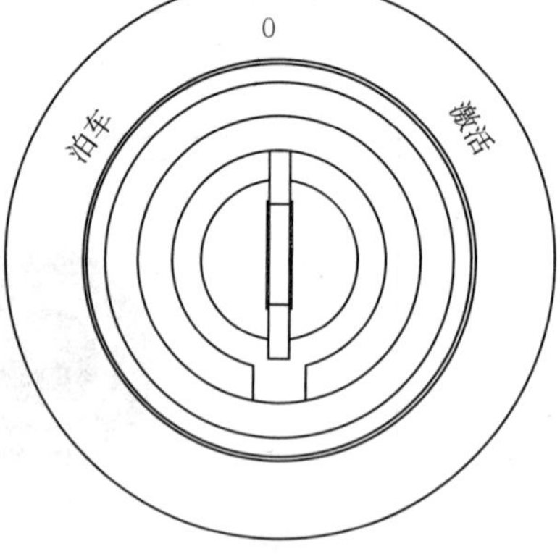

图 4.44　主控钥匙开关

4.3.2　辅助操纵设施

4.3.2.1　组　　成

CRH380D 型动车组辅助操纵设施包括司机警惕系统、雨刷、风笛、前照灯、遮阳帘和司机座椅。辅助操纵设施是为了辅助司机驾驶而配置,辅助司机更舒适、更安全的驾驶列车,保证列车的安全运营。

4.3.2.2　设备布置

辅助操纵设施主要分布在司机室的内部和外部区域,在司机室的内部布置有司机警惕装置、司机室遮阳帘和司机座椅,外部布置有雨刷、风笛、和前照灯,如图 4.45 所示。

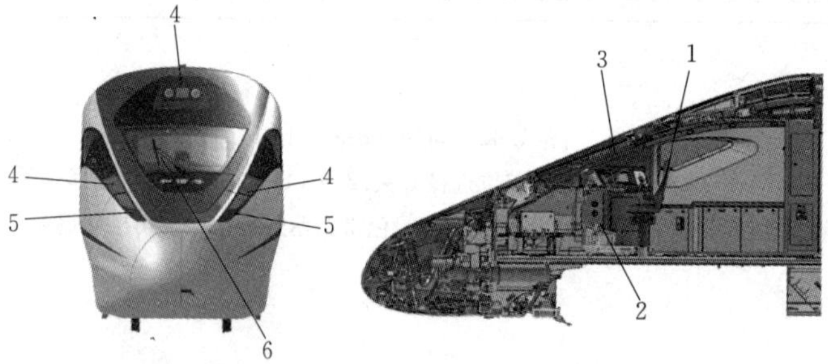

图 4.45　辅助操纵设施

1—司机座椅;2—司机警惕装置;3—司机室遮阳组件;4—前照灯;5—风笛;6—雨刷

4.3.2.3　主要部件结构与功能

1. 司机警惕装置

CRH380D 型动车组司机警惕装置是列车安全系统的一部分,用于监控司机的警觉性,要求一直显示司机在场并保持警惕,如果未能确认司机在司机室且保持警惕,司机警惕系统会报警并停止列车运行。

(1)司机警惕装置组成

司机警惕设备包括警惕装置主机、脚踏、按钮、指示灯、蜂鸣器、试验按钮及旁路开关,如图 4.46 所示。

(2)司机警惕装置功能

①脚踏。警惕脚踏是司机确认在场并保持警惕的主要操作设备;CRH380D 型动车组脚踏有三个位置,自由位、中间位和下踏位,中间位为激活位。列车在运行过程中司机必须使保持脚踏在激活位并在规定时间内松开脚踏然后再踩到激活位确认他的警惕。

②按钮。司机通过按下然后再松开按钮确认他的警惕。

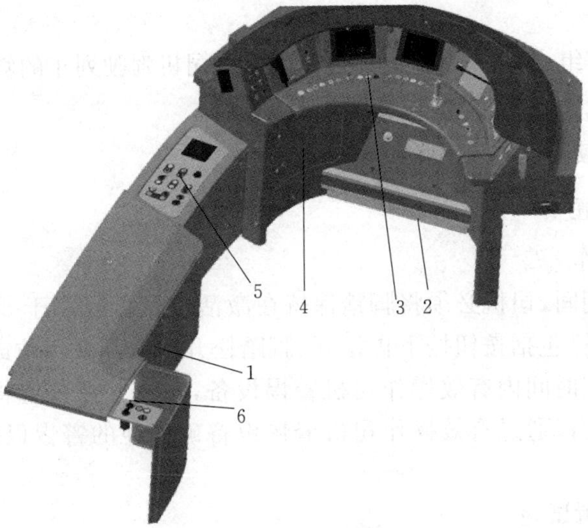

图 4.46　司机警惕装置组成

1—警惕装置主机(12.EC 电气柜内);2—脚踏;3—警惕按钮(指示灯);
4—报警蜂鸣器(显示不到,在柜内);5—试验按钮;6—隔离开关

③报警蜂鸣器。声音装置,当司机没有在规定时间内确认他的警惕时,蜂鸣器会响起提醒司机进行操作。

④报警指示灯。视觉装置,当司机没有在规定时间内确认他的警惕时,指示灯会点亮提醒司机进行操作。

⑤隔离开关。当把隔离开关打到隔离位时,司机警惕功能会被切除。用于司机警惕装置发生故障时的应急操作。

⑥试验按钮。用于列车在静态时测试司机警惕功能是否正常。

2. 雨　　刷

CRH380D 雨刷系统是一种气动电控雨刷,安装在 MC 车的前部。雨刷系统用于风挡玻璃清洁,其主要目的是保持风挡玻璃上不会积存雨雪,并清理风挡玻璃上的污物(例如昆虫等),可使列车司机在各种天气条件下看清车辆外面的信号。

3. 风　　笛

MC 车的前部安装了两个风笛(一个高音风笛,一个低音风笛),是辅助司机进行安全提醒的一种安全功能装置。由司机室内的风笛开关和外部管路上两个电磁阀控制气流开关来控制风笛的鸣响。

4. 前 照 灯

前照灯系统位于 MC 车前部,起照明和警示作用。

5. 司机室遮阳组件

司机室遮阳组件,是为了提高司机驾驶的安全、舒适度,而在司机室的前窗部位、操纵台的上方设置的一种遮阳装置。

6. 司机座椅

司机座椅是动车组司机室关键部件之一，关系到司机驾驶列车的舒适性和安全性，主要为司机驾驶提供安全支撑、防护和适宜的驾驶位置。

4.3.2.4 基本使用操作

1. 司机警惕装置

(1)正常使用操作

列车正常运行期间，司机必须将脚踏保持在激活位且每隔小于 30 s 的间隔就有效操作一次司机警惕设备(包括按钮按下再松开、脚踏松开再踩到激活位或移动司控器手柄)。如果司机没有在规定时间内有效操作司机警惕设备，司机警惕装置将先后触发声光报警及紧急制动。司机可以通过有效操作司机警惕设备确认他的警惕以使时间复位，流程重新开始。

(2)司机警惕装置试验

每隔 24 h之内，需要进行司机警惕装置试验。司机室激活，列车处于静止状态且司机控制器手柄处于 0 位，按下司机操纵台上的警惕测试按钮将激活司机警惕装置试验，如图 4.47 所示。

2. 雨　　刷

雨刷由三个开关来实现正常操作，如图 4.48 所示。

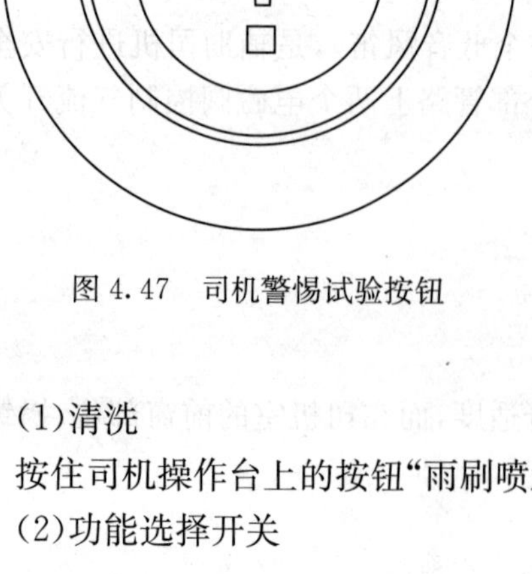

图 4.47　司机警惕试验按钮

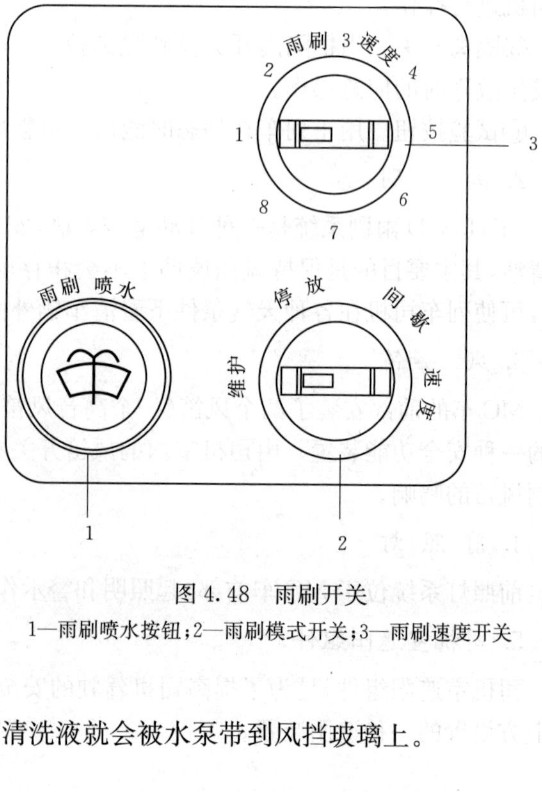

图 4.48　雨刷开关

1—雨刷喷水按钮；2—雨刷模式开关；3—雨刷速度开关

(1)清洗

按住司机操作台上的按钮“雨刷喷水”清洗液就会被水泵带到风挡玻璃上。

(2)功能选择开关

①“维护”挡。维护位置，刮片可以自由移动。

②“停放”挡。停止位置，刮片处于压力下不能自由移动。

③“间歇”挡。刮刷间隔时间可调。

④“速度”挡。刮刷速度可调

(3)雨刷速度开关

当功能开关置于“间歇”和“速度”时，司机可以根据需要选择8个挡位上雨刷刮刷速度。

3. 风 笛

按下操纵台上的风笛按钮(如图4.49所示)，高/低音风笛同时鸣响；松开按钮，高/低音风笛停止鸣响。

4. 前 照 灯

前照灯由一个开关(如图4.50所示)来实现正常操作。司机根据环境状况实现全光照明、混合光照明、辅助(近光)照明以及灯光关闭功能；尾灯由车辆自动配置为点亮或者熄灭，点亮时为闪烁状态。

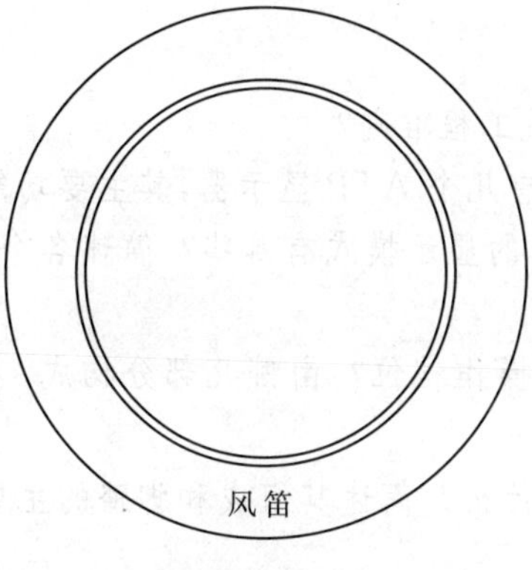

图4.49 风笛按钮

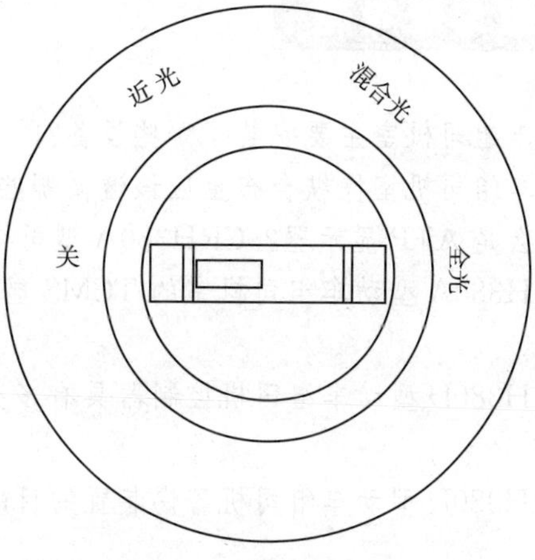

图4.50 前照灯开关

①关闭。当选择开关置此位时所有远光灯和辅照灯关闭。

②近光。当选择开关置此位时所有辅照灯打开。

③混合光。当选择开关置此位时远光灯E4、E5和辅照灯E2打开。

④全光。当选择开关置此位时所有远光灯和辅照灯打开。

5. 司机室遮阳组件

在行车过程中，由司机根据需要，按下操纵台上的上升按钮(如图4.51所示)或下降按钮(如图4.52所示)来使遮阳帘上升或下降，从而调节遮阳帘的展开长度来满足遮光的要求。

6. 司机座椅

司机可以根据自身需要，进行座椅高度、座椅前后位置、背靠角度、头靠高度等的调整来使司机处于最适宜的驾驶位置。

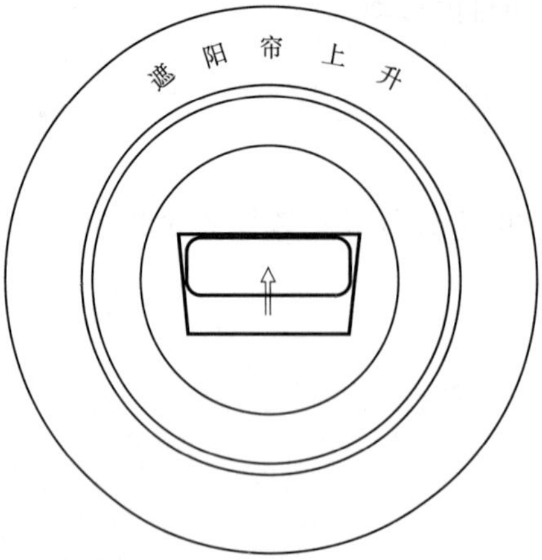

图 4.51　遮阳帘上升按钮

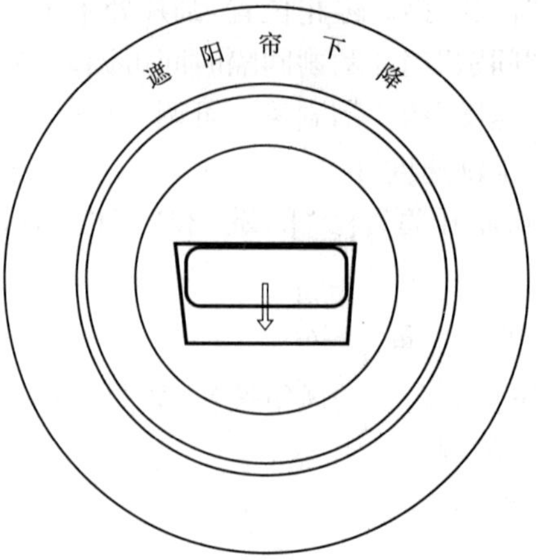

图 4.52　遮阳帘下降按钮

复习思考题

1. 动车组司机室主要安装了哪些设备？

2. 动车组司机室操纵台布置应该遵循哪些人机工程准则？

3. 什么是 ATP 显示器？CRH380A 型司机室有几个 ATP 显示器，其主要功能是什么？

4. CRH380A 型动车组司机室的 TCMS 显示器的显示模式有哪些？简述各个模式的主要作用。

5. CRH380D 型动车组司机控制器具有多少个操作挡位？由哪几部分构成？主要实现哪些功能？

6. CRH380D 型动车组司机警惕装置的目的是什么？简述其组成和脚踏的主要功能。

第5章

动车组车端连接装置

动车组车端连接装置主要由车钩缓冲装置、风挡装置、电气连接、空气管路连接及车端阻尼装置等部件组成，如图 5.1、图 5.2 所示。它是动车组最基本也是最重要的部件之一，不仅要实现车辆间的机械连接，还要实现车辆与车辆之间的电气和气路连接等功能。其中，车钩缓冲装置是用来连接各车辆使之彼此保持一定的距离，并且传递和缓和动车组在运行过程中及在调车过程中产生的纵向力及冲击力；风挡装置主要为车辆间的流动人员提供安全、舒适的通道；电气连接和空气管路连接为车辆间提供各种电压的电气与压缩空气的通路；车端阻尼装置可以用来抑制车辆间的相互摇动，提高车辆乘坐的舒适性。

图 5.1　动车组前端连接结构

动车组的车钩缓冲装置主要分为三种：用于动车组两端的自动车钩，用于动车组车辆之间的中间车钩以及紧急情况下用于车组救援使用的过渡车钩。

车端电气连接是指采用电气端头通过不同接触方式将列车的电气配线连接起来。按连接种类不同可分为：高、中和低压电气连接、控制和通信连接、等电位保护接地连接。按位置不同又可分为：相邻两车之间的电气连接和两列动车组之间的电气连接。

压缩空气连接可分为：列车管空气管路连接、总风管空气管路连接、解钩空气管路连接。

图 5.2　动车组车端连接结构

5.1　动车组连接装置的基本特性

5.1.1　动车组对车钩的性能要求

1. 间隙的要求

目前世界各国动车组普遍采用的是密接式车钩，两车钩连接面的纵向间隙均小于 2 mm，上下、左右偏移也很小，这为提高列车的运行平稳性和电气线路、空气管路的自动对接提供了保证。

2. 具有足够的强度和刚度

车钩缓冲装置在列车中起传递纵向力的作用，高速列车对零部件的安全可靠性要求更高，因此应具有足够的强度和刚度。

动力分散式与动力集中式动车组对车钩强度的要求不同。动力集中式动车组要求车钩能承受不小于 1 500 kN 的压缩载荷，不小于 1 000 kN 的拉伸载荷。动力分散式动车组则要求车钩能承受不小于 1 000 kN 的压缩载荷或拉伸载荷。

3. 具有车钩自动连挂和分解功能

动车组在使用中需要具有快速将小车组组成大车组及将大车组分解成小车组的能力，同时为了保证高速列车的密封性能，普遍采用密封式风挡，并将车体下部封住以减小列车运行阻力。因此，密接式车钩缓冲装置必须能实现自动连挂和分解，并具备手动连挂分解功能，以便在自动功能失灵的特殊情况下使用。

为在一定半径的横曲线及竖曲线上完成车钩的连挂，机械钩头的形状一般都需要设计成凸、凹锥形式，采用凸凹锥形主要是利用其自导向作用来完成机械钩头的自动连挂，凸凹锥形的锥角大小则需要根据最小连挂曲线半径的大小来决定。

4. 具有电气和空气管路自动连接或手动整体连接功能

高速列车车端的密接式风挡等部件，占用了车端的有限空间，同时也对电气、空气管连接系统的安装和连挂带来不便。在现代动车组技术条件下，车组与车组之间将有几十条通信与控制线路需要连通，因此要求电气连接系统小型化，具有整体和自动连接功能。同时列车制动系统的列车管及制动管亦需要同时连接。

5.1.2 动车组对缓冲器特性的要求

缓冲器主要用来缓和列车在运行中由于启动、制动以及调车作业时车辆相互碰撞而引起的纵向冲击和振动，具有耗散车辆之间冲击和振动的功能，从而减轻对车体结构的破坏作用，提高列车运行的平稳性。

缓冲器一般是借助于压缩弹性元件来缓和冲击作用力，同时在弹性元件变形过程中利用摩擦和阻尼吸收冲击能量。决定缓冲器特性的主要参数包括缓冲器的行程、最大作用力、容量、能量吸收率和初压力。

1. 缓冲器的行程

缓冲器受力后产生的最大变形量称为行程。此时弹性元件处于全压缩状态，如再加大外力，变形量也不再增加。

缓冲器的行程不应太小，如行程太小，则速度变化率（加速度）太大，这就近似没有缓冲器一样。但缓冲器的行程也不能太大，行程太大则可能会影响列车的纵向动力学性能。通常车钩缓冲器的行程为数十毫米到一百毫米之内。

2. 最大作用力

最大作用力是缓冲器产生最大变形量时所对应的作用外力。缓冲器的最大作用力要比车体容许的载荷要小，否则当发生超限载荷时，车体将发生永久变形而损坏。动车组缓冲器的最大作用力通常为 600～800 kN。

3. 容　量

容量指缓冲器在全压缩过程中，作用力在其行程上所做的功的总和。它是衡量缓冲器能量大小的主要指标，如果容量太小，当冲击力较大时就会使缓冲器全压缩而导致车辆刚性冲击。

国际上较为通用的缓冲器容量选择方法是根据两辆车之间相互冲击的速度和质量大小来计算。

设有总重为 w_1 和 w_2 的车辆，各以 v_1 和 v_2 的速度运动（设 $v_1 > v_2$），冲击后两车以共同的速度 v_0 一起运动，根据动量守恒定律：

$$\frac{w_1}{g}v_1+\frac{w_2}{g}v_2=\frac{w_1+w_2}{g}v_0 \tag{5.1}$$

则：

$$v_0=\frac{w_1v_1+w_2v_2}{w_1+w_2} \tag{5.2}$$

根据能量守恒定律，在两车辆组成的系统中，冲击前后动能的损失应等于冲击力压缩缓冲器所做的功 A1、冲击力压缩车体所做的功 A2 以及冲击力使货物移动所做的功 A3 的总和，即：

$$\frac{w_1}{2g}v_1^2+\frac{w_2}{2g}v_2^2-\frac{w_1+w_2}{2g}v_0^2=A_1+A_2+A_3 \tag{5.3}$$

由于车体变形相对于缓冲器的变形要小很多，A2 可以略去不计。货物相对车体移动所作的功 A3 亦可略去，将式(5.2)代入式(5.3)，化简后得：

$$A_1=\frac{w_1w_2}{2g(w_1+w_2)}(v_1-v_2)^2 \tag{5.4}$$

如果两个相互冲击的车辆配装同一型号的缓冲器，其容量为 E，则 $A_1=2E$，再令冲击速度 $v=v_1-v_2$，代入上式，得每个缓冲器容量 E 的计算公式为：

$$E=\frac{w_1w_2}{4g(w_1+w_2)}v^2 \tag{5.5}$$

由式(5.5)不难看出，车辆质量愈大、冲击速度愈高，则要求缓冲器的容量也愈大。对于动力集中式，由于车辆间采用密接式车钩或铰接结构连接，彼此之间无相对运动，这样相互连挂的车辆就成为一个质量很大的刚性车组，要保证足够大的连挂速度，就要安装容量较高的缓冲器。例如法国 TGV 铰接式高速列车，为保证 8 km/h 的连挂速度，装用了容量为 58 kJ 和 62.5 kJ 的弹性胶泥缓冲器。对于动力分散式动车组，由于连挂速度小些，也较易控制，分解连挂的次数又相对较少，因此缓冲器的容量就可低些。例如上海地铁列车由二动一拖组成，车辆连挂速度为 5 km/h，采用了容量为 11.8 kJ 的环弹簧缓冲器。

4. 能量吸收率

缓冲器在全压缩过程中，有一部分能量被阻尼所消耗，其所消耗部分的能量与缓冲器容量之比称之为能量吸收率。吸收率越大，表明缓冲器吸收冲击能量的能力愈大，反冲作用就愈小；如果吸收率较小，则缓冲器必须往复工作几次方能将冲击能量消耗尽，这将加剧列车纵向冲动并导致车钩、车体底架过早产生疲劳损伤。一般要求能量吸收率不低于 70%。

5. 初 压 力

初压力为缓冲器的静预压力。初压力的大小将影响列车起动加速度。缓冲器在满足容量要求的前提下，应尽量减小初压力。日本国铁通过研究，设计了一系列初压力为零的缓冲器，大大改善了旅客列车运行时的舒适度。

5.1.3 动车组对风挡的要求

风挡是旅客和乘务人员来往于各车厢间的必经之路，它必须保证安全，具有良好的纵向伸缩性和垂向、横向的柔性，以适应车辆运行中振动与安全通过曲线和道岔的需要。但对于动车组而言，仅满足上述要求是不够的，动车组的风挡还需要做到：

(1)风挡的空气阻力应尽量小。要做到车辆连接处平整光滑，以减少列车运行的空气阻力。

(2)要有足够的强度。为了适应车外气压波的急剧变化，要满足气动载荷下的强度要求。德国规定气动载荷为 3 900～5 500 Pa，日本规定为 7 500 Pa。

(3)车辆运行中数个自由度的运动使得风挡始终处于变形之中，因此要求风挡装置具有较高的抗弯曲性能。

(4)风挡的隔声性能要好。这也是保证车内舒适性的要求。德国规定风挡的隔声至少在 40 dB(A)以上。当列车以 250 km/h 速度通过隧道时,车内风挡处的噪声不允许超过 75 dB(A)。

(5)风挡的密封性能要好,这也是保证车内舒适性的要求。动车组高速运行时,在进出隧道过程中会在车内引起气压的波动,如波动过大、波动速率过高,则会引起车内乘客耳内压力失衡,产生不舒适感觉。为此要求车内压力变化最大值≤1 000 Pa;压力变化率≤200 Pa/s。

(6)风挡所用的非金属材料阻燃性要好。在紧急情况下风挡还应能自动分解开。

5.2 动车组车钩缓冲装置作用原理

动车组车钩缓冲装置根据其在列车编组中的位置和作用不同可分为自动车钩、中间车钩和过渡车钩三种。其中自动车钩用于列车车组之间的联接;各列车单元内部的联接使用中间车钩;当动车组需紧急救援回送时,使用过渡车钩与现有 13/15 号车钩相配接。

自动车钩置于动车组首、尾车的 A 端,用于连接其他的动车组。不用时,它们置于前部头罩的后面,需要与其他动车组连接时,在连接之前,先要打开前部头罩,让车钩伸出。动车组车组间的连挂和解钩都可在司机室控制自动实现。

自动密接式车钩缓冲装置一般由钩头、钩体与缓冲器、电气连接器、风管连接器、尾部橡胶轴承、中心调整装置、钩头电加热装置等部件组成,如图 5.3 所示。

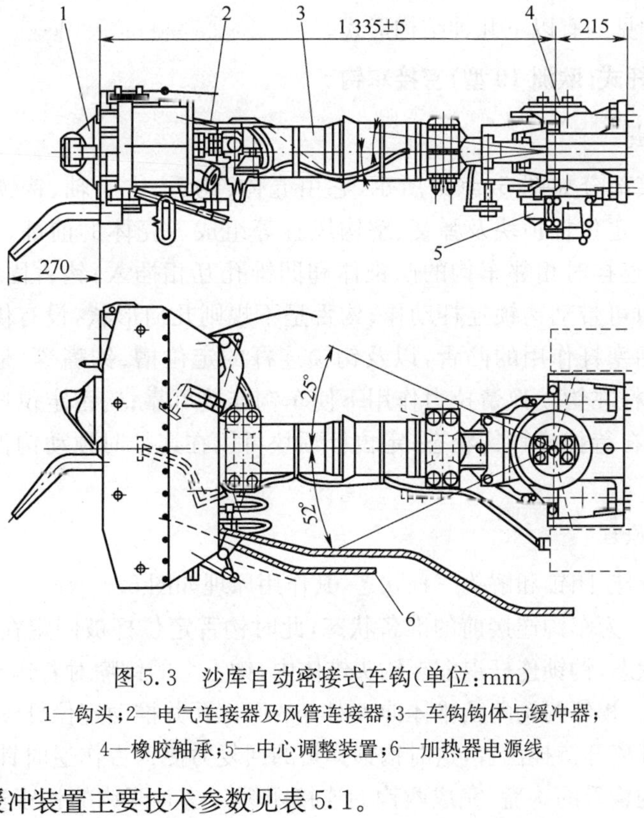

图 5.3　沙库自动密接式车钩(单位:mm)

1—钩头;2—电气连接器及风管连接器;3—车钩钩体与缓冲器;

4—橡胶轴承;5—中心调整装置;6—加热器电源线

动车组车钩缓冲装置主要技术参数见表 5.1。

表 5.1　某自动车钩主要技术参数表

最大压缩力			1 500 kN
最大拉伸力			1 000 kN
车钩长度	从车钩连挂面到枢轴		[2 095(1 795)±5]mm
伸缩	行程		350 mm
橡胶轴承	行程	拉伸时	约 45 mm
	行程	压缩时	约 45 mm
车钩允许的最大摆动角度		水平方向	±12°
		垂直方向	±4°
电气连接器			2×26 个触点
车钩头加热器			110 V,80 W
同一列车的最大连挂速度			5.0 km/h
重量(不包括电缆)			约 480 kg

5.2.1　密接式自动车钩的组成与作用原理

全自动钩缓装置采用密接式车钩，其构造与工作原理与关节式车钩完全不同。这种车钩属刚性自动车钩，它要求在两钩连接后，其间没有上下和左右的移动，而且纵向间隙也限制在很小的范围之内。

目前国内外常见的有以下几种结构形式。

5.2.1.1　连杆式(欧洲 10 型)密接车钩

1. 车钩的组成

钩头机械连接部分如图 5.4(a)所示，它由壳体、钩舌、中心轴、钩锁连杆、钩锁弹簧、钩舌定位杆、弹簧、定位杆顶块及弹簧、解钩风缸等组成。壳体的前部，一半为凸锥体，一半为凹锥孔，两钩连挂时相邻车钩的凸锥体和凹锥孔互相插入；钩舌固定在中心轴上，钩舌绕中心轴转动时可带动钩锁连杆动作；钩舌呈不规则几何形状，设有供连接时定位和供解钩时解钩风缸活塞杆作用的凸舌，以及钩锁连杆的定位槽、钩嘴等，是车钩实现动作的关键零件；钩锁连杆在钩锁弹簧拉力作用下使车钩连接可靠；钩舌定位杆上设有两个定位凸缘，使钩舌定位在待挂或解钩状态；定位杆顶块可以在连挂时顶动钩舌定位杆实现两钩的闭锁。

2. 三态作用原理

自动车钩有待挂、闭锁和解钩三种状态，其作用原理如图 5.4 所示。

(1)待挂状态。为车钩连接前的准备状态，此时钩舌定位杆被固定在待挂位置，钩锁弹簧处于最大拉伸状态，钩锁连杆退缩至钩头锥体内，钩舌上的钩嘴对着钩头正前方。

(2)闭锁状态。相邻两钩的凸锥体伸入对方的凹锥孔并推动定位杆顶块，定位杆顶块摆动迫使钩舌定位杆离开待挂位置，这时钩锁弹簧的回复力使钩舌作逆时针转动，并带动钩锁连杆伸进相邻车钩钩舌的钩嘴，完成两钩的连接闭锁。这时两钩的钩锁连杆和钩舌形成平行四边形连杆机构，当车钩受牵拉时，拉力由两钩的钩锁连杆均匀分担，使钩舌始终处于锁紧状态，当车钩受冲击时，压力通过两车钩壳体凸缘传递。

(3)解钩状态。司机操纵按钮，控制电磁阀使解钩风缸充气，风缸活塞杆推动钩舌顺时针转动，使两钩的钩锁连接杆脱开对方钩舌的钩嘴，同时使钩锁连接杆克服钩锁弹簧的拉力缩入钩头锥体内，这时定位杆顶块控制钩舌定位杆使钩舌处于解钩状态。两钩分离后，解钩风缸排气，定位杆顶块由于弹簧作用复位，钩舌回至待挂位，车钩又恢复到待挂状态。

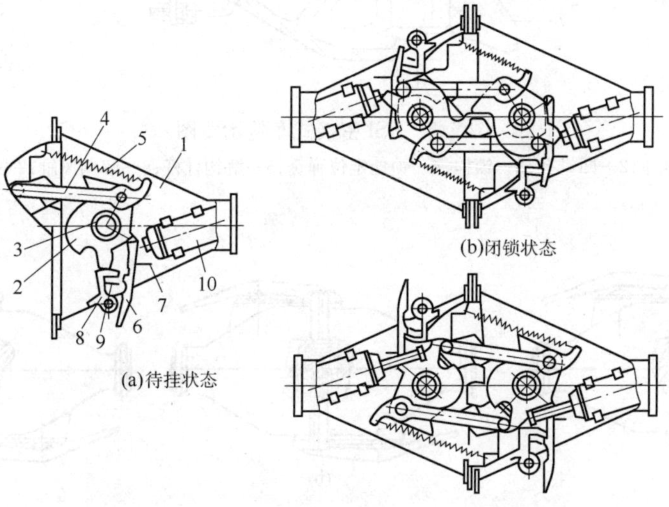

(a)待挂状态

(b)闭锁状态

(c) 解钩状态

图 5.4　连杆式密接车钩连挂原理

1—壳体；2—钩舌；3—中心轴；4—钩锁连杆；5—钩锁弹簧；6—钩舌定位杆；
7—钩舌定位杆弹簧；8—定位杆顶块；9—定位杆顶块弹簧；10—解钩风缸

5.2.1.2　BSI-COMPACT 型密接式车钩

德国制造的 BSI-COMPACT 型密接式车钩在欧洲、巴西等许多国家的地铁、轻轨车辆和城郊列车上获得广泛应用。这种车钩钩头的壳体设有凸锥体和凹锥孔，在凸锥的内侧面配备有用于车钩机械连接的锁栓。锁栓由高强度钢制成，置于钩头前端的套筒中，利用弹簧使其保持正常位置。在凸锥体的外侧设有解钩杠杆，它与气动的(或液压的)解钩控制装置相连接。其结构如图 5.5 所示。钩头也被用来作为空气管路连结器和电气连结箱的支承体。

这种车钩也有待挂、闭锁和开锁三个位置。其作用原理如图 5.6 所示。

当两钩连挂时，两钩的锁栓侧面相互挤压，压缩各自的定位弹簧，直至两锁栓的鼻子彼此咬合，弹簧回复原位，达到两钩连挂闭锁，如图 5.6(b)所示。

欲将两连挂的车钩分解，操纵电磁阀，使解钩风缸充气，风缸活塞顶起解钩杠杆，将一个钩的锁栓回拉到与另一个钩的锁栓能够脱开为止，或者也可同时操纵两个钩的解钩风缸，使两钩的锁栓同时动作，彼此脱开。也可用人工扳动解钩杠杆，使两钩分解，如图 5.6(c)所示。

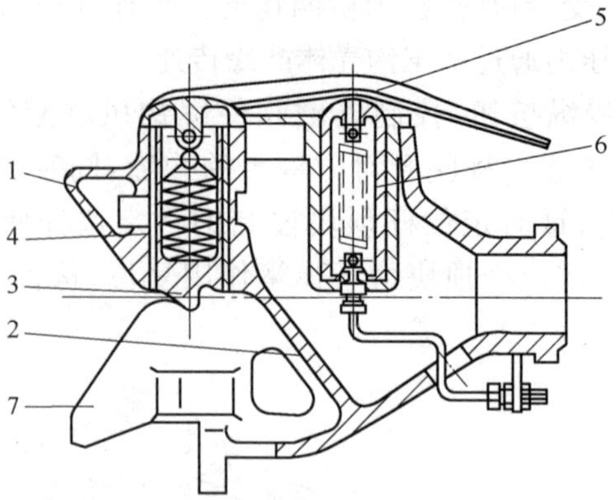

图 5.5　BSI 密接式车钩示意图

1—凸锥体；2—凹锥孔；3—锁栓；4—锁栓定位弹簧；5—解钩杠杆；6—解钩风缸；7—导向杆

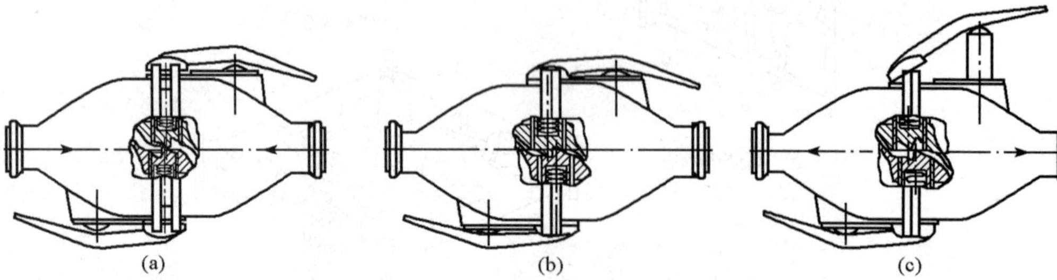

图 5.6　BSI 密接式车钩三态作用原理图

5.2.1.3　日本密接式车钩的组成与作用原理

1929 年，柴田卫氏提出了密接式车钩的设计方案，1931 年完成了研制和现车试验，1932 年开始在日本新造电动车上全面采用。之后，陆续在各区段运用，至 1938 年，大部分电动车基本都采用了密接式车钩。由于密接式车钩也是柴田家族人设计的，故该密接式车钩也称柴田密接式车钩。经过不断改进、完善，近代的柴田密接式车钩如图 5.7 所示。

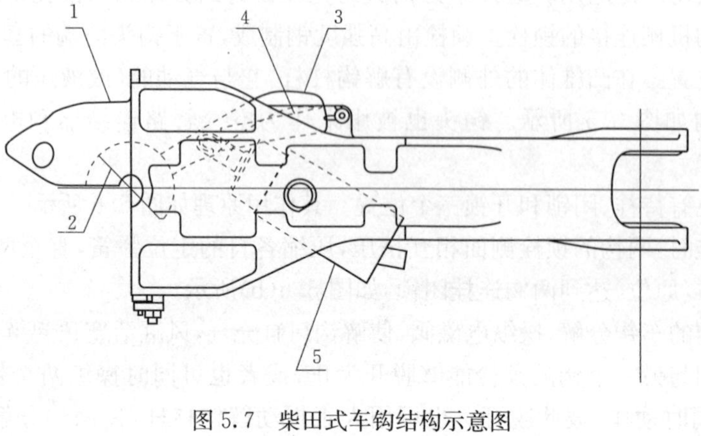

图 5.7　柴田式车钩结构示意图

1—钩体；2—钩舌；3—解钩杆；4—拉力弹簧；5—风缸

柴田式密接车钩是一种柱销式车钩结构，其钩舌和钩舌腔均为半圆柱结构，在连挂状态下两钩形成完整圆柱钩舌和圆柱钩舌腔以实现连挂的车钩。柴田式车钩的连挂部分结构如图 5.8 所示。

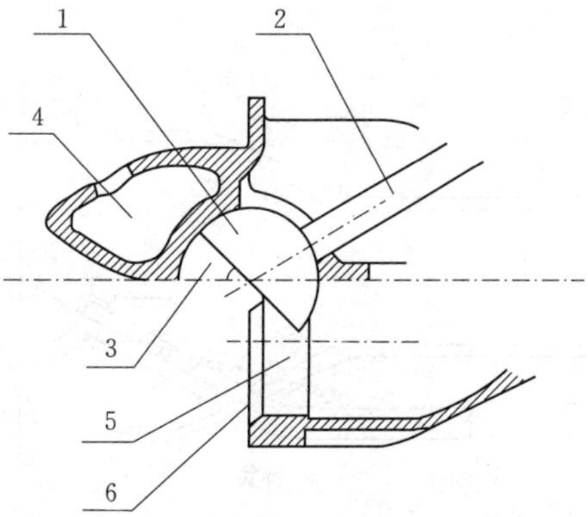

图 5.8　柴田式车钩连挂部分结构示意图

1—钩舌；2—解钩杆；3—钩舌腔；
4—凸锥；5—凹锥；6—车钩连挂面

柴田式自动车钩的工作过程主要分连挂和解钩两种。当两车需要连挂时，车辆以规定的速度接近，连挂车辆的车钩钩舌与对应车钩的凸锥相接触，并在凸锥斜端面的压迫下逆时针转动，逐渐进入钩舌腔内，直至完全进入，与此同时弹簧拉动解钩杆并带动钩舌顺时针转动，待转动停止后，半圆形钩舌和钩舌腔相互嵌套，完成连挂。解钩时，通过向解钩风缸充入压缩空气，解钩风缸的鞲鞴在压缩空气的作用下，克服弹簧作用力，推动解钩杆，并带动半圆形钩舌转动直到它处于解钩位置为止，此时原来连挂在一起的车钩将处于待解钩状态。连挂和解钩状态如图 5.9 所示。

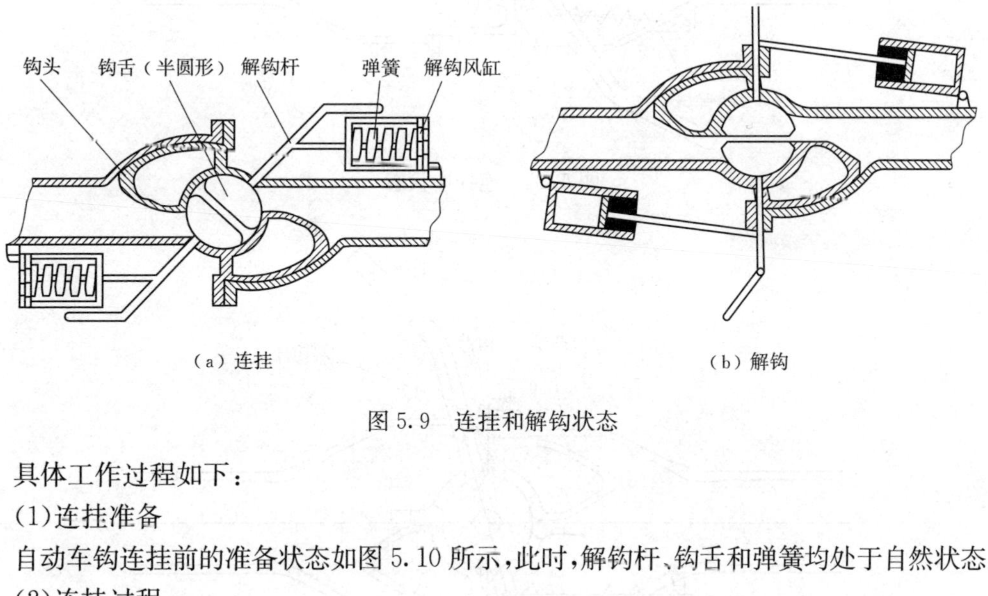

（a）连挂　　　　（b）解钩

图 5.9　连挂和解钩状态

具体工作过程如下：

(1)连挂准备

自动车钩连挂前的准备状态如图 5.10 所示，此时，解钩杆、钩舌和弹簧均处于自然状态。

(2)连挂过程

当需要连挂时，车辆以规定的速度接近，在车钩的凸锥斜端面与另一车钩的钩舌接触的同时，推压钩舌使其逆时针方向转动，此时车钩的状态如图 5.11 所示。

车辆进一步移动，相邻两钩的凸锥导入对方的凹锥，此时两车钩的相对运动停止，车钩的状态如图 5.12 所示。

凸锥完全导入凹锥的同时，弹簧拉动解钩杆并带动钩舌顺时针转动，待转动停止后，圆形钩舌和钩舌腔相互嵌套，完成连挂。此时两车钩的状态如图 5.13 所示。

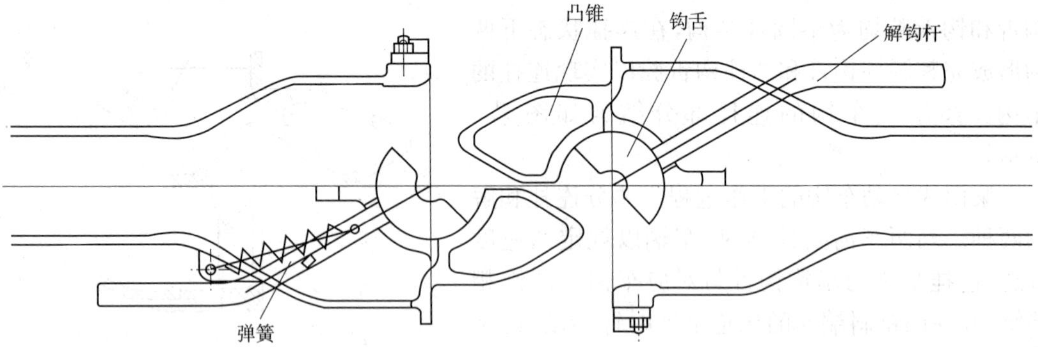

图 5.10　连挂前状态

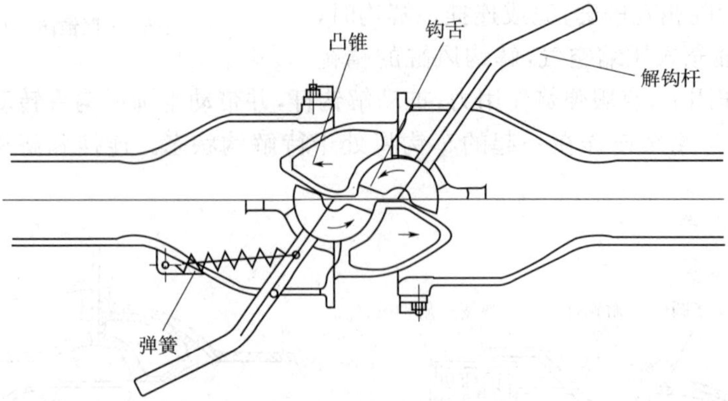

图 5.11　连挂中状态

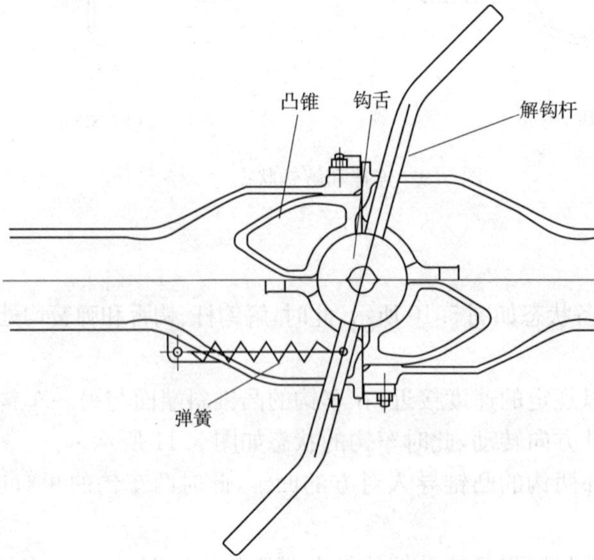

图 5.12　连挂后状态

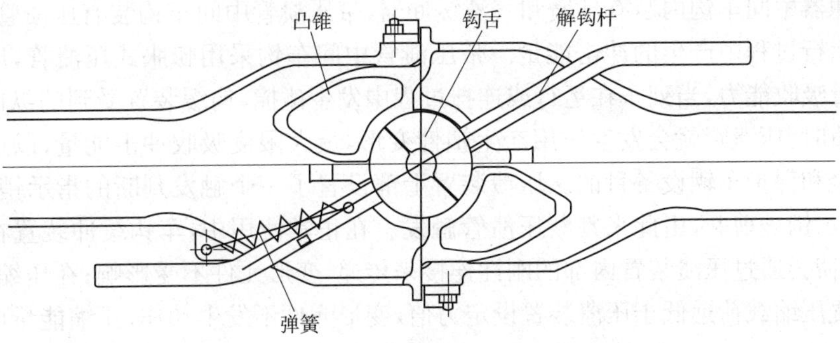

图 5.13　锁闭后状态

(3)锁闭状态

当车钩连挂密接后,解钩杆在复位弹簧拉力作用下自动回到连挂位置,此时半圆形钩舌与钩舌腔相互嵌套,两车钩完全密接。

5.2.2　中间车钩

中间车钩用于列车编组内各节车厢间,目的是为了确保动车组车辆在行驶过程中始终连挂为一个车组,而只需要在紧急情况下或者在车间进行维修时才进行解钩。车钩用机械方式将一节车厢连接到另一节,连接应为刚性连接,无松动。连挂时由人工将两钩用卡环或螺栓式套筒锁死,解编时反之。中间车钩具备列车风管连接系统,在连挂的同时,自动连接列车风管。

中间车钩缓冲装置包括带缓冲器中间车钩和带压溃管中间车钩两种,在同一断面内成对配合使用,实现车辆之间的机械连接和气路连通。某些成套使用的中间车钩仅一侧车钩带有缓冲装置,另外一个仅有车钩牵引杆无缓冲装置。

带缓冲器中间车钩包括安装座、钩尾销、拉环橡胶轴承组成、缓冲系统、连接环、风管连接器和车钩牵引杆等零部件。带压溃管中间车钩由安装座、钩尾销、拉环橡胶轴承组成、压溃管组成、风管连接器及车钩牵引杆等组成。两种车钩的结构如图 5.14 所示。

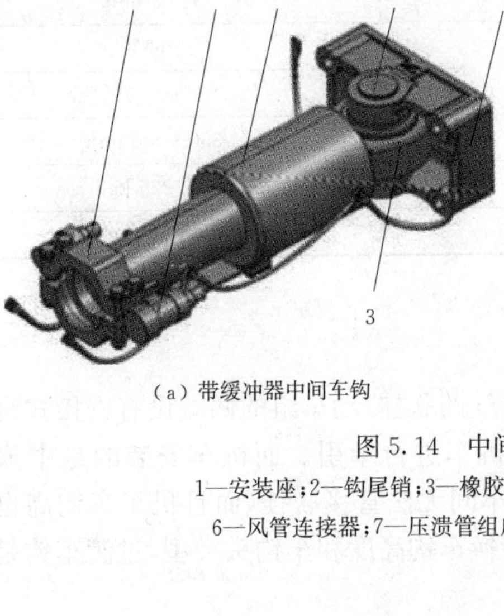

(a) 带缓冲器中间车钩

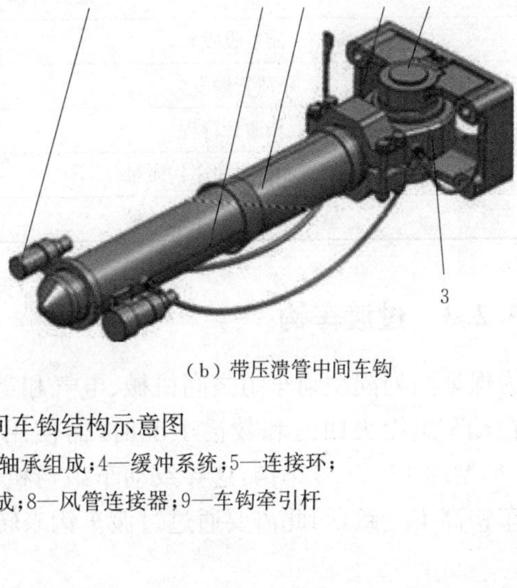

(b) 带压溃管中间车钩

图 5.14　中间车钩结构示意图

1—安装座;2—钩尾销;3—橡胶轴承组成;4—缓冲系统;5—连接环;
6—风管连接器;7—压溃管组成;8—风管连接器;9—车钩牵引杆

带缓冲器中间车钩内装有环簧和气液缓冲器，带压溃管中间车钩装有压溃管装置，用于吸收列车运行过程中产生的冲击能量。带压溃管中间车钩采用膨胀式压溃管，压溃管具有较大的能量吸收能力，当列车在运行或连挂过程中发生碰撞，钩缓装置受到的纵向压缩载荷大于设定值时，压溃管就会发生作用产生塑性变形，最大限度吸收冲击能量，以达到保证车上人身安全和保护车辆设备目的。压溃装置上部设置了一个触发判断的指示销，当压溃管触发时，指示销被剪断，由此来判断压溃管触发。在正常使用中，车钩缓冲装置在牵引工况时，牵引载荷会通过压溃装置内部的刚性连接来传递，变形元件不受影响；在压缩工况时，车钩缓冲装置压缩载荷远低于压溃装置设定力值，变形元件不发生动作，压缩能量由气液缓冲器来吸收。

某型中间车钩缓冲装置的性能参数见表 5.2。

表 5.2　动车组中间车钩性能参数表

最大压缩力			1 500 kN
最大拉伸力			1 000 kN
带缓冲器中间车钩长度			1 010 mm
带压溃管中间车钩长度			1 290 mm
车钩回转中心到安装座底面距离			140 mm
车钩距轨面高度			935 mm
车钩摆角		水平方向	≥±20°
		垂直方向	≥±6°
缓冲器性能指标	拉伸方向（环簧）	初压力	约 60 kN
		最大阻抗力	约 600 kN
		最大行程	约 23 mm
	压缩方向（气液缓冲器）	初压力	约 80 kN
		最大阻抗力	约 800 kN
		最大行程	约 62 mm
能量吸收率			≥65%
压溃管触发力			1 500(1±10%)kN
压溃管行程			350～380 mm
带缓冲器中间车钩质量			约 225 kg
带压溃管中间车钩质量			约 210 kg

5.2.3　过渡车钩

为保证两列同型动车组之间机械、电气和空气的联挂，动车组的两端设有密接式自动车钩。在动车组无火回送和救援工况时，需使用机车进行牵引。而机车安装的是中国标准 AAR 类型的 13/15 号车钩，这导致动车组与机车间无法直接联挂，而且机车车钩高也与动车组车钩高不一致，因此需要通过过渡车钩来转换车钩高度和车钩头类型，过渡车钩是动车组的一个永久性零部件，一般放置在车下设备舱内。典型过渡车钩结构如图 5.15 所示。表 5.3 列举了我国典型动车组过渡车钩的主要技术参数。

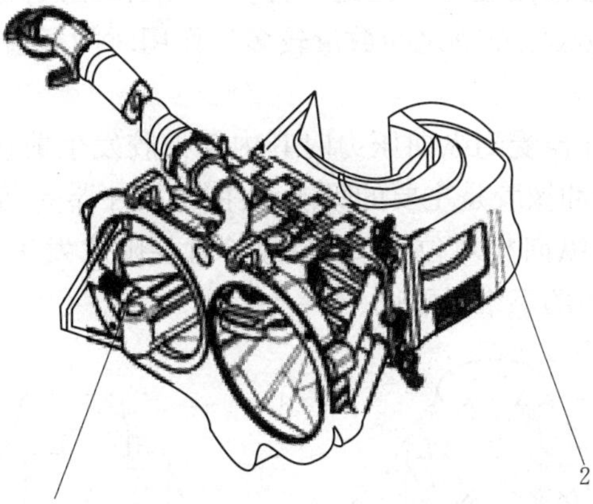

图 5.15　动车组过渡车钩

1—车钩头类型转接器；2—AAR 车钩头

表 5.3　过渡车钩主要技术参数

动车组型号	抗拉力(kN)	压缩力(kN)	连挂高度差(mm)	质量(kg)	最高运用速度(km/h)
CRH1	450	450	0	46.5	120
CRH2/380A	392	392	120	63	120
CRH3	300	300	120	105	120
CRH5	300	300	145	64	120
CRH380B/380C	450	500	120	110	120

5.2.4　缓冲器装置的组成与作用原理

根据缓冲器的结构特征和工作原理不同，一般可将缓冲器分为：弹簧式缓冲器、摩擦式缓冲器、橡胶缓冲器、摩擦橡胶式缓冲器、黏弹性胶泥缓冲器、液压缓冲器及气-液缓冲装置等。目前在动车组上应用比较广泛的为橡胶缓冲器、液压缓冲器、气-液缓冲装置及黏弹性胶泥缓冲器等。

5.2.4.1　橡胶缓冲器

由于橡胶具有较好的弹性，因此在很多需要缓冲减振的场合都可以看到它的身影。橡胶缓冲器根据其作用原理不同又分为平面拉压型缓冲器和剪切型缓冲器。平面拉压型缓冲器由多片橡胶板和金属基板粘接而成，金属基板可提供安装基础及在缓冲过程中起散热作用。该种缓冲器的缓冲作用主要是通过压缩或拉伸橡胶板，让橡胶板内的橡胶分子互相摩擦生热而消耗能量。平面拉压型橡胶缓冲器的结构如图 5.16 所示。

橡胶以压缩或拉伸方式施力时，其变形量不大，而以剪切方式施力时，则变形量较纯压缩或拉伸时大得多。这样就有了剪切型橡胶缓冲器。剪切型橡胶缓冲器的作用原理不同于平面拉压型橡胶缓冲器，它不是依靠橡胶片之间的挤压过程吸收能量，而是由橡胶的剪切变形过程吸收能量。橡胶的可压缩性较小，但是其剪切位移却相对较大；同时，橡胶块的剪切变形是双向的，因此剪切型橡胶缓冲器也是一种复式（双作用式）缓冲器。理论上其初压力可以为 0，这样就能很好地吸收车辆之间数量较多且作用时间短暂的纵向冲动，从而大大提高乘坐的舒适性。

图 5.17 为剪切型缓冲器受到纵向压力时其内部橡胶发生剪切变形从而吸收能量的两个状态。缓冲器内部的缓冲橡胶是主要的吸能元件，当缓冲器受到外部的纵向作用力时，其金属拉杆与壳体之间发生纵向相对位移，缓冲橡胶就会随之发生剪切变形从而吸收能量。图 5.18 为缓冲橡胶与壳体的三维示意图。

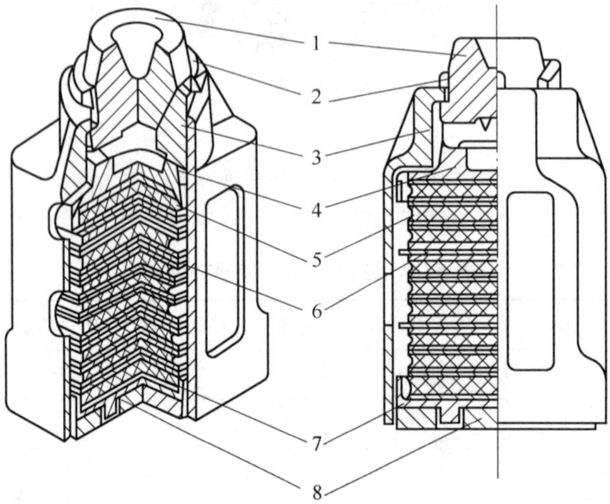

图 5.16　橡胶缓冲器

1—压头；2—楔块；3—箱体；4—顶隔板；5—橡胶片；6—中隔板；7—底隔板；8—底板

（a）缓冲器受到的纵向压力为0的状态　　（b）缓冲器受到纵向压力而处于极限位置的状态

图 5.17　剪切型橡胶缓冲器作用原理示意图

CRH2 型动车组自动车钩缓冲装置采用双向 W 形橡胶缓冲器，通过橡胶之间的压缩来实现能量的吸收，此类型的缓冲器制造简单，安装方便。该缓冲器型号为 RD19 改良型，其结构如图 5.19 所示。

双向 W 形橡胶缓冲器的主要结构特点是使用两组缓冲器，靠一定的初压力（通常为 20～60 kN 左右）组装在为缓冲器留出的空间内，靠钩尾框对两个缓冲器施加作用力。车钩牵引时，压缩左边的缓冲器，右边的缓冲器随之涨开（因有初压缩量），并随时填充因压

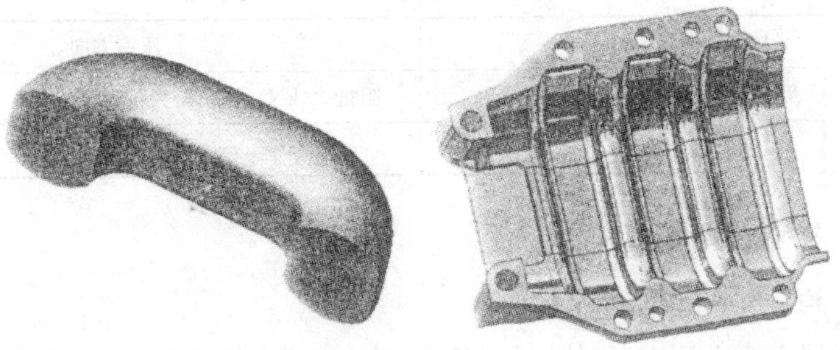

图 5.18　缓冲橡胶与壳体的三维示意图

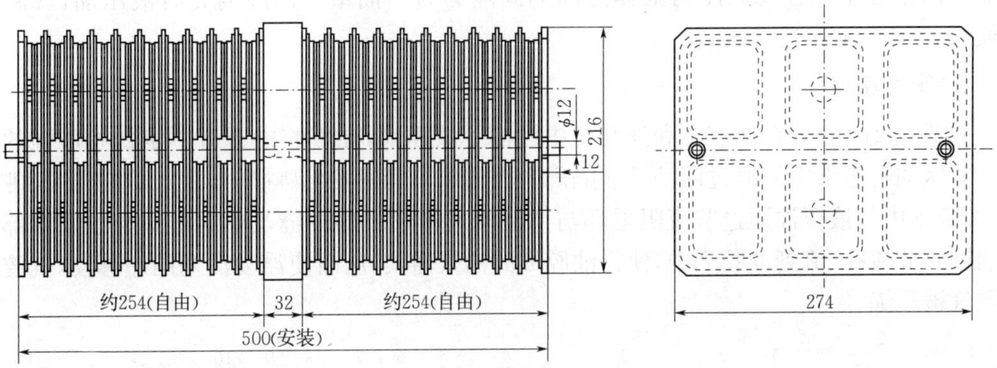

图 5.19　双向 W 形橡胶缓冲器结构(单位:mm)

缩左边缓冲器出现的空间。车钩压缩时原理相同。这样,无论是牵引还是压缩,缓冲装置中的从板均不离开从板座。并且因钩尾框不受力时,其中央立壁处于两组缓冲器的压缩平衡状态中,只要稍有牵引力或压缩力,钩尾框便开始对其中一个缓冲器进行压缩,既避免了从板与从板座间因出现间隙而发生冲击,又消除了缓冲盲区,提高了车辆的乘坐舒适性。

缓冲装置特性曲线如图 5.20 所示。缓冲装置的落锤试验参数见表 5.4。

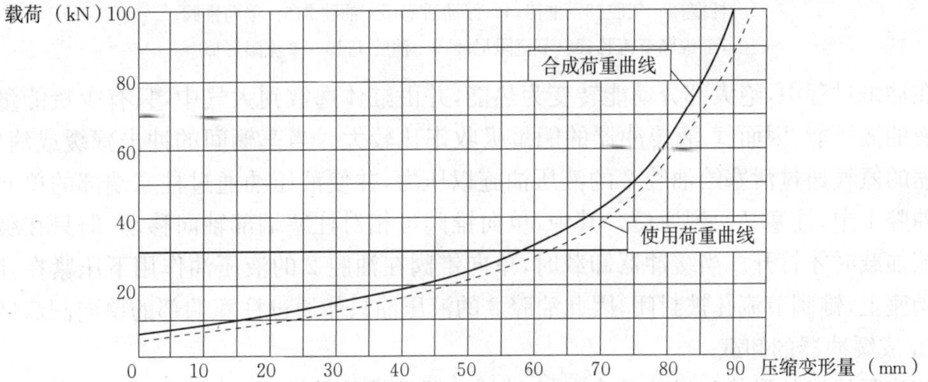

图 5.20　缓冲装置特性曲线

表 5.4　橡胶缓冲器的落锤试验性能参数

拉伸方向			压缩方向		
阻抗力(kN)	最大行程(mm)	容量(kJ)	阻抗力(kN)	最大行程(mm)	容量(kJ)
≤1 200	96	23.5	≤1 200	96	23.5

5.2.4.2　气-液缓冲器

1. 结　　构

气-液缓冲器主要由柱塞、缸体、浮动活塞、单向锥阀、节流阻尼环、节流阻尼棒等部分组成。气-液缓冲器内部形成有两个油腔和一个气腔。浮动活塞将柱塞内腔分隔出油腔和气腔两个腔室。柱塞底座与缸体之间的间隔为另一油室。油腔内充有液压油，气腔充有氮气。

2. 作用原理

如图 5.21 所示，在油腔 1 和油腔 2 中注满了液压油，在气腔中充有一定初始压强的氮气。液压油与氮气之间通过浮动活塞隔离。当相邻车辆间发生碰撞时，柱塞即被推入油腔 1 中，油腔 1 中的液压油通过节流阻尼环与节流阻尼棒形成的环缝及单向锥阀与柱塞端部形成的锥阀节流孔，流到油腔 2 中，使得油腔 2 的油量增大，从而使浮动活塞向左移动，气腔中的氮气被压缩。

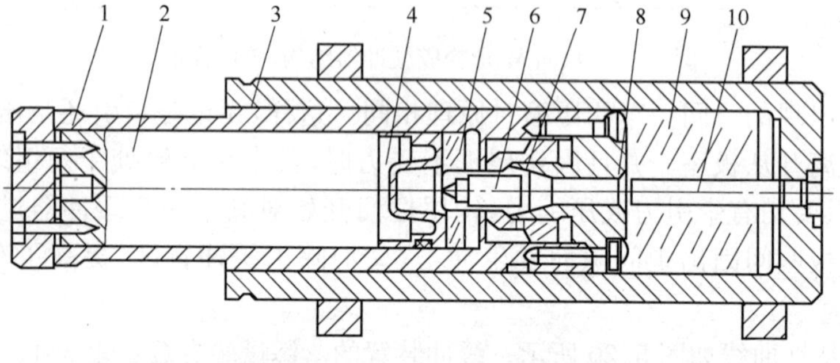

图 5.21　气-液缓冲器结构原理图

1—柱塞；2—气腔；3—缸体；4—浮动活塞；5—油腔 2；6—单向锥阀；
7—锥阀节流孔；8—节流阻尼环；9—油腔 1；10—节流阻尼棒

在冲击过程中，绝大部分动能转变为热能，并由缸体逸散到大气中，只有少量能量转化为油液的液压能，因而气-液缓冲器的能量吸收率比较大。当车辆间的冲击减缓或消失时，被压缩的氮气通过活塞给油腔 2 的液压油施以压力，并使液压油通过柱塞端部的单向阀流回到油腔 1 中，柱塞又回到原位。其中，单向锥阀可相对柱塞端部轴向移动，但只在缓冲器被压缩加载时才打开。当缓冲器卸载时，单向锥阀在油腔 2 的液压油作用下压紧在柱塞端部的阀座上，锥阀节流孔被封闭，因此油腔 2 的液压油只能通过柱塞端部的单向阀流回到油腔 1，完成缓冲器的卸载。

节流阻尼棒的形状和尺寸是确定气-液缓冲器特性的关键，通过正确选取节流阻尼棒的形状和尺寸，就能得到比较理想的缓冲特性。

3. 性能特点

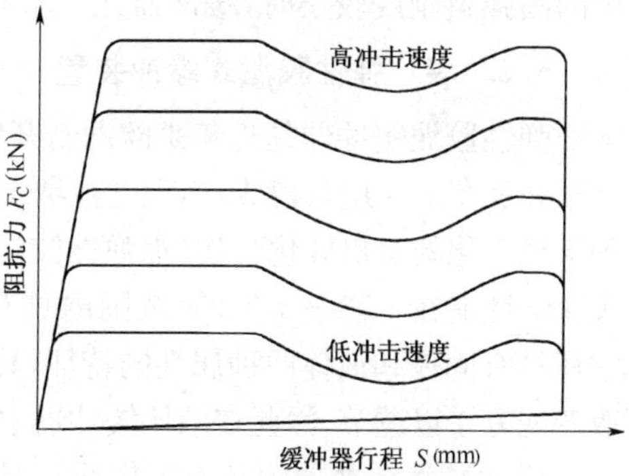

图 5.22　气-液缓冲器性能曲线图

气-液缓冲器的动态特性与传统的弹簧和橡胶缓冲器存在很大差异。这是由其特殊结构所决定。气-液缓冲器的阻抗力与冲击速度成一定比例关系,即冲击速度越大,阻抗力也越大。其对应关系如图 5.22 所示。

图 5.23 是气-液缓冲器与弹簧缓冲器和橡胶缓冲器的特性曲线比较示意图。由图可见,如果三种缓冲器的容量相等,即缓冲器加载曲线下面积相等,则气-液缓冲器的最大阻抗力最小;缓冲加载曲线与卸载曲线所包围的面积为该缓冲器在整个冲击过程中吸收的能量,可见气-液缓冲器几乎把冲击能量全部吸收,因此其具有较大的能量吸收率,这正是气-液缓冲器的优势所在。弹簧缓冲器和橡胶缓冲器由于受结构限制,欲提高缓冲器的容量,就必须相应地增大缓冲器的最大阻抗力,而气-液缓冲器则克服了上述缺点,可以以较小的阻抗力获得较大的缓冲容量。

当然,理想的气-液缓冲器特性曲线应该是矩形曲线,如图 5.23(c)虚线所示,即在整个冲击过程中,缓冲器的阻抗力始终保持不变,从而可以利用较小的冲击力来缓和车辆间的冲击,这样就可以很好地吸收车辆之间数量较多且作用时间短暂的纵向冲动,大大提高乘坐的舒适性。但实际上矩形特性曲线是很难获得的,其主要原因是油压的建立和消失总需要一定的时间才能完成。

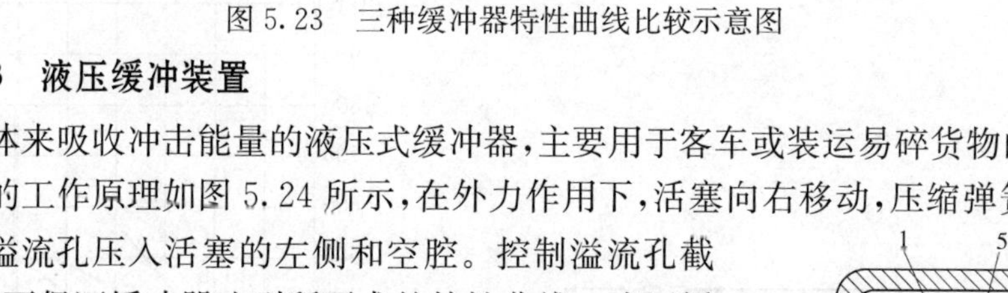

图 5.23　三种缓冲器特性曲线比较示意图

5.2.4.3　液压缓冲装置

采用液体来吸收冲击能量的液压式缓冲器,主要用于客车或装运易碎货物的专用货车。液压缓冲器的工作原理如图 5.24 所示,在外力作用下,活塞向右移动,压缩弹簧,将活塞右侧的液体经溢流孔压入活塞的左侧和空腔。控制溢流孔截面的大小,即可保证缓冲器达到所要求的特性曲线。液压缓冲器在受冲击时,阻抗力的大小决定于活塞的运动速度、溢流孔的截面尺寸和所采用的液体的黏度。冲击速度越大,缓冲器的阻抗力也随之增大,容量也就越大。所以,其力-位移特性曲线形状较为合理,这是液压缓冲器的一大优点。但是,当缓冲器受到缓慢的压缩时,即相当于列车平缓地起动或爬坡时,缓冲器受到的液体阻力显得较小。当液压缓冲器

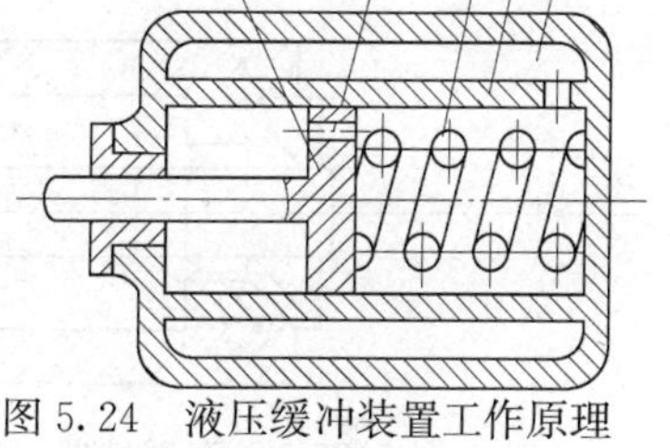

图 5.24　液压缓冲装置工作原理

1—活塞;2—弹簧;3—缸体;
4—空腔;5—溢流孔

中的圆弹簧刚度较小时，缓冲器几乎不起缓冲作用，这是该型液压缓冲器的一个主要缺点。

5.2.4.4 弹性胶泥式缓冲装置

弹性胶泥缓冲器是近年来欧洲新开发的一种新型缓冲器，在法国、德国、波兰的高速列车、客车和货车上应用获得成功，现已被纳入 UIC 标准（UIC 526-1；UIC 526-3）。这种缓冲器用一种未经硫化的有机硅化合物（称弹性胶泥）作为介质，它具有弹性、可压缩性和可流动性，其物理化学性能在－50～＋250℃范围内具有较高的稳定性，抗老化、无臭、无毒，对环境无污染。它还具有固体和液体两种属性的特征，其动黏度比普通液压油大几十至几百倍，且可根据需要改变配方予以调节，因此在液压缓冲器中十分困难的密封问题在这里变得极为简单。

弹性胶泥缓冲器的基本工作原理是：将弹性胶泥材料装进一个能够承受一定压力的缓冲器活塞缸体内，根据实际应用的需要增加一定的预压缩力，当弹性胶泥缓冲器活塞柱受到一定的压力（静压力或冲击力）时，活塞利用活塞缸内节流孔或节流间隙以及弹性胶泥材料本身体积被压缩后的反作用力产生一定的阻抗力。弹性胶泥材料受到的预压缩力越大、活塞的运动速度越快，则产生的阻抗力也越大，这有利于提高缓冲器在大冲击力作用下的容量。当作用在活塞柱上的外力撤销后，缓冲器体内处于压缩状态的弹性胶泥的体积则会自行产生膨胀，将活塞推回到原始位置，在这个过程中弹性胶泥材料以较慢的速度通过节流孔或节流间隙流回原位，实现缓冲器的回程动作。在充满弹性胶泥材料的缓冲器体内，设有带环形间隙（或节流孔）的活塞，因此弹性胶泥材料受压缩产生阻抗力时，通过环形间隙（或节流孔）的节流作用和胶泥材料的压缩变形吸收冲击能量。由于胶泥材料的特性，冲击力越大，缓冲器的容量也随之增大。其结构工作原理如图 5.25 所示。

这种缓冲器的力-位移特性曲线呈凸形，如图 5.26 所示。同普通缓冲器性能比较，有容量大、体积小、质量轻、检修周期长等优点，兼有液压和橡胶缓冲器两者的优点，同时克服了液压缓冲器制造比较复杂、密封困难以及橡胶缓冲器吸收率低等缺点。这种缓冲器由于具有其他传统缓冲器不可比拟的高技术性能，所以迅速得到了推广，在世界上已经有十几个国家得到应用，现在依然保持着良好的发展势头，UIC 标准已做出规定，参加国际联运的欧洲国家的客车需要装用弹性胶泥缓冲器。

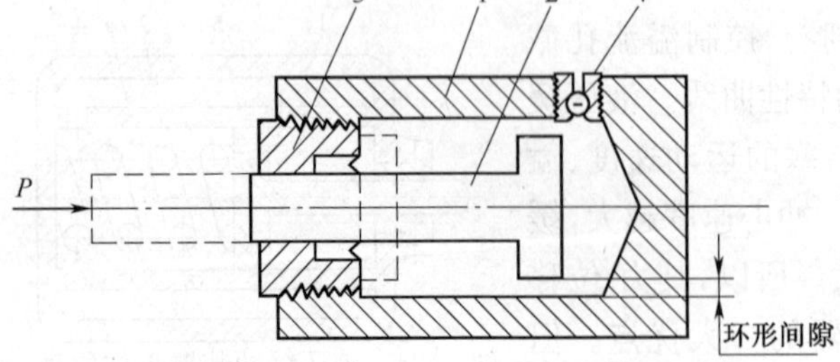

图 5.25 胶泥缓冲器结构工作原理图

1—缓冲器壳体；2—活塞与活塞杆；3—密封盖；4—充料阀

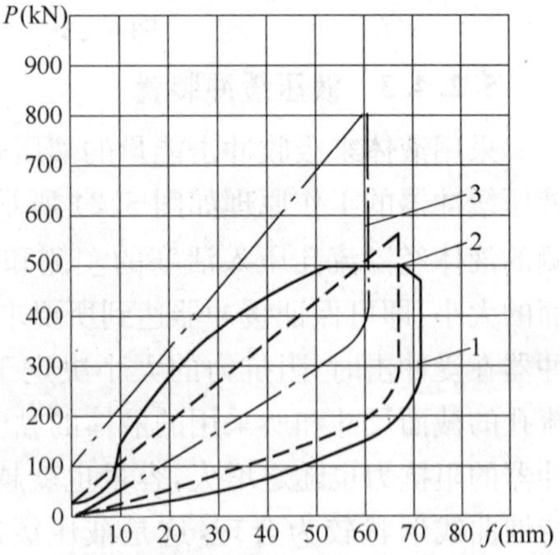

图 5.26 弹性胶泥缓冲器的力-位移特性曲线

1—胶泥缓冲器；2—1 号缓冲器；3—G1 型缓冲器

5.3 动车组风挡装置结构形式

风挡是列车之间的柔性部件，可以吸收车辆之间相对运动并使旅客能安全容易地通过。风挡一般包括内风挡和外风挡。其组成如图 5.27 所示。

CRH 系列动车组装用的内风挡主要有折棚风挡、环形密封橡胶风挡两种形式。折棚风挡主要特点为外观及密封性能好；缺点为车端阻尼小。环形密封橡胶风挡的特点为气密性好、内部美观，有一定的纵、横向阻尼；缺点是隔热效果差。

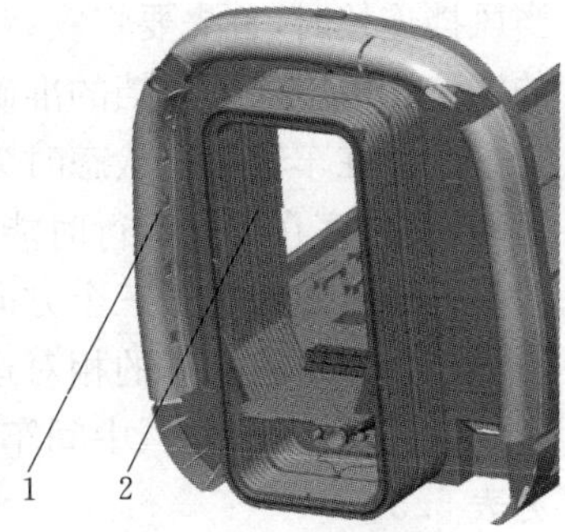

图 5.27　风挡组成

1—外风挡；2—内风挡

对于高速列车（速度大于 200 km/h），为了将空气阻力降到最低，应避免空气分流，因此在车体端部还设有外风挡。其功能原理主要是将车体端部外表面延伸，使两车体外表面在风挡位置间距缩小或完全连通，减弱气流分离及气流冲击端墙表面的强度，以减小列车空气压差阻力。根据车辆结构和减阻效果的不同，外风挡主要分为压缩式和非接触式。非接触式外风挡主要特点为结构简单，维护方便；缺点是减阻效果差。压缩式外风挡主要特点为减阻效果好、车体外形流线型；缺点是维护不方便，通过最小半径曲线性能差。

5.3.1 内风挡

5.3.1.1 折棚风挡

大尺寸双层折棚内风挡结构简单具有足够刚度和阻尼，以抑制车体侧滚、摇头等相对运动。折棚风挡主要由双层折棚、渡板、踏板以及板簧等部件组成，如图 5.28 所示。

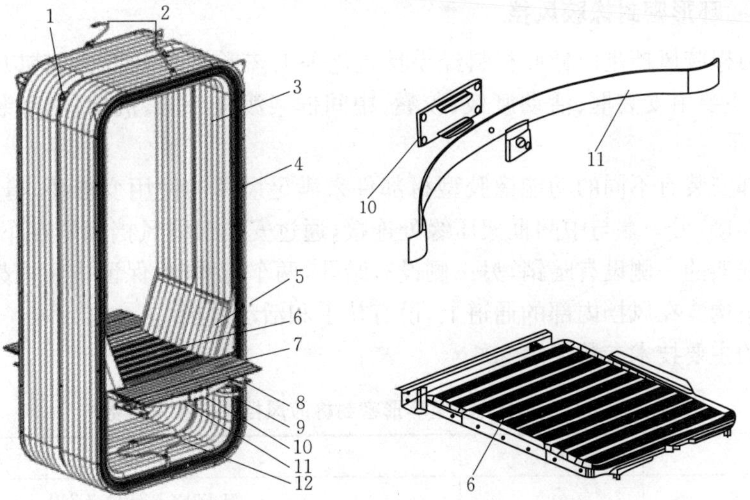

图 5.28　风挡的主要部件

1—连接框；2—接地电缆；3—双层折棚；4—安装框；5—防护裙边；6—渡板；7—踏板；8—桥板支架；9—接地电缆；10—板簧座；11—板簧；12—接地电缆

双层折棚由两个安装框、一个中心框(连接框)、双层折棚和防护裙等组成。折棚由柔软的篷布材料制成,内外篷布用铝型材压褶在一起,形成完整封闭O形,具有良好的隔声、隔热性能。框架使折棚具有刚性,折棚材料使风挡具有韧性。安装框由焊接的铝型材组成,用于将折棚风挡固定到车端上。安装框还包含了风挡连接到车体上的锁紧装置。每个锁紧装置包含了锁杆,锁杆上的锁钩能够锁到车端的锁孔里。安装框含有一套对中装置(定位座),当风挡连接时,首先要将安装框上的定位杆沿着车端面移动。安装框上的定位座和车体上的定位孔可以保证风挡的准确安装。

渡板在车辆运行状态时为乘客提供一个安全通道。渡板的设计能够吸收车辆间的相对运动,使乘客在车辆运行时能自由的通过。渡板主要包括支架、连接板、框架和踏板等部件。渡板在设计上考虑了三个方向的运动。滑动支架上的薄片弹簧具有一定张力,使渡板回到自由位置。所有列车的相对运动都被渡板吸收,不会出现空隙。

为降低空气阻力,中间车钩被包络在风挡的内部。某型动车组内风挡的主要技术参数见表5.5。

表5.5 某型动车组内风挡主要技术参数

项目	单位	参数值
外形尺寸	mm	约850×1 400×2 980
净通过尺寸	mm	高度≥2 050;宽度≥1 100
风挡传热系数	$W/(m^2 \cdot K)$	≤3.15
计权噪声降低量	dB(A)	≥38
篷布拉伸负荷	N/50 mm	经向≥4 000;纬向≥2 300
气密性		从4 000 Pa降到2 200 Pa,时间>60 s
曲线通过能力	m	最小定半径曲线 R180;曲线 R180+过渡直线10m+曲线 R180

5.3.1.2 环形密封橡胶风挡

环形密封橡胶风挡是由橡胶材料经模具硫化等工艺形成U形断面,辅以铝合金等型材制成的风挡,主要由安装框、活动渡板、胶囊、中间框架渡板、锁紧机构、内部装饰板等组成,如图5.29所示。

胶囊内部安装有不同的功能橡胶型材部件来满足风挡的使用变形要求,胶囊一端与安装框压缘处连接,另一端与中间框架压缘处连接,通过安装框将风挡固定在车体端墙的安装座上。中间框架的一侧设有暗销,另一侧设有暗孔,两车连挂时,保证中间框架对中,中间框两侧设锁紧机构。在风挡内部的通道上,设有扶手和活动渡板。

内风挡的主要技术参数见表5.6。

表5.6 某型动车组环形密封橡胶风挡主要技术参数

项目	单位	参数值
外形尺寸	mm	约420×1 210×2 240
净通过尺寸	mm	高度≥1 885;宽度≥800
风挡传热系数	$W/(m^2 \cdot K)$	≤5
计权噪声降低量	dB(A)	≥30

续上表

项目	单位	参数值
胶囊拉伸强度	MPa	≥11.8
气密性		从 5 880Pa 降到 980Pa,时间>50s
曲线通过能力	m	最小定半径曲线 $R180$;曲线 $R180$+过渡直线 10m+曲线 $R180$

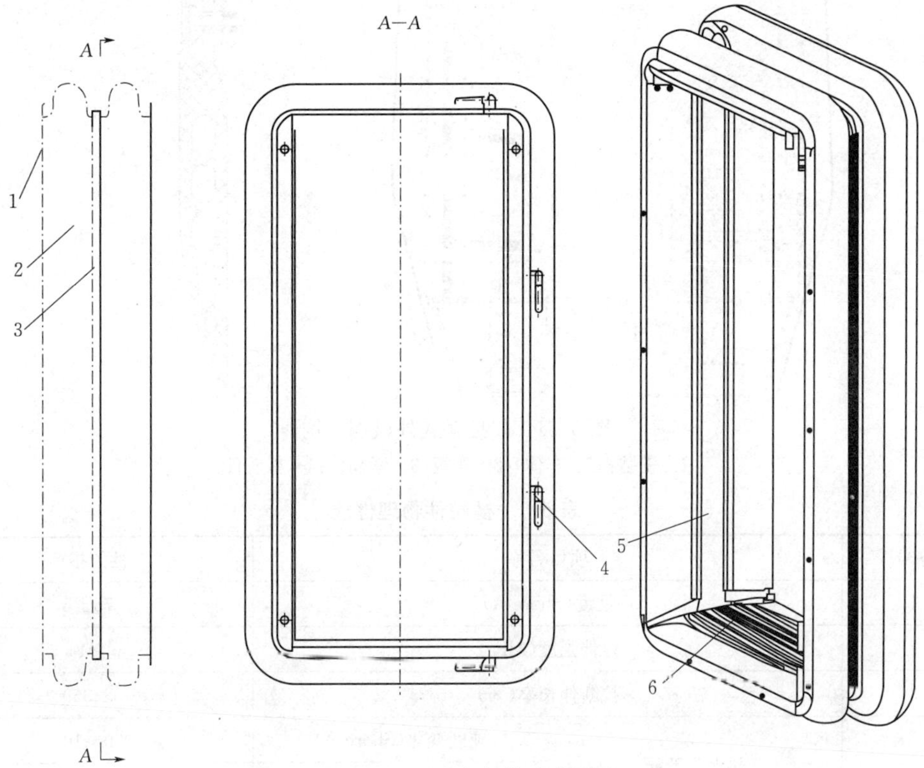

图 5.29　环形密封橡胶内风挡

1—安装框;2—胶囊;3—中间框架;4—锁紧机构;5—内部装饰板;6—活动渡板

5.3.2　外风挡

5.3.2.1　非接触式外风挡

车辆在平直线路上连挂后,两车辆间的减阻部件无直接接触,通过减小车端间距降低列车空气阻力的外风挡属于非接触式,如图 5.30 所示。

图 5.30　非接触式外风挡外形

非接触式外风挡主要由橡胶件、压板和紧固件等组成,如图 5.31 所示,用压板和紧固件将橡胶件安装到车体后形成外风挡,与安装框架(车体)间采用螺栓连接,易于更换和维护。当两车端部之间的间距和角度发生变化时,两个对应的橡胶件彼此滑动。

橡胶件为 EPDM 橡胶,物理性能见表 5.7。

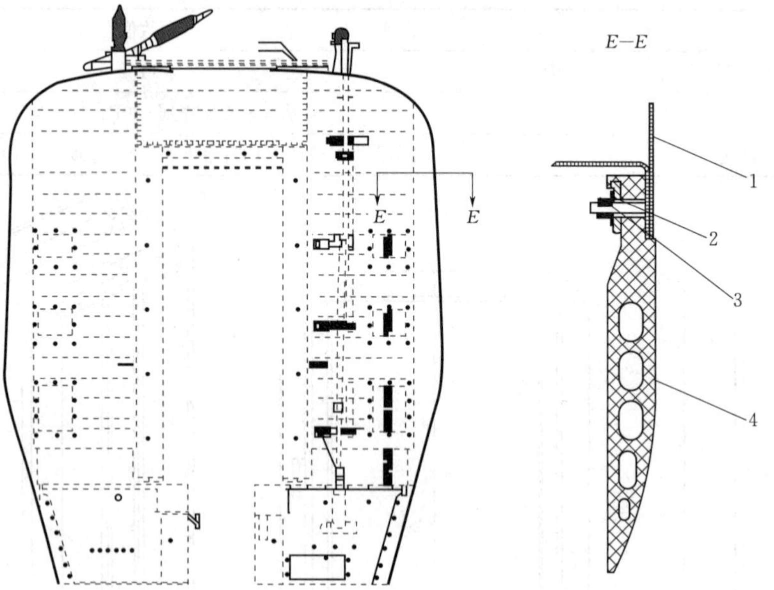

图 5.31　非接触式外风挡结构

1—安装框架(车体);2—压板;3—紧固件;4—橡胶件

表 5.7　橡胶件物理性能

序号	项目名称		性能指标
1	硬度(Shore A)		75±5
2	拉伸强度(MPa)		≥14
3	拉断伸长率(%)		≥350
4	热老化性能(100℃,96h)	硬度变化(Shore A)	0～10
		拉伸强度变化率(%)	−25～25
		拉断伸长率变化率(%)	−30～30
5	耐臭氧老化性能 40℃		无龟裂
6	脆性温度(℃)		≤−40

5.3.2.2　压缩式外风挡

车辆在平直线路上连挂后,两车辆间的橡胶件通过相互压缩形成能减少列车空气阻力的外风挡属于压缩式。

压缩式外风挡主要由安装框架、胶囊、紧固件等组成,如图 5.32 所示。根据车辆结构,可在车体端部两侧和顶部设置外风挡,如图 5.33 所示。橡胶件为 EPDM 橡胶。

5.3.2.3　折棚式外风挡

类似折棚内风挡,外风挡也可采用全包式气密外风挡,不过一般采用单层波纹式折棚。如图 5.34 所示。

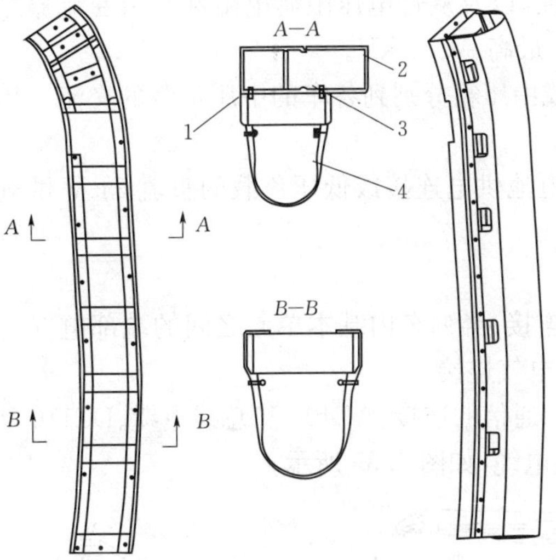

图 5.32 压缩式外风挡

1—安装框架；2—车体；3—紧固件；4—胶囊

图 5.33 外风挡布置

1—侧部外风挡；2—顶部外风挡

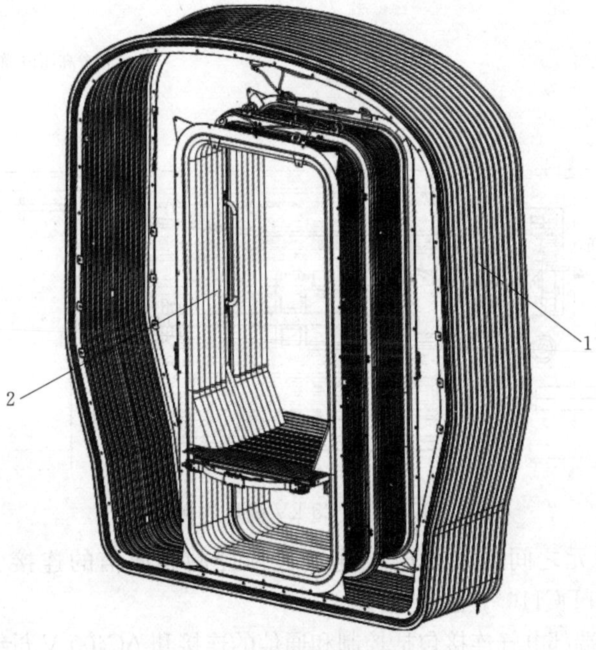

图 5.34 折棚式外风挡组成

1—外风挡；2—内风挡

5.4 动车组车端电气连接、空气管路连接及车端阻尼装置

5.4.1 车端电气连接

车端电气连接包括高、中和低压电气连接、控制和通信连接、等电位保护接地连接等。高压电气连接主要包括两个受电弓之间的 25 kV 高压电连接，从主变压器向牵引变流

器的供电和牵引变流器向辅助变流器的供电连接，以及从过电压限制电阻到牵引变流器之间的连接等。电缆电压范围为 AC17.5～29 kV，最高 AC31 kV。

中压供电连接主要指连接从各辅助变流器或中压箱分别到各车的中压负载的交流三相 440 V/400 V/380 V 的供电。

低压供电连接主要指车辆间直流 110 V 的电池供电连接或低压负载的直流 24 V 供电连接，以及控制用直流电供电连接。

以 CRH_1 型动车组为例介绍车端电气连接。

车端电气连接分为基本单元内车辆之间的连接、半列车内基本单元之间的端部电气连接如果为 16 辆编组还包括两个半列之间的端部电气连接。

基本单元内车辆之间的电气连接包括控制和通信的连接、AC400 V 总线电缆、DC110 V 总线电缆、主变压器次边绕组和高压 25 kV 连接电缆，如图 5.35 所示。

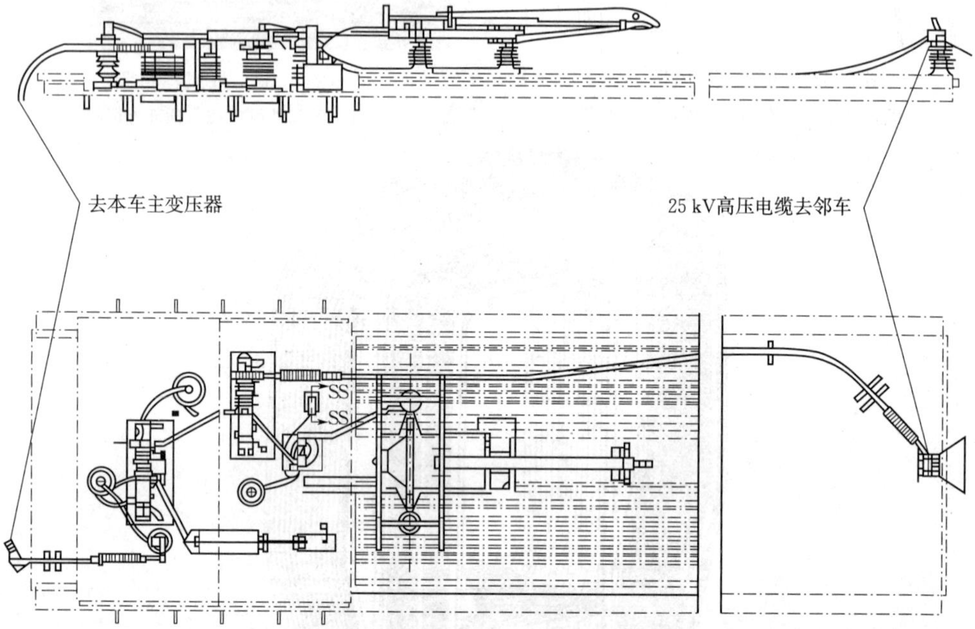

图 5.35　车顶 25 kV 高压连接电缆

半列车内基本单元之间的端部电气连接包括控制和通信的连接、高压 25 kV 电缆、AC400 V 总线电缆和 DC110 V 总线电缆。

两个半列之间的端部电气连接包括控制和通信的连接和 AC400 V 母线(用于紧急情况)。

图 5.36 表示了 AC400 V 和 DC110 V 电压通过车端的电缆密封接头在各车辆之间建立连接，车辆间联挂线外套保护用尼龙软管。相邻两车之间连接有两根 185 mm^2 电缆实现整列车近似等电位。

CRH_1 型动车组上的电路连接是采用电气端头通过不同的接触方式将列车的电气配线连接起来。电气端头及其接触方式具有以下特点：

①电缆和接线柱。连接电气端头罩电缆是防水防变形电缆，电缆引线通过接线柱连接到插座接点和插头接点上，可从前部更换触点。

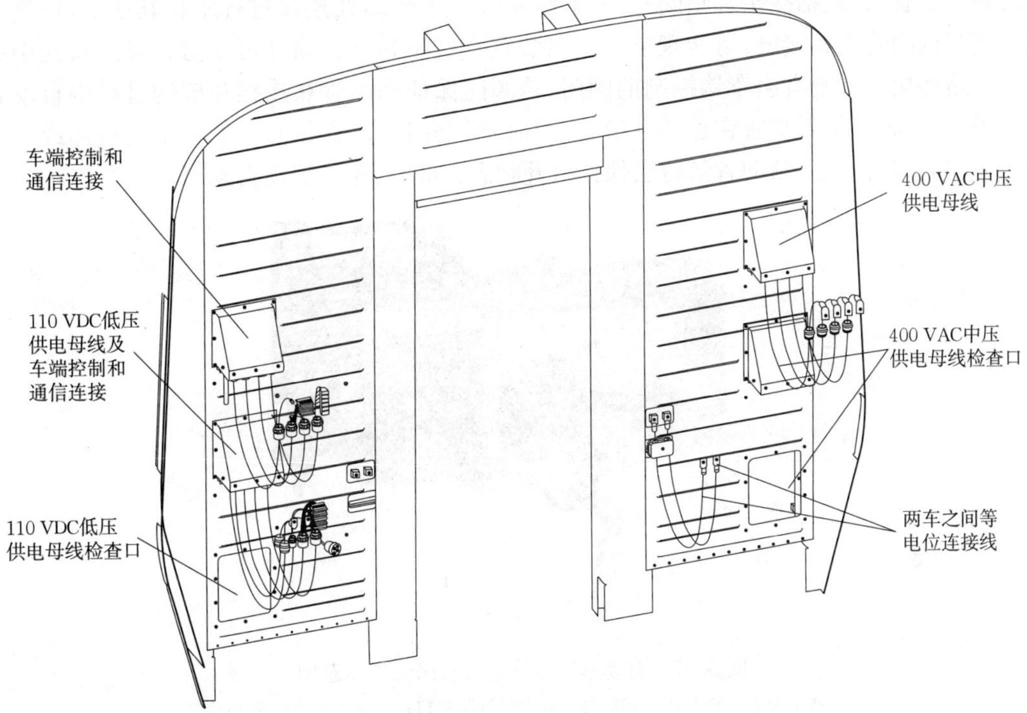

图 5.36　车端电气连接

②通风和排水。电气端头封罩配有排水塞，可以排放冷凝水，塞口也用于封罩的通风。

③触点保护。车钩配有一个保护盖，保护盖在电气端头前后移动的时候自动开关。当车钩处于连挂状态时，电气端头紧密压缩，以确保恒定的接触压力。当处于连挂状态时，一个附着在绝缘块四周的橡胶框使电气端头连挂时处于密封状态，可以防止水或者灰尘进入，保护接触头不受外部环境的影响。

④对中。电气端头封罩配有对中元件，连挂时可以帮助电气端头对中。

⑤接地电缆为直径 $50mm^2$ 的线束，将车钩钩身和车体相连。

5.4.2　空气管路连接

压缩空气是动车组制动系统的动力源之一，同时也是其他一些辅助设备的动力源。管路是否畅通将直接关系到列车运行的安全性。动车组车端空气管路连接按照位置可分为自动车钩压缩空气管路连接和中间车钩压缩空气管路连接。按照压缩空气的用途可分为：列车管空气管路连接、总风管空气管路连接和车钩解钩空气管路连接。

1. 自动车钩压缩空气管路连接

自动车钩压缩空气管路位置如图 5.37 所示。压缩空气管路在机械车钩连挂完成时自动连接完成。

(1)列车管空气管路的连接

列车管(BP)空气管路的连接管路(如图 5.38 所示)布置在车钩表面并安装在车钩头内。

连接装置的管头(包括接头和垫圈)突出车钩表面约 8 mm,在连接过程中将其压下,使其与被连挂车钩的管头相接触,可实现空气连接装置良好密封。止动环可以防止管头从孔中脱落。管路连接装置配有由车钩控制的阀门,该阀门保证列车管在连挂和解钩过程中自动开关。图 5.39 表示了列车管在连挂和解钩(瞬时)时阀门的位置状态。如果车钩损坏或车钩处于解钩的瞬时状态,制动管道将会保持打开状态,同时列车会启动自动停车。

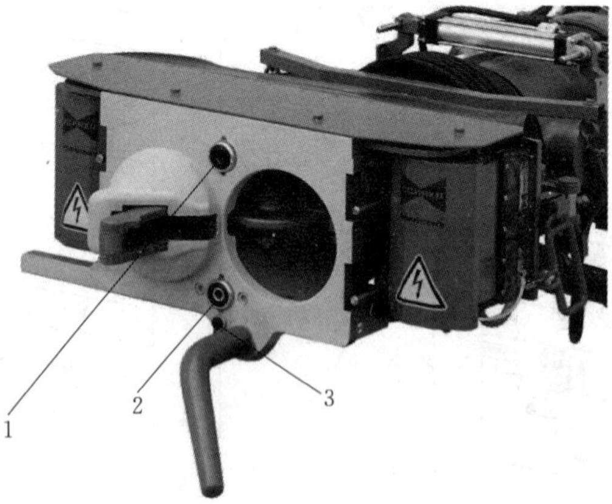

图 5.37　自动车钩压缩空气管路位置示意图

1—列车管空气管路接口;2—总风管空气管路接口;3—解钩管空气管路接口

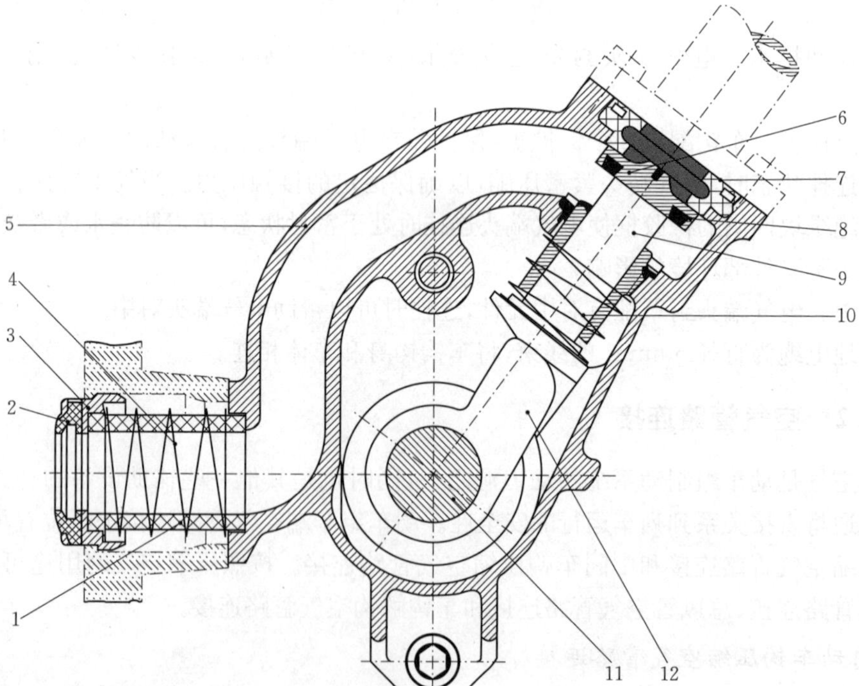

图 5.38　列车管风管连接(准备连挂位置)示意图

1—橡胶管;2—密封圈;3—接头;4—压力弹簧;5—阀室;6—阀板;7—密封圈;8—橡胶圈;9—凸轮盘销子;10—压力弹簧;11—主销;12—凸轮

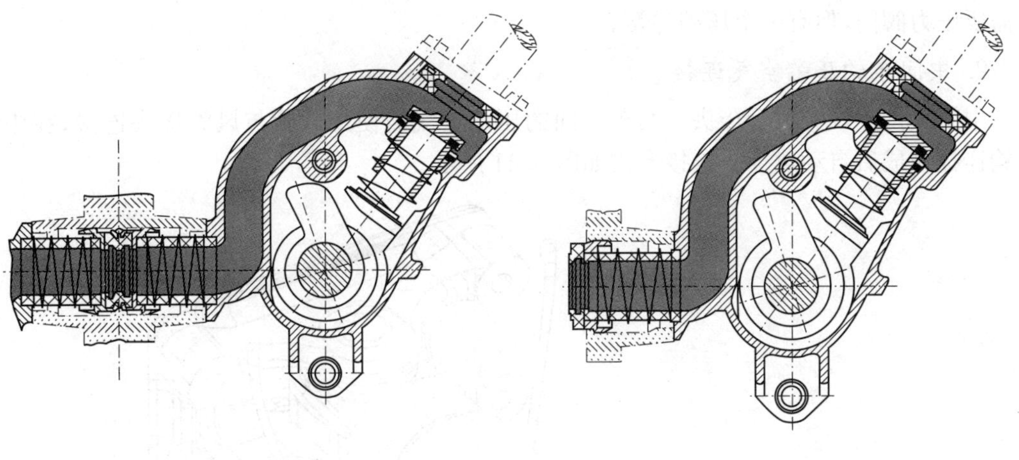

（a）连挂位置　　（b）解钩位置（瞬时）

图 5.39　列车管风管连接

(2)总风管空气管路的连接及解钩空气管路连接

总风管(MRP)和解钩空气管路(UP)的连接布置(如图 5.40 所示)位于车钩表面,连接装置的管头包括接头和垫圈突出车钩表面约 8 mm,在连接过程中将其压下,使其与被连挂车钩的管头相接触。总风管的连接装置配有压力阀,保证在车钩断开时关闭 MRP 管道。在连挂过程中,两车钩的阀门推杆在弹簧的作用下,可保证总风管 MRP 始终处于导通状态。

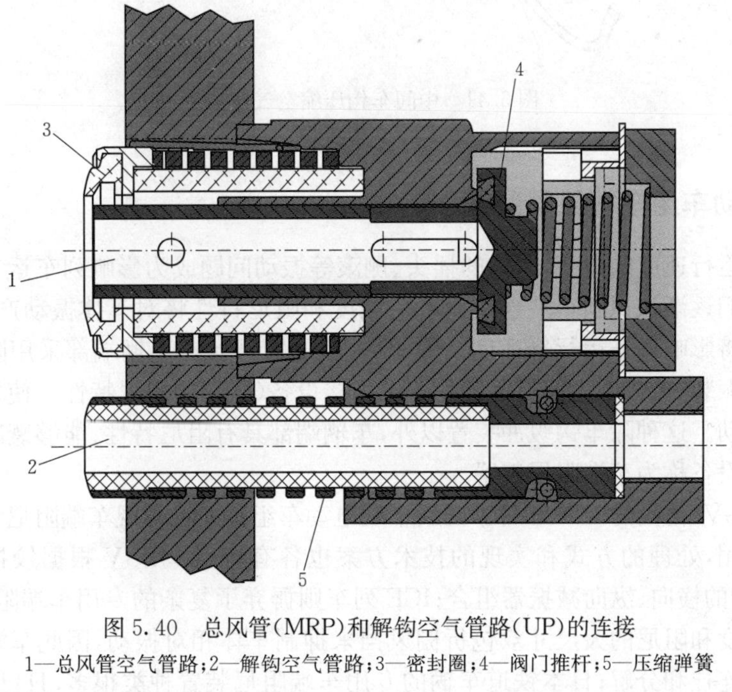

图 5.40　总风管(MRP)和解钩空气管路(UP)的连接

1—总风管空气管路;2—解钩空气管路;3—密封圈;4—阀门推杆;5—压缩弹簧

解钩空气管路连接是通过一个铜管连接到解钩风缸控制阀出口端的空气管路上。接头的结构与列车管、总风管接头基本相同。解钩空气管路连接只有在解钩时才导入空气，所以不需要压力阀门，但有一个压缩弹簧。

2. 中间车钩压缩空气连接

中间车钩上设有风管接头。两车辆间的压缩空气需使用软管与风管接头连接，在中间车钩连挂完成后自动对接。连接形式如图 5.41 所示。

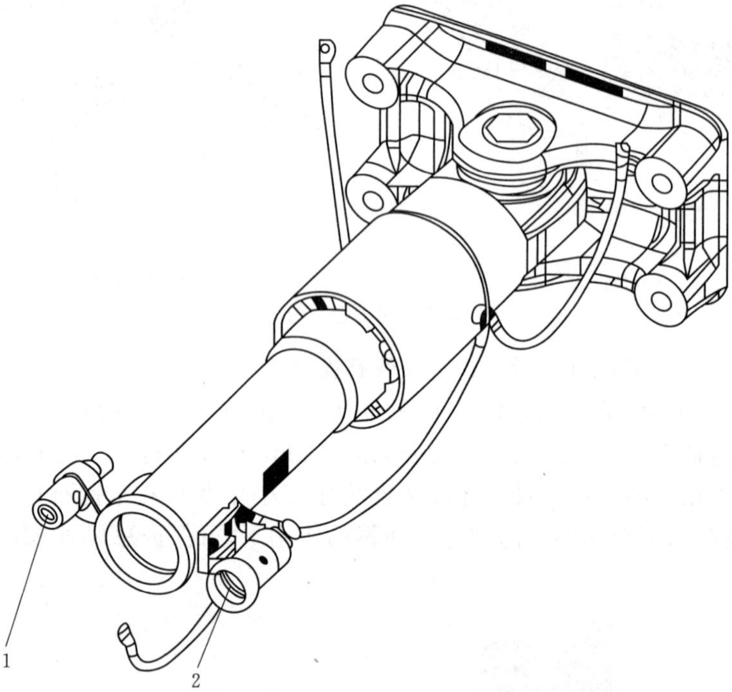

图 5.41　中间车钩压缩空气连接
1、2—风管接头

5.4.3　动车组车端阻尼装置

随着列车运行速度的提高，车体的摇头、侧滚等振动问题成为影响列车运行品质的重要因素。同时人们逐渐认识到车端连接设备的刚度和阻尼特性将对车体振动产生约束作用，以及这种约束将影响列车运行舒适度。为此，一些国家开始在车辆端部采用除车钩缓冲器以外专门的减振装置，或改进原有的某些车端连接设备(风挡的阻尼特性)，使之能够衰减车辆间的相对振动。这种除车钩缓冲装置以外，车辆端部具有阻尼特性、能够衰减车辆之间相对振动的连接设备称为车端阻尼装置。

法国的 TGV、德国的 ICE 和日本的新干线电动车组都非常重视车端阻尼装置对提高列车舒适度的作用，处理的方式和实现的技术方案也各有特点。TGV 根据铰接式车体的特点，采用了复杂的横向、纵向减振器组合；ICE 列车则摒弃了复杂的专用车端阻尼装置，而采用具有足够刚度和阻尼的大尺寸双包折棚风挡来抑制车体相对振动，因此车端装置简洁且不影响车辆的连挂和分解；日本铁道车辆的专用车端阻尼装置种类很多，且已形成系列，其结构形式也很巧妙，广泛应用在既有线和新干线上。

5.4.3.1 法国 TGV 高速列车车端阻尼装置

法国 TGV 高速列车由于采用铰接式构造，转向架位于车端连接部位，转向架上采用的各种减振器也布置在车端，所以车端部的阻尼装置比较复杂。TGV-A 和 AGV 高速列车在车端部均增加了纵向减振器和横向减振器，如图 5.42 所示。

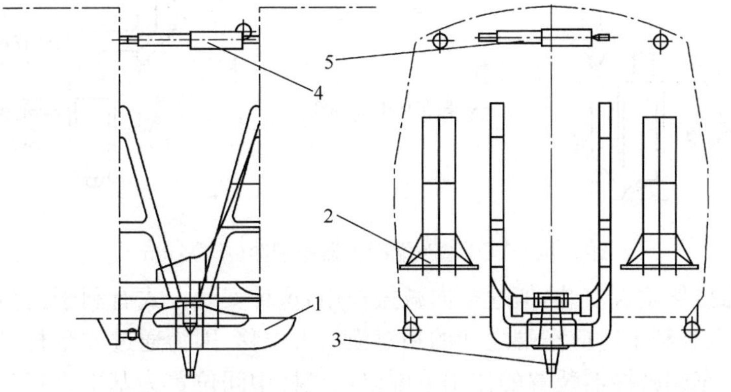

图 5.42 TGV 列车纵向减振器和横向减振器

1—车体连接装置；2—空气弹簧安装座；3—牵引销；4—纵向减振器；5—横向减振器

纵向减振器分上、下两层布置在车端 4 个角点上，主要是衰减车体间的相对点头及摇头运动。横向减振器布置在车体与风挡之间，主要衰减车体间的相对横移和侧滚运动。TGV 列车因采用铰接方式，相邻车体间的相对运动自由度较小，方便了横向和纵向减振器的设计选型，而且因为铰接车体列车编组固定，不要求具备快速连接和分解功能，所以增加的车端减振器不会过多增加编组和解编的工作量。

5.4.3.2 日本的车端阻尼装置

日本铁路非常重视车端阻尼装置对提高列车运行舒适性的作用，车端阻尼装置广泛应用在特快电动车组和新干线车辆上。车端阻尼装置包括车端减振器(垂直安装在车端)和车体间减振器(沿轨道方向安装)，其中既有线车辆仅使用车端减振器，新干线车辆从 500 系电动车组开始，同时使用两种类型的车端阻尼装置，如图 5.43 所示。

1. 新干线 YD4 型车端减振装置

新干线列车从 0 系开始，各电动车组一直采用 YD4 型车端减振器。车端减振器由 YD4 型减振器、L 形杆、连接杆以及复原弹簧等构成，如图 5.44 所示。L 形杆与减振器使用卡钉固定在各车体的端墙上，再通过连接杆与安装在相邻车辆端墙反对称位置上的 L 形杆连接。复原弹簧的作用是保持 L 形杆与连接杆处于平衡位置。

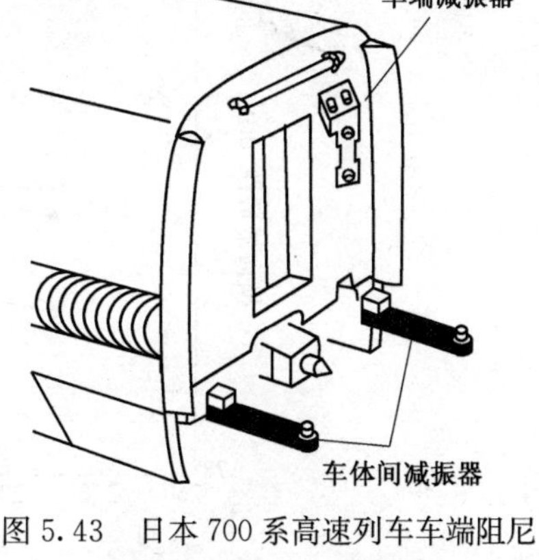

图 5.43 日本 700 系高速列车车端阻尼器和车体间减振器示意图

在车辆运行中，由于车辆摇头或侧滚运动，相邻两车端产生相对横向位移，连接杆和 L 形杆将这一位移转换为减振器垂直方向的拉压变形而产生阻尼力，靠减振器的阻力衰减振动，复原弹簧使减振器返回平衡

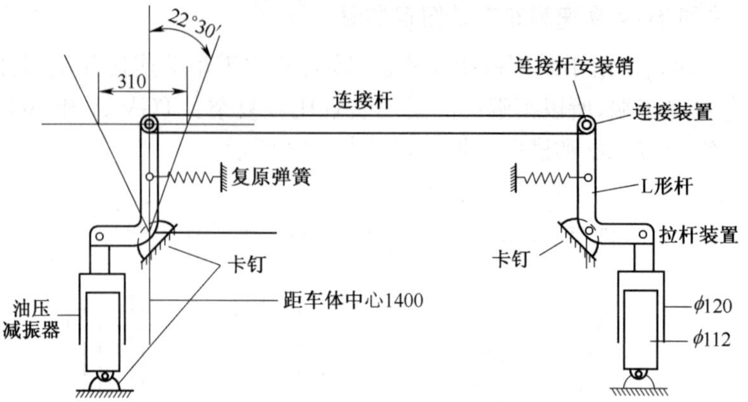

图 5.44　YD4 型车端减振器原理图(单位:mm)

位置。该减振器虽然垂直安装,但起横向减振作用,这种安装方式有利于提高减振器的寿命和可靠性,同时也有利于适应车端之间的相对横向大位移,因为通过 L 形杆可以使减振器的行程适当缩小。车端减振器装置的作用范围以连接杆中间位置为基准±155 mm,但阻尼作用范围约为±87 mm。如果超出阻尼作用范围,减振器中的活塞缸动作失效,就不会产生油压阻尼。

2. 车体间减振器

车体间减振器是装在端墙下部车钩两侧的液压减振器,主要应用在高速新干线车辆上。在新干线高速车辆上,因编组位置的不同,横向摇动的程度也有所不同,一般情况是车辆后尾部摇动大。抑制车辆间相互摇动的解决办法就是安装车体间减振器。500 系新干线电动车组是世界上首次采用车体间减振器的非铰接式车辆。目前,除 500 系外,700 系电动车组以及 E2 系电动车组上也采用这种形式的车端阻尼装置。

在高速试验区间,车体地板面横向舒适性在有无减振器情况下的比较如图 5.45 所示。从图中可以看到,装车体间减振器的车辆舒适性较好,在尾部车辆上,无减振器时振动级为 89.8 dB,有减振器时为 86.8 dB(减小 3 dB)。在中间车辆上,无减振器时振动级为86.7 dB,有减振器时为 82.7dB(减小了 4dB)。但是随着速度的提高,降低效果变得不明显。

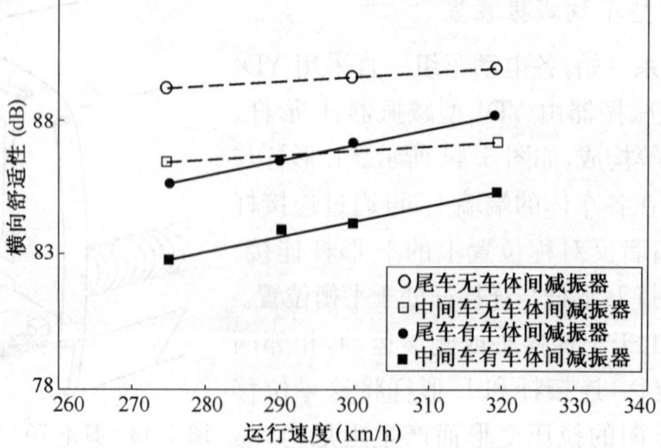

图 5.45　横向舒适性比较

5.4.3.3 德国 ICE 具有阻尼特性的风挡

德国 ICE1、ICE2 和速度更高的 ICE3 型动车组均没有采用专门的车端阻尼装置。约束相邻两车端相对侧滚、摇头等相对运动所必需的刚度和阻尼完全依靠 ICE 独特的风挡结构提供。

与其他高速列车相比，ICE 列车的风挡是双包风挡，有以下特点：

(1)风挡由内外框和内外折棚组成。风挡内部是气密结构。风挡连挂后，内部气体被压缩，相邻两风挡结合成密闭的空气囊，成为各个方向上具有较大刚度和阻尼值的减振结构。当车端发生不同方向的相对运动时，风挡产生拉压或扭转变形，压缩空气被进一步压缩，或从一侧风挡的内部通过外框上的小孔流向另一侧风挡，外框上的孔客观上起到了减振器节流孔的作用。通过这种形式，气密双包折棚风挡可以有效地约束和衰减车体间的相对运动，从而提高运行舒适性。当然 ICE 风挡这种结构的主要作用还是密闭和隔声，其各方向的刚度和阻尼特性未见报道。

(2)结构尺寸大，将通过台以下的车钩缓冲装置都包在风挡结构以内。这样不但有利于降低运行阻力，而且大尺寸的风挡可以提供足够的摩擦阻力矩，能有效抑制车体间的侧滚相对运动。

5.4.3.4 我国 CRH2 型动车组车端阻尼装置

CRH2 型动车组在车辆间安装了减振器，如图 5.46 所示。减振器的主要作用是减缓车辆间振动和冲击，改善车辆运行的平稳性，提高乘客的乘坐舒适度。减振器的技术参数见表 5.8。

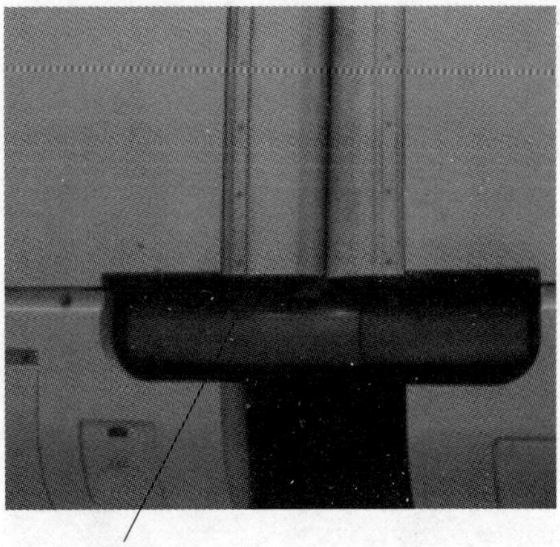

图 5.46 车辆间减震器

表 5.8 技术参数

减振器型号	最大/最小长度	阻尼系数	卸荷速度
YA90580-1	(1 495±4)/(915±4)mm	1 960 kN·s/m	0.007 5m/s

复习思考题

1. 动车组车端连接装置包括哪些部件?
2. 动车组对自动车钩性能有哪些要求?
3. 连杆式自动车钩作用原理?
4. 柴田式密接车钩作用原理?
5. 气-液缓冲器作用原理?
6. 风挡装置有哪些主要类型?

参 考 文 献

[1] 严隽耄.车辆工程[M].北京:中国铁道出版社,1999.

[2] 钱立新.世界高速铁路技术[M].北京:中国铁道出版社,2003.

[3] 铁道科学研究院高速铁路技术研究总体组.高速铁路技术[M].北京:中国铁道出版社,2005.

[4] 李瑞醇.高速列车及提速列车车钩缓冲装置研究[J].铁道机车车辆,2004,24(6).

[5] 陈凯,陈海.铁道车辆车端阻尼装置[J].国外铁道车辆,2004,41(4).

[6] 刘辉,刘凤刚,翁依弟.可伸缩密接式车钩缓冲装置的研究[J].铁道车辆,2004,42(7).

[7] 王祥,刘凤刚.客车提速与车钩缓冲装置[J].铁道车辆,1999,37(6).

[8] 刘凤刚.日本车辆连接装置综述[J].国外铁道车辆,1998(4).

[9] 张俊,邵文盛,黄皖初,等.新型城轨用密接式车钩国产化研究[J].铁道机车车辆,2003,23(6).

[10] 黄运华,李芾,廖小平,等.机车车辆液气缓冲器特性研究[J].铁道学报,2005,27(5).

[11] 钱仲侯.高速铁路概论[M].北京:中国铁道出版社,2005.

[12] 田红旗.列车空气动力学[M].北京:中国铁道出版社,2007.

[13] 前田达夫.关于空气力学的解析技术[C].第 17 次铁道综研演讲会资料.

[14] 张卫华.动车组总体与转向架[M].北京:中国铁道出版社,2011.

[15] 王伯铭.高速动车组总体与转向架[M].成都:西南交通大学出版社,2008.